BIOGRAPHIE

DU

CLERGÉ CONTEMPORAIN

IMPRIMERIE DE A. APPERT, PASSAGE DU CAIRE, 54.

BIOGRAPHIE
DU
CLERGÉ CONTEMPORAIN

PAR UN SOLITAIRE.

TOME QUATRIÈME.

MM. de Forbin-Janson. — Perboyre. — Grégoire. — Frasey. Chatel. — Clausel. — Demeuré. — Graveran. — Rœss. Liautard. — George.

À Paris,

CHEZ A. APPERT, IMPRIMEUR-ÉDITEUR,

54, *Passage du Caire.*

—

1842.

BIOGRAPHIE DE MES BIOGRAPHIES.

> La pensée de cet ouvrage nous est venue la première fois que nous avons lu en entier l'Ancien et le Nouveau Testament.
> M. GUSTAVE de GERANDO,
> *les Divines Prières et Méditations.*
>
> Mon cœur s'en est plus dit que vous ne m'en direz.
> BRITANNIC., act. III, sc. 1re.

La *Biographie* vogue à pleines voiles. Les oppositions et les vents se sont apaisés, ou à peu près. Tout ira bien.

Au commencement, le clergé avait peur, et nous savons ce qui l'agitait.

Aujourd'hui, le Solitaire ayant atteint la moitié de sa tâche, n'est plus un être ambigu. Voilà son engagement pris et signé ; impossible de reculer ou de se nier soi-même *à ce point*. Les dispositions qu'il s'était tracées, il les a suivies imperturbablement, quelle que fût la difficulté des moyens.

Si, comme il arrive toujours, les soupçons de certaines gens sont devenus des passions plus ou moins déchaînées par suite de circonstances déplorables, ç'a été un bonheur pour lui. La calomnie forcée de paraître au jour s'est dissipée par là même comme un vain fantôme, et du conflit a résulté le triomphe du vrai, triomphe éclatant et absolu. Bien des âmes timorées et chancelantes ont embrassé déterminément des idées qu'elles fuyaient sans les connaître ; les plus hargneux adversaires ont provoqué des explications, et l'on s'est donné la main ; j'ai obtenu de toutes parts des aveux après lesquels il ne faut rien demander. Pris individuellement, tous les évêques, ou presque tous ont reconnu la droiture de mes intentions et l'orthodoxie de mes principes, en ajoutant toutefois que, par des raisons de *haute* prudence, ils ne pouvaient y adhérer tout haut.

Un mot à ce sujet : Celui-ci redoute celui-là, dont il ne connait pas bien la manière de voir ; tel personnage avantageusement traité dans sa notice est persuadé que, s'il n'usait de réserve, sa franchise deviendrait un acte de complicité criminelle aux yeux de tel autre moins satisfait, pour son propre compte, du biographe. « Je suis à vous, dit un prêtre, mais je me fie à votre discrétion pour que les autorités n'en sachent rien : il y aurait de quoi me perdre.—Permettez, dit un autre, que je vous attaque brutalement ; cela est nécessaire, car on me suppose en rapport avec vous ; et, comme je vise à la cure de . . . . . ou au vicariat de . . . . — Et je réponds : « Fort bien, mon cher monsieur, soit ; blâmez, criez, merci de l'avis. » Un troisième accourt : « Acceptez-vous ces renseignements ? — Votre nom, s'il vous plaît ? — Impossible ; je viens vous apprendre que M. ***, dont vous faites grand cas, n'est qu'un imbécille et un vaurien. — Mais, pour apprécier la valeur d'une déposition, j'ai besoin de connaître le témoin. — Oh ! non, la charité seule me décide à cette démarche, et je ne puis me compromettre... — Votre nom, de grâce, ou je vous rends vos papiers et vous mets à la porte. » Le troisième disparaît, et ainsi de suite.

De toutes ces désolantes ou risibles bizarreries, il semble ressortir quelque chose de clair. Encore un peu de temps, et nous aurons la tranquillité parfaite. Dieu qui soumet d'un mot les plus formidables éléments, peut-il faire sans peine que des hommes s'entendent, et une fois à ce point, qu'ils s'accordent? *Dixit mari et ventis, et facta est tranquillitas magna.* Je répète que déjà les choses vont bien.

Néanmoins, au milieu des sympathies qui se dessinent confusément ou non, ou qui paraissent vouloir se dessiner à la longue, des conspirations restent, conspirations sombres, furieuses, méprisantes, actives, envenimées; il le faut.

Ici, on soutient, toujours avec un air d'ineffable délicatesse, que l'ouvrage est une indigne spéculation faite sur le scandale et la violation des mystères les plus sacrés du foyer domestique; là, que les hérésies pullulent sous ma plume; ailleurs que mon style n'est pas assez du genre; là encore, que j'étale une érudition factice et empruntée; parfois enfin, que j'écris fort mal.

Faut-il réfuter ces objections?

J'offre au premier évêque ou archevêque venu, de prendre dans son séminaire un bon jeune homme, de nourrir une famille pauvre de cinq ou six personnes, de subvenir pour partie aux frais d'entretien d'un prisonnier libéré et recommandé, et de vivre lui-même, avec les produits nets de la *Biographie du Clergé*. On lui mettra sous la main les registres de recettes portant deux cent quarante mille livraisons vendues depuis deux ans, et, je me hâte de le dire, on n'exigera pas de lui qu'il consacre à la composition de ce recueil toutes ses journées et toutes ses veilles, ce dont le Solitaire se chargera *gratis*.

Mais le scandale

Le scandale? ah! oui, le scandale est une infâme chose ; et l'écrivain misérable qui voudrait en bénéficier, sous n'importe quel prétexte, mériterait au moins la malédiction de Dieu et des hommes. Ainsi, fouiller ténébreusement dans les égouts des évêchés et des presbytères pour en exhumer les plus sales immondices, les étaler sur la place publique et dire : *Jugez-les;* solliciter les langues damnées qui empoisonnent et qui tuent, suborner la populace crédule et entêtée dans ses plus horribles préventions ; commenter les murmures inarticulés et féroces qui sillonnent l'air méphitique où nous vivons aujourd'hui ; passer outre aux belles et louangeuses vérités qui sont palpables, ou les atténuer sacrilègement pour enfler à pleins poumons des erreurs ou des vices possibles, dont la trace se faisait à peine sentir ; exploiter des préjugés universels quoique absurdes, caresser des adages frivoles mais pernicieux, stupides mais consacrés, et leur prêter, suivant ses appétits sophistiques, un lustre perfide ; n'avoir nulle pitié pour la faiblesse humaine, et, sans considérer que les prêtres n'en sont point exempts, dévoiler, par exemple, toutes les énigmes des nominations ecclésiastiques, mettre en saillie les plus minces ressorts des machines qu'on fait jouer à la vacance d'un siège ou d'un poste inférieur; ne tenir compte du vicieux système d'éducation que suivent les supérieurs de séminaires, et demander à leurs élèves, lorsqu'ils prennent une administration, la science et la grandeur de pensées qu'ils ne peuvent avoir, tout en justifiant cette sournoise exigence par quelques reproches fondés d'ailleurs ; confondre à dessein la sévérité et l'insolente rudesse dans ceux qui commandent, leur juste esprit d'économie avec l'avarice, leurs pieuses restrictions avec l'hypocrisie ; les espionner dans les chaires, et après avoir cauteleusement recueilli des paroles improvisées ou non, les convaincre formellement d'hérésie et de sottise, d'autant mieux qu'on éviterait d'ajouter les correctifs; donner cours et crédit, par exemple, aux espiègleries des autorités de Lorraine contre M. de Forbin-Janson ; montrer dans la personne de l'abbé Perboyre un fanatique inintelligent ; épiloguer sur l'incroyable conduite de M. de Quélen à la mort de Grégoire ; chicaner M. Frasey sur ses renommés accès de colère, et sa bienfaisance quelque peu bourrue; convaincre l'*Ami de la Religion*, et certains autres, d'une grossièreté maladroite, imbécille, menteuse et ignoble dans la guerre qu'ils ont faite à M. Chatel, les malheureux! et s'expliquer du moins, sans les excuser, les détestables travers de l'apostat, par les criantes effronteries de ces adversaires mêmes ; faire cause commune avec ceux qui déplorent l'excessif empressement de M. Clausel dans des circonstances effroyablement délicates; se montrer accessible aux ennemis de M. Demeuré; ne rien taire sur M. Graveran ; passer M. Rœss au tamis; dire pourquoi M. Liautard n'est pas évêque et quels sont les hommes et quelles sont les choses qui l'en ont empêché; traiter sans merci M. George.... voilà ce qui s'appelle faire du scandale ; voilà une mine féconde à exploiter pour un spéculateur avide ; voilà, puisqu'il faut l'avouer, ce que réclame souvent le public et ce qui promettrait un nombre innombrable de lecteurs ; voilà ce qu'à ma connaissance, plusieurs écrivains voulaient entreprendre si le présent livre ne s'était jeté à la traverse; eh mon Dieu ! voilà ce qui peut-être sera fait instantanément ! est-ce là aussi ce que j'ai fait ?

Mais, indépendamment des actes extérieurs, mes investigations se portent jusqu'aux plus intimes détails de la vie.

Pourquoi non ? reste encore et seulement la question de savoir quelles sont mes révélations. Si les personnages, loin d'avoir lieu d'en gémir, devaient au contraire y trouver un sujet de bonheur et d'orgueil ! Il y a le chapitre des familles : vous êtes, Monseigneur, le fruit des entrailles d'une femme indigente ; votre père, Monseigneur, était pâtissier à Langres ou portier à Paris ; et c'est bien grâce aux soins d'une dame charitable, Monsieur le curé, que vous fûtes admis au séminaire ; vous l'ai-je reproché ? Suis-je donc assez vil et perdu d'esprit pour ne point apprécier cet ineffable privilège d'une honnête pauvreté ! je mets au premier rang des hommes ceux qui se font eux-mêmes avec la grâce de Dieu. Les populations que vous suspectez n'ont pas non plus le sens si dépravé, croyez-le bien ; et lorsqu'elles châtient sans pitié le sot parvenu qui ploie gauchement sous une fortune nouvelle, ses applaudissements, et les plus doux, sont pour l'enfant généreux qui, par la seule énergie du cœur et le charme des vertus, prend la fortune à ses gages comme une esclave, possède les honneurs sans en être possédé, ne se méprend point sur les réalités de l'existence et ne revendique de lui-même d'autre supériorité que celle qui consiste en une simplicité bienfaisante. Qui le croirait ? ou plutôt qui ne l'a deviné ? c'est là que se réduisent tous les chefs d'accusation concernant mes indiscrètes causeries : permis à moi de décrire un intérieur de boudoir ou le salon *jusqu'aux astragales*, de petites manies excentriques, et plus; mais, en un siècle si fort inventif que le notre, on a trouvé deux adages qui du re nous dépeignent au vif: 1° *Il vaut mieux être un scélér qu'un imbécille*. 2° *On sent toujours le chou dont on été nourri.* Et partant, nous suivons sur un point la morale trop fameuse des jeunes spartiates: pour nous, le crime heureux ou habilement dissimulé n'est pas un crime, cela se dit tout bonnement. Sur le second point, l'on s'accorde encore à dire que la plus ineffaçable tache dont puisse se flétrir un visage d'homme est la note d'une naissance obscure; il y en a qui mentent, par principe, pour nier leur père et s'intituler les bâtards d'un brigand blâsonné; *Richard d'Arlington* est une excellente étude de philosophie. Et au fait, s'il faut en attribuer la cause aux calculs pitoyables d'un amour-propre sans fond, la société avec les abus courants de son organisation présente n'y est pas étrangère: après d'horribles commotions produites pour le compte de l'égalité, les choix se déterminent encore selon les distinctions des races: ayant à donner un poste quelconque, l'autorité cherche d'abord un sujet issu de haut lieu; demandez à M. Affre lui-même, si roturier qu'il puisse être, son avis à ce propos? il vous dira d'étranges choses, et... je l'aime bien cependant d'avoir donné la cure de Notre-Dame à M. Deguerry, pauvre roturier lui-même. Quand reviendrons-nous de ces honteux enfantillages? Quand trouverons-nous un peu de bon sens, du moins dans le temple saint? Est-ce donc qu'on se moquera toujours de Dieu, en faisant de lui l'inspirateur responsable des plus misérables choses? *Numquid illudetur ei quasi avi?*

Des hommes se sont trouvés, parmi les scrupuleux adversaires de cet ouvrage, qui me voulaient convaincre d'hérésie.

Curieux spectacle : Quelqu'un devant les tribunaux de France, plaidait, le malheureux ! il plaidait contre un client *vénérable* qu'il défendait, et il disait sans badiner : *La Biographie est d'hérésies pleine comme un œuf, qui dit Chatel dit le Solitaire.* Puisqu'une autorité pareille demande considération, je vais répondre :

Merci, homme pieux, de n'imputer point à votre humble serviteur les faits ci-dessous : avoir épouvanté par les scandales nocturnes et autres de sa jeunesse, un quartier de Paris et ses paisibles environs, avoir légitimé forcément par un tardif sauf-conduit matrimonial quelque embryon menacé de bâtardise, avoir, en façon d'applatissants rachats, éludé la pire des dispositions du Code pénal, sauf la mort, et, donnant le change sur des malversations infâmes, capté damnablement de lucratives complicités ; si vous aviez affirmé de semblables choses, on eût cherché les preuves, et . . . .
. . . .
. . . .

Beaucoup mieux renseigné, vous fîtes bruit d'hérésie, n'est-ce pas ? Eh bien, je m'incline et vous conjure, écrivain subtil et intact, afin de savoir quelles sont mes péchés en la matière, leur forme, leur place précise, leur degré d'importance, et ce qui, dans l'Écriture comme dans les livres des Pères et les Constitutions de l'Église, les caractérise ou les condamne. Encore une fois, le sage n'affirme rien qu'il ne prouve ; et vous êtes sage, puisqu'en présence de n'importe quel personnage ecclésiastique ou civil, et dans les églises, et même sur les chemins de la ville, vous étalez une physionomie si fort exterminée... Un accusateur sommé de s'expliquer et qui ne s'explique pas court le plus grand risque ; l'accusé lui infligera un nom, le plus dégradant de tous : *menteur* ; quelque part que ce vil coquin porte ses pas, l'accusé le poursuivant, pourra lui rougir la face de soufflets qu'il n'aura pas le droit de discuter ! Ou plutôt, puisque l'Evangile et le bon sens interdisent la vengeance, qu'au nom seul de la miséeorde chrétienne, l'accusateur daigne me venir en aide, m'ouvrir les yeux tout franchement et les ouvrir au grand nombre de ceux qui, de point en point, pensent et parlent comme moi. J'attends.

Autre chose est l'objection qui consiste à dire que mon style n'est pas assez *du genre*.

Il faut s'en inquiéter. Je répondrai d'abord qu'ici les critiques me jugent trop du point de vue où il leur plaît de me placer et où ils se placent eux-mêmes peut-être. En face du public, je ne comparais point avec un parti-pris rigoureux ou une livrée quelconque : je fais un office de greffier ; j'apporte les pièces du procès telles que je les ai reçues et telles qu'elles sont ; colorer du reflet de mes sympathies familières la feuille où j'écris, ce serait m'exposer à la mauvaise foi, fille clandestine du préjugé cajoleur. Les faits produisent d'eux-mêmes les petites réflexions qui s'y rattachent, graves ou légères, bénignes ou piquantes, selon la nature des circonstances et des rapports. Protestant, fourriériste, mahométan, illuminé, athéophiloctéanotatanthrope, je ne pourrais changer de langage, ayant les pièces en main ; catholique, j'obéis à la même règle matérielle. La foi de mon histoire est dans ses éléments et leurs résultats. Le dirai-je ? une singulière idée me préoccupe depuis longtemps : j'aurais voulu, sauf prétention, que Dieu m'eût laissé naître avec tout le miraculeux esprit et toutes les mesquines aberrations de Voltaire, et qu'un beau matin, révélation m'étant faite des réalités du monde ecclésiastique, ma plume se fût mise à courir *catholiquement,* sans rien perdre de sa vivacité mordante, mais franche, vermeille et allègre comme une bonne fille bien saine ; alors j'enverrais hardiment aux calendes tous les Fréret et tous les Nonnotte du monde, je serais content de moi, et prendrais sans permission parmi les héros de l'apologétique chrétienne une place non médiocre. Nous vivons en un siècle moqueur, c'est dire le dernier des siècles ; jamais on n'a tant ri, quoique jamais d'un plus vilain rire ; on rit sans envie, à tous propos, à tort et à travers ; c'est un genre, c'est même un fatal besoin, ἀνάγκη, parce qu'on s'ennuie et qu'au fait, nous n'avons plus guère que des existences éventées, ne sentant rien, bonnes à rehausser avec n'importe quel alcool et quelles épices. Ceux qui débitent l'assaisonnement, nous les payons fort cher, et nous les adorons : les histrions en sont bien la preuve ; et l'on se laisse si aisément persuader par qui donne du plaisir ! « *Quel homme et quel esprit ! Si vous saviez comme il nous a fait rire !* » cela se dit communément ; et je dis plus : *a raison qui rit ; le tout est d'avoir les rieurs de son côté.* Bien des écrivains l'ont compris, et voilà l'histoire des légers succès du jour qui font couler à flots les *espèces ;* voilà Paul-Louis Courrier, Colnet, MM. de Cormenin, Alphonse Karr, les caricatures et leur puissance, voilà pourquoi la littérature, et les gouvernements, et la morale, et le sens commun ne peuvent rester sur pied, s'ils n'exploitent, DANS UNE SAGE MESURE, cette maladie contemporaine, et s'ils ne font rire enfin la société à leur profit, qu'on me permette le mot.

Eh mon Dieu, vais-je donc hésiter? bien ou mal, j'ai dirigé mes efforts en ce sens, et ne crois point avoir failli à la règle : DANS UNE SAGE MESURE. Sans écrire un mélodrame à grandes féeries ou promener par les rues l'attelage et l'orchestre diabolique d'un marchand de Thé Suisse, on peut parler noblement des faits et gestes du Clergé; de même, s'il y a de hideux et sordides épanouissements, et l'Écriture parle aussi d'une franche et saine gaité : *quoniam dignos seipsâ circuit quærens (sapientia) et in viis ostendit se illis hilariter, et in omni providentiâ occurrit illis* (1).

Mais j'ai cité un texte, et du latin ; je cite du grec, de l'italien, de l'espagnol, de l'anglais, de l'hébreu même, et puis des auteurs de toutes sortes!—*érudition factice,* s'écrie un jeune vicaire, *érudition empruntée,* vous dis-je! — Digne jeune homme, cette réflexion part d'un bon naturel, et je vous en sais gré. — Oui, c'est pour faire voir que vous avez appris toutes ces langues. — Moins ingénu, vous eussiez dit : *Il ne les connaît pas.* — A quoi bon ces passages ? la majorité des prêtres n'y voit goutte ; on n'apprend aucune langue dans les séminaires. — C'est vrai, mais généralement les gens du monde reçoivent une plus complète éducation ; et si les écrivains de diverses nations se trouvent avoir dit d'excellentes choses ? ... — traduisez-les. — j'ai peur de les affaiblir ainsi. — en y joignant le texte. — brave homme! ah! oui, vous êtes un brave homme, vous ! mais la place me manque.—Tant pis. Et d'ailleurs les auteurs

---

(1) Sap. 6-17.

que vous mettez en avant par éditions, volume, page, ligne, etc., etc., vous n'avez pas de vous-même deviné leur existence, on vous a mis sur la voie. Si vous n'aviez pas lu ces ouvrages, vous n'auriez garde de les invoquer et de les analyser; et quand on a lu, pardié, c'est bien difficile ! ! ! — Supposez, M. l'Abbé Baronnat qui s'entend dire ces choses, et si vous n'avez jamais vu M. Baronnat, lisez sa notice (la troisième du sixième volume) — Et moi aussi, je me fâche à la fin. Rappelez-vous cette note de la *Biographie des Biographies*, page v du troisième volume, où il est prouvé qu'avant de mettre un innocent vicaire à la porte des galères, l'officialité d'Orléans jugea comme une sotte M. l'Abbé Dombrowski: en substance, la note se retrouve tout entière dans un savant mémoire de ce prêtre polonais, et vous n'avez pas proclamé qu'il en était l'auteur. — Au moins, avais-je étudié et médité et discuté ce mémoire, et il s'agit de quelques lignes seulement, et la prudence. . . . . — Tant pis. — Ame tendre et magnifique, alors, *quœ quum ita sint*, je vous en prie, dites moi que j'écris mal, très mal, que *c'est bête*, que je suis.....

    Oui, mon frère, un méchant, un coupable,
    Un malheureux pécheur tout plein d'iniquité,
    Le plus grand scélérat qui jamais ait été.
    Chaque instant de ma vie est chargé de souillures,
    Elle n'est qu'un amas de crimes et d'ordures ;
    Et je vois que le ciel, pour ma punition,
    Me veut mortifier en cette occasion.
    De quelque grand forfait qu'on me veuille reprendre,
    Je n'ai garde d'avoir l'orgueil de m'en défendre.
    Croyez ce qu'on vous dit. . . . .
    Je ne saurais avoir tant de honte en partage
    Que je n'en aie encor mérité davantage.
    . . . .
    Savez-vous après tout de quoi je suis capable ?

— XIII —

. . . . La vérité pure est que je ne vaux rien.
Oui, mon cher fils, parlez ; traitez-moi de perfide,
D'infâme, de perdu, de voleur, d'homicide,
Je n'y contredis point. —

— Ah ! je vous y prends : c'est du *Tartuffe*, acte III, scène VI. Cela suppose, satanique Solitaire, que vous avez lu *Tartuffe*; vous voilà convaincu, par conséquent, d'avoir des mauvais livres ; et je lirais une biographie du clergé où l'on cite Tartuffe ? — « Pouas, dit madame de « Sotteñville, vous m'engloutissez le cœur. Parlez de « loin si vous pouvez (1). »

Après ces préliminaires généraux j'arrive aux détails du quatrième volume, qui s'ouvre par la notice de M. de Forbin-Janson.

M. DE FORBIN-JANSON.

Cette notice qui était complète, autant que possible, le 15 mars 1842, ne l'est plus maintenant. L'activité de M. de Forbin-Janson s'accroît avec ses années, et dépasse dans ses phases diverses toutes les plus attentives prévisions. C'est un missionnaire à l'espagnole, si j'ose ainsi m'exprimer, et qui ne trouve plus assez d'eau sur ce globe pour baptiser les multitudes qu'il convertit, assez de pierres pour bâtir les saints établissements qu'il fonde, assez d'ennemis pour les rendre heureux selon les ambitions de son cœur et les forcer à l'admiration, assez d'obstacles de toutes sortes pour les franchir d'un pied leste et jouir au nom de Dieu comme à la confusion des enfers de la difficulté vaincue. Chose superbe et ravissante en effet, que cette héroïque manie de se faire un

(1) *Georges Dandin*, acte III, scène 12.

diocèse de l'univers entier par dépit d'avoir quitté le diocèse de Nancy, dépit généreux, sublime, inouï. Je songe aux travaux d'Hercule, et devant la fiction payenne, dites-moi ce qu'il vous semble des inspirations du catholicisme ; ou plutôt, comme j'ai sous les yeux ma vieille et bien aimée complainte du *Juif errant*, j'aime mieux la chanter :

> Est-il rien sur la terre
> Qui soit plus surprenant
> Que la grande misère
> Du pauvre. . . .

Pardon........ du riche prélat comte de Forbin-Janson, de la famille princière des Legalléan, évêque et primat de Lorraine, etc., etc.

> Un jour près de la ville
> De Bruxelle en Brabant,

ou bien de Philadelphie, Boston, Baltimore, New-York, en Amérique; ou bien de Londres, de Greetna-Green, de Portsmouth, de Dublin, d'Edimbourg, en la Grande-Bretagne ; ou bien de Rome, d'Ostie, de Naples, de Florence en Italie, et de partout.

> Des bourgeois fort dociles
> L'accoster' en passant.
>
> On lui dit : bonjour, maître,
> De grâce, accordez-nous
> La satisfaction d'être
> Un instant avec vous ;
> Ne nous refusez pas,
> R'tardez un peu vos pas.
>
> —Jamais je ne m'arrête,
> Ni ici, ni ailleurs,
> Par beau ou mauvais temps
> Je marche incessamment.
>
> — N'êtes-vous point cet homme
> De qui l'on parle tant ?

. . . .
De grâces, dites-nous
Si c'est sûrement vous.

— . . . . . .
Oui, c'est moi, mes enfants.
. . . .

. . . .
Je fais le tour du monde
Pour la cinquième fois.
Chacun meurt à son tour
Et moi je vis toujours.

Je traverse les mers,
Les rivier's, les ruisseaux,
Les forêts, les déserts,
Les montagn's, les côteaux,
Les plain's et les vallons ;
Tous chemins me sont bons.

J'ai vu, dedans l'Europe
Ainsi que dans l'Asie,
Des bataill's et des chocs
Qui coûtaient bien des vies.
Je les ai traversé
Sans y être blessé.

J'ai vu dans l'Amérique,
C'est une vérité,
Ainsi que dans l'Afrique
Grande mortalité.
. . . .
—Nous pensions être un songe
Le récit de vos maux ;
Nous traitions de mensonge
Tous vos plus grands travaux.
Aujourd'hui nous voyons
Que nous nous méprenions.

Vous étiez donc coupable
De quelque grand péché,
Pour que Dieu, tout aimable,
Vous eût tant affligé...

— Pàs du tout, braves bourgeois, pas du tout ; c'était

de fait un homme de charmantes manières, aussi doux et affable que laborieux et spirituel, un saint évêque dévoré du zèle de la maison de Dieu, un bon pasteur dans le sens de l'évangile, mais d'une conscience droite et si inflexible que nulle iniquité n'eut prise sur lui, nulle fourberie ne put le séduire et le jeter hors des chemins réguliers; et à la fin, las de se briser incessamment contre un homme pareil avec leurs offres d'or, leurs prières et leurs menaces, quelques puissances civilisées du vieil hémisphère lui ont infligé cette punition, l'ont chassé de chez lui comme un misérable...

>—De chez moi, à l'heur' même,
>Je sortis bien chagrin,
>Avec douleur extrême
>Je me mis en chemin.
>Dès ce jour-là, je suis
>En marche jour et nuit.
>
>Messieurs, le temps me presse,
>Adieu, la compagnie;
>Grâce à vos politesses,
>Je vous en remercie.
>Je suis trop tourmenté
>Quand je suis arrêté.

Néanmoins, ces haltes ne laissent pas d'être fructueuses, comme je l'ai dit, et comme j'aurai occasion de le montrer plus explicitement, si jamais on m'ôte mon carcan de trente-six pages.

Cette gêne qui sans doute se fait sentir partout, on l'aperçoit bien davantage dans la notice de M. Perboyre.

M. PERBOYRE.

Son martyre a ramené sous ma plume des réflexions de longue date, et qui, étant suffisamment développées, jeteraient quelque jour sur une question mal comprise.

Je n'ai pu que les indiquer sommairement, et avec moins de mots que de pensées : j'ai peur d'avoir été obscur, ce qui me semble la pire des fautes ; mais l'ai-je été jusqu'à ce point qu'on ne parvienne, moyennant patience, à saisir mon raisonnement ? j'en ai peur encore ; personne ne s'en est plaint. Pour le reste, je n'ai rien à dire, sinon que j'ai puisé la plus grande partie des faits dans une histoire très diffuse et indigeste, mais pleine de candeur et de bonnes intentions. Nous nous arrêterons plus long-temps et avec plus d'intérêt sur la vie de M. Grégoire.

M. GRÉGOIRE.

A mon sens, on s'est souvent mépris de manière étrange sur cet ecclésiastique. Je crois fermement que, dans les points capitaux de la question, sa bonne foi fut réelle et parfaite ; qu'ainsi, en embrassant les idées révolutionnaires de 1789, en présidant une assemblée terrible, en proclamant avec ivresse l'abolition des tyrans et de la royauté, en couvrant de ses exécrations l'honnête et pieux Louis XVI, et en défendant jusqu'à la fin cette singulière Constitution civile du clergé, il obéissait à des convictions fermes, regardait positivement comme pernicieuses les doctrines contraires aux siennes, s'estimait combattant et souffrant au nom de Jésus-Christ, et n'attendait qu'une réfutation satisfaisante à ses yeux pour abjurer tout son passé. Plusieurs se récrient : « et nos ouvrages ? disent-ils ; nos ouvrages sont *beaux et bien faits*, etc., *c'était clair comme le jour ; la lumière lui crevait les yeux.* »—Qui vous a dit tout cela ? et moi, je vous demande quelle est la couleur politique de l'Église, si, à bien chercher dans le ciel, on n'y trouverait pas le moindre républicain ; si le célèbre factum schismatique de 1790 ne fût pas devenu purement orthodoxe, à part de faibles réserves, moyennant l'intervention nécessaire du souverain pontife; et, posé les inextricables définitions de *Saint-Siège* et de *cour de Rome* où s'est engagé Grégoire, comme font du reste tous les gallicans, s'il est bien surprenant qu'un homme préoccupé, entraîné par une imagination de feu, dupe même d'une énorme érudition qui le passionne de plus en plus, se fourvoie, s'embarrasse, s'obstine et se perde ingénuement? Toute mauvaise foi procède de l'égoïsme ou intérêt personnel ; et cependant, à quelque époque de sa vie que je le considère, Grégoire fut d'une inaltérable pureté de mœurs: vicaire et curé d'Embermesnil, ses paroissiens le vénèrent et le chérissent, ses supérieurs ecclésiastiques le proposent comme un modèle de piété, de vie laborieuse, de dévouement et de simplicité; durant la terreur, il flétrit à la tribune les prêtres apostats, préside, comme on l'a vu dans sa notice, les séances de la Convention en costume ecclésiastique, et sort de là pour servir la messe. Depuis lors, il y eut de fréquentes variations dans l'atmosphère sociale: vint l'époque de 1815 où, avec l'importance historique de son nom et en prouvant qu'il n'avait point voté la mort de Louis XVI, il eût infailliblement acheté par quelques concessions un vrai siège épiscopal; d'autres l'avaient bien fait! on l'eût accueilli de fort bonne grace, choyé, adoré : il préféra l'obscurité, la haine des puissants et leurs malédictions; il ne fut rien. Non, pour peu qu'on ait de connaissance des hommes, on n'admettra pas que celui-ci fut un imposteur. — Il était orgueilleux et irascible. — Vous l'êtes aussi, vous qui vous sentez de bonne foi dans le vrai, et j'en trouve la preuve dans l'aigreur même de vos récriminations. On appelle orgueil la ténacité et la contradiction, ce qui n'est pas toujours exact. La conscience est absolue comme la vérité, lorsqu'elle est pure; elle a de ces immobilités-là, et c'est aussi l'obstination qui fait les martyrs. — Mais vous l'envoyez ainsi droit au ciel! — Ceci n'est pas mon affaire; je lui souhaite assurément autre chose que le feu éternel, Dieu a son secret là-dessus. Dieu est meilleur que les hommes, je ne préjuge rien de plus. — Mais êtes-vous donc, vous aussi, régicide, *jureur*, etc.? — Pour le coup, laissez-moi tranquille, et allez lire le verset de l'Ecclésiastique : *susurro et bilinguis maledictus, multos enim turbabit pacem habentes.*

Au reste, je cite une lettre de M. Pelier de la Croix, l'un des ecclésiastiques de France dont je respecte le plus l'autorité théologique et la vertu; je cite cette lettre, parce qu'elle est en apparence opposée à mes jugements et qu'elle donnera lieu au lecteur d'exercer avec avantage son esprit de critique :

« Vous avez publié (écrit à la *Quotidienne*) une longue lettre, où M. Grégoire, se disant ancien évêque de Blois, répondait à Monseigneur l'archevêque de Paris. Comme cette lettre contient, non-seulement les principes erronnés de la secte semi-calvinienne, mais aussi des assertions contraires à la vérité de l'histoire, permettez-moi d'indiquer au moins celles-ci à vos lecteurs. Je ne pense pas qu'il soit nécessaire pour eux de réfuter sérieusement le patriarche des schismatiques gallicans, quand il demande, pour se soumettre à une rétractation, le jugement formel d'un concile œcuménique. Il est évident qu'une telle prétention, sous le rapport de la soumission due à l'autorité, ne diffère en rien de celle de Luther et consors, qui rejetaient aussi les brefs et les bulles des pontifes romains, et à qui il fallait aussi une décision de l'église universelle. On sait que, lorsqu'elle eut prononcé à Trente, ils inventèrent d'autres chicanes pour rester soumis à l'orgueil privé, plutôt que de rentrer dans le sein de notre mère commune. Les principes de M. Grégoire sont les mêmes que ceux de l'opiniâtre Quesnel et des acéphales d'Utrecht. On en trouve la réfutation dans tous les théologiens catholiques.

« M. Grégoire déclare d'abord que *sa vie tout entière et ses ouvrages* déposent *assez* de l'intégrité de sa foi. N'est-ce pas là se faire juge soi-même de ce que l'on doit croire ou ne pas croire? Et, sous ce prétexte, refuser de souscrire aux brefs qui ont condamné la Constitution dite civile du Clergé, et qui depuis près de quarante ans sont universellement reçus dans l'Eglise, n'est-ce pas professer que l'on possède en soi, l'inerrance que l'on conteste aux successeurs de Pierre dont Jésus-Christ a promis que la foi ne manquerait pas, et qu'il a chargés d'y confirmer ses frères? N'est-ce pas tenir au sens individuel, à l'interprétation privée, l'esprit particulier qui engendra la réforme, plus qu'à l'autorité divinement établie pour paître les brebis comme les agneaux, plus qu'à la foi véritable sans laquelle il est impossible de plaire à Dieu?

« M. Grégoire dit, que Pie VI a voulu, par *son bref de juillet* 1796, mettre fin à des discussions plus politiques que religieuses. Permis à lui de manquer de mémoire, surtout à son âge ; mais son affirmation est tout-à-fait contraire à la vérité. Le Directoire qui gouvernait alors en France, demandait au pape d'avouer qu'il s'était trompé, et de révoquer tous ses brefs sur la Constitution civile du Clergé (*art.* 4); et, après avoir pris l'avis des cardinaux qui furent tous unanimes, Pie VI fit répondre par M. Galeppi, *le 14 septembre,* que *ni la religion ni la bonne foi ne lui permettaient d'accepter ces conditions.*

« M. Grégoire, comparant au sien le serment d'allégeance imposé en 1606, par le roi Jacques Ier, dit que le serment anglais fut condamné par le pape, et qu'il fut néanmoins approuvé par la Sorbonne. Cela est vrai; mais, que cela prouve-t-il, sinon que le jugement du chef de l'Eglise catholique est, pour M. Grégoire, au-dessous de celui de la Sorbonne, qui approuva alors, et avant et depuis, tant d'autres choses? Prévenons toutefois, que si Paul V condamna le serment d'allégeance, ce fut parce qu'il était peu compatible avec l'unité catholique et qu'*il traitait d'hérésie l'opinion contraire,* ainsi qu'on le voit dans Bellarmin et même dans l'*Art de vérifier les dates.* (art. Jacques I.)

« M. Grégoire répète, jusqu'aux derniers souffles de sa vie, l'accusation banale contre les fausses décrétales. Il eût fait preuve de plus d'instruction ou de plus de bonne foi, en s'abstenant de ce lieu commun du gallicanisme. Nous ne pouvons que renvoyer, sur ce point, ses partisans à la nouvelle édition de Bérault-Bercastel, tome 4, pages 199 et suivantes.

« Il déplore la perte de l'ancienne discipline, autre lieu-commun du parti. Mais pour faire croire à la sincérité de telles doléances, ou pour n'être pas inconséquent, n'eût-il pas dû commencer par la mettre en pratique ? Est-ce que, dans ces beaux temps si regrettés et si regrettables, on voyait des évêques sénateurs, des évêques *représentants du peuple,* en mission pour organiser l'administration des provinces conquises, et se trainer ou courir à la suite des armées ?.....

« Quand il répète, après l'abbé Racine, que, dans l'affaire de l'arianisme, ce fut le très petit nombre qui resta fidèle à la foi de Nicée et qui finit par la faire triompher, M. Grégoire donne modestement à entendre que son parti est le parti catholique et qu'il en est l'Athanase. Celui-ci cependant, qui fut si souvent exilé pour la foi, ne cessa jamais d'être soumis et inviolablement attaché au Saint-Siége. Il n'appela point à l'Eglise universelle, mais au successeur du chef des apôtres ; il alla à Rome où, dit-il, *est le Siège de celui à qui le Seigneur lui-même a accordé, sur tous les autres, par privilège spécial, la puissance de lier et de délier ; siège dont le fondement a été fixé par la main de Dieu, dont le chef sacré domine tous les autres, et par lequel tous sont dirigés, conduits, soutenus, soulagés.* On peut voir sur ce fait un des plus beaux monuments de l'antiquité, suivant Tillemont : c'est la lettre du pape Jules, dans laquelle on trouve la vérité défendue avec une vigueur digne du chef des évêques. Cet illustre et saint pontife, *par le droit de son siège*, comme s'exprime Sozomène, rétablit, non-seulement Athanase, mais tous les évêques attachés à sa cause, dans les églises dont les Eusébiens les avaient dépouillés. *Cum, propter sedis Romanæ dignitatem, omnium cura ad ipsum spectaret, suam cuique ecclesiam restituit.* M. Grégoire pouvait-il montrer que Pie VI et Pie VII, en firent autant pour lui et ses amis ? Ne devait-il pas imiter Athanase et les siens, plutôt qu'Ursace et Valens ?

« Il n'a *jamais voté la mort de personne*..... Tant mieux ! C'est donc un autre Grégoire qui, le 19 janvier 1793, écrivit de Chambéry à la Convention, déclarant qu'il votait *pour la condamnation de Louis Capet sans appel au peuple*. C'est peut-être aussi un autre Grégoire qui, depuis, a applaudi à la mort de Louis XVI, dans un opuscule intitulé : *Essai historique et patriotique sur les arbres de la liberté*. Ce dernier toutefois, en l'an II de la république, se disait *membre de la Convention*. Comme l'ancien évêque de Loir et Cher appartient désormais à l'inexorable histoire, nous doutons fort que sur ce fait, les historiens s'en rapportent à sa lettre à Monseigneur l'archevêque de Paris, plutôt qu'au journal officiel de l'époque et aux écrits connus sous le nom de Grégoire, membre de la Convention.

« Il accuse de *fanatisme et d'ignorance le jeune clergé*.... Grand merci, monsieur Grégoire ! Nous ne pensions guère que vous seriez un jour l'écho de l'évêque-ministre M. Frayssinous, qui, au lieu de nous défendre, nous avait déjà ainsi accusés à la tribune. Mais si nous n'avons pas votre science, nous conservons du moins la foi dans nos cœurs (c'est bien quelque chose, par le temps qui court); et avec la grâce de Dieu et sous les ordres de nos premiers pasteurs, unis, mieux que du bout des lèvres, au vicaire de Jésus-Christ, nous espérons la transmettre, non à d'orgueilleux disputeurs, mais à des *hommes de bonne volonté*, à ceux qui voudront être ou rester catholiques. Saint Paul nous avertit que tous ne peuvent être docteurs, *alius sic, alius vero sic*. Quant à ceux qui le sont comme vous l'avez été, nous nous garderons bien d'assister à leurs écoles.

« Enfin, M. Grégoire termine la lettre en se comparant au bon larron, par humilité, dit-il ; et il fait observer que le Sauveur n'exigea de ce pénitent *ni rétractation ni amende honorable.* Plaignons l'homme qui abuse aussi indignement du texte sacré. Jouer sur les mots, escobarder jusque sur son lit de mort, y revenir sur les injures et les calomnies tant repassées contre la société à laquelle appartint jadis Escobar, et ajouter orgueilleusement à son premier pasteur : *Si vous n'êtes pas indulgent pour moi, tant pis pour vous!* N'est-ce pas là friser de très près le cynisme et l'humilité de Diogène ?... Que cependant Dieu veuille avoir son âme ! »

L'Abbé PÉLIER DE LACROIX,
Membre du Jeune Clergé.

Versailles, le 3 juin 1831.

Une petite note de la page 110 m'attire cette autre lettre : (J'évite les explications.)

« Je profiterai de l'occasion, monsieur, pour donner par votre entremise un avertissement charitable et franc à notre brave Solitaire, avec la même liberté qu'il en donne lui-même à tout le monde, du sein de son indépendance, et sous le voile déjà transparent de son anonyme. Je n'ai pas l'intention de lui causer la moindre peine, mais de lui faire prévenir la désertion de plusieurs de ses abonnés; par conséquent, j'espère qu'il accueillera bénévolement cette observation faite, même *par un séminariste*, mais suggérée par des hommes plus graves et plus expérimentés. Voici ce dont il s'agit : le nom et les qualités de M. le Solitaire commencent à être connues : or, cette connaissance le rend presque incompétent à parler de Saint-Sulpice (*Nous reviendrons sur ce passage.*) Ainsi il est évident que depuis quelque temps les personnalités, peut-être involontaires, se font trop sentir dans ses jugements, et ont remplacé souvent la belle impartialité et l'oubli de soi même, si nécessaires au

succès de son œuvre. De là la direction constante de son
ire vers le même but, et les traits multipliés, continuels
contre Monseigneur l'archevêque de Tours et les séminaires sulpiciens; de là les petites exagérations, je dirai
même les appréciations essentiellement fausses ; et, pour
ne pas laisser sans preuve, le dernier grief d'accusation,
je demanderai à M. le Solitaire, quelles raisons solides et
froidement pesées il a de qualifier de *manifestes rididules*, de *tartufferies*, *etc.*, la relation de la conversion si
extraordinaire de M. de Ratisbonne; de juger si *indignement* les pieux séminaristes de Gap, pour l'avoir fait
réimprimer à leurs frais, dans le seul but assurément de
donner aux miséricordes de Marie une publicité convenable, c'est-à-dire universelle, comme la joie et la
reconnaissance de tout bon catholique pour une grâce
si merveilleuse : *auri sacra fames*, dit-il, *envie de
paraître*, de se *faire ordonner*, *d'avancer*, etc. Est-il
bien sûr que son jugement est juste, vrai et même
prudent ? de même, est-il bien sûr d'avoir parlé selon
la vérité et la sagesse en affirmant que l'esprit sulpicien
réprouve, dans la piété, et qualifie de dissipations, etc.
les plus légitimes épanchements de la nature, une douce
gaîté, une dilatation franche et ouverte, l'aisance et
l'affabilité naïve et simple dans le langage et les manières ; et en représentant le type séminariste sulpicien
sous un aspect dégradant, sauvage, repoussant et hypocrite? Je crois connaître l'esprit de M. Olier, aussi bien
que M. le Solitaire, et je puis l'assurer que, pendant trois
ans, je n'ai jamais entendu traiter la piété de cette manière, si ce n'est, peut-être, par quelque élève novice et
exagéré, dont on se hâtait bien vite de rectifier les idées.

« Je prie M. le Solitaire de croire que c'est sans

aigreur que je lui parle, et sans prétention. J'ai cru qu'il commençait à abuser de son beau talent ; j'ai protesté en ami, contre sa pernicieuse tendance ; j'ai rempli un devoir de charité. L'autorité de mes réclamations n'est pas grande, mais notre spirituel auteur comprendra aisément qu'il y a plus de gloire et de mérite d'écouter la voix de la raison, dans la bouche d'un enfant et d'un ignorant, que dans celle d'un savant philosophe.

« Agréez, monsieur, l'assurance, etc. »

J'attends, pour m'expliquer bien catégoriquement à ce sujet, la biographie de M. Dufriche-Desgenettes, curé de Notre-Dame-des-Victoires, fondateur de l'œuvre dite *Archiconfrérie du très saint et immaculé cœur de Marie*. Mon honorable correspondant peut croire, jusque-là, que je n'ai point agi sans de mûres réflexions et des motifs sérieux, soit en écrivant cette note soit en commentant à la page 311 un article de *l'Ami de la religion* sur MM. les séminaristes du diocèse de Gap.

Autre jugement ; il est de M. Liautard : M. Guillon s'y trouve mêlé, j'en suis content.

« Ce que je pense de tout cela, mon cher ami ; c'est que l'abbé Grégoire et ses amis ont eu grand tort, que l'abbé Guillon s'est laissé mystifier — et que l'archevêque qui croyait gagner beaucoup d'un côté (les royalistes) a tellement perdu de l'autre, qu'il vaudrait mieux pour lui que Grégoire eût vécu quelques mois de plus. Rome a été à ce qu'il paraît prévenu du grand scandale de l'extrême-onction : les colombes de Beauvais viennent d'en pousser des gémissements authentiques. Si cependant M. de Saint-Aulaire insiste, les bulles viendront pour Beauvais comme elles sont venues pour tant d'autres diocèses, et Rome n'aura fait que suivre les règles de la prudence. M. Guillon, à raison de ses écrits, ne doit pas être traité avec la sévérité que réclament quelques *zélanti*. »

J'attends aussi la biographie de M. d'Auribeau pour dire comment, par le fait d'une erreur typographique, l'histoire se trouve violée en son nom de *d'Esmivy* qu'on a écrit *d'hesming*.

M. FRASEY.

Deux mots seulement sur cette partie de mon travail : 1° elle a terminé, par de loyaux et fermes moyens, une discussion fâcheuse ; on se rappelle des lettres échangées dans le *Journal des villes et campagnes* entre M. Frasey et mon éditeur : 2° parmi les félicitations que j'ai eu l'honneur d'adresser au vénérable doyen, une chose fut oubliée : je laisse parler un homme charmant, l'abbé Paganel, nommé par M. de Quélen, prêtre administrateur à Saint-Nicolas-des-Champs ; ce dernier reçut, il le dit, la lettre qu'on va lire :

« Monsieur,

« Depuis que vous êtes avec nous, j'ai tout examiné avec le calme de la charité qui croit et désire trouver le bien. J'ai acquis la pleine conviction que le ministère ne vous convient pas. Les détails multipliés et presque continus qu'il exige, surtout dans une grande paroisse, sont incompatibles avec vos goûts dominants et le genre d'occupations auxquelles vous vous livrez avec plus d'ardeur que jamais. J'en ai conféré aujourd'hui avec Monseigneur l'archevêque, qui m'avait formellement recommandé de lui faire part de mes observations. Il est très persuadé que vous ne pouvez remplir ses intentions, qui sont les miennes, à Saint-Nicolas-des-Champs. Il m'a promis d'envoyer un ecclésiastique pour vous remplacer, et chargé de vous en prévenir. C'est pour moi une peine réelle de vous annoncer cette décision définitive.

« J'ai renouvelé auprès de Monseigneur la demande instante d'une place plus conforme à votre goût et à vos moyens.

« Il m'en coûte, je vous le répète, de prendre ce parti, parce que l'éloignement, la séparation d'un confrère m'est douloureuse, quelle qu'en soit la cause.

« Du reste, je m'empresserai de vous rendre partout justice sous le rapport de votre conduite privée et sage dans ma paroisse.

FRAZEY,
curé de St-Nicolas-des-Champs. »

«J'avoue que cette lettre était très honnête et très polie, et qu'il était difficile de m'en plaindre ; mais malgré tous ces beaux compliments, je n'en avais pas moins perdu ma place, et la comédie était toujours à recommencer (1).»

D'où suit que M. Frasey fut décoré pendant quelques heures de M. Paganel et qu'il s'entend à donner un congé de la meilleure grace du monde, comme à donner l'hospitalité en l'occasion. *Vos videritis.*

M. CHATEL.

Le mercredi 21 décembre, M. l'abbé Badiche lisait en présence de l'Institut historique un article relatif à ma biographie. Pour suivre les règles de modestie qui nous

---

(1) *Mémoires secrets*, etc.; etc., page 9.

sont communément tracées, il me faudrait décliner, comme indigne, les encourageants éloges qu'a bien voulu me donner cet excellent et savant prêtre. Je n'ai pas cette vertu. L'assentiment d'un tel homme, je l'estime trop précieux pour le négliger, et c'est avec avidité que je m'en empare, n'en voulant perdre un *iota*, je l'avoue, et m'en glorifiant par devers tous présents et à venir. Ainsi disposé, j'adopte du même cœur les critiques, d'autant plus volontiers qu'elles portent sur des points peu importants et discutables.

Donc, M. Badiche demande pourquoi la notice de M. Chatel; « Vous sortez, dit-il, du cercle tracé par votre épigraphe. » J'ai répondu par avance à cette objection dans un des cinq volumes publiés, et je répète que ma Biographie n'est point une *vie des saints*, qu'en conséquence je n'ai point entrepris de composer ma pharmacie ($\varphi\alpha\rho\mu\alpha\kappa\alpha$ $\psi\upsilon\chi\tilde{\eta}\varsigma$) en bocaux d'une seule sorte, *tenant* les substances innocentes à l'exclusion des autres : il entre des poisons dans les meilleurs remèdes, et c'est souvent de la corruption que naît la vie, *sic et resurrectio mortuorum; seminatur in corruptione, surget in incorruptione* (1). En montrant par quels degrés plus ou moins sensibles ce prêtre s'est engagé dans des voies lamentables, ce qu'il a trouvé et ce qu'il a produit hors du sein de l'unité, j'atteignais le triple but, et de bien caractériser sa dissidence devant de malheureux esprits prévenus ou peu clairvoyants, et de faire ressortir par une comparaison nécessaire, la pureté des autres physionomies, et d'énoncer enfin quelques vérités supérieures qui n'eussent pas été dites autre part. Mieux que personne peut-être, à

---

(1) Ad. cor. 15-42.

cause du format, du prix de mon ouvrage et de sa popularité toujours croissante, mieux que personne j'étais à même de rendre à la société et à l'Église cet important service; et, quoi qu'on veuille prétendre, j'ai lieu de croire qu'en effet cette notice a provoqué des réflexions de plus d'une sorte.

Les journaux ont dit dernièrement ce qui suit: « En vertu d'une commission rogatoire, M. Mouillon, commissaire de police aux délégations judiciaires, et M. Quoinat, du quartier Montmartre se sont transportés rue du faubourg Saint-Martin dans le local destiné au culte de l'Église française, dirigée par l'abbé Chatel; ils ont inventorié tous les objets qui s'y trouvaient et ont ensuite apposé les scellés sur toutes les portes. »

Les journaux, même le *Constitutionnel*, même le *Corsaire* et le *Courrier*, n'en ont pas dit davantage, Ce silence est à coup sûr une énigme. *L'Ami de la religion* est le seul qui ait débité, selon sa coutume, quelques visqueuses balivernes ; M. Chatel n'a protesté en aucune manière ; serait-ce qu'il s'applaudit lui-même intérieurement de cette mesure peu *constitutionnelle* du reste ; et songerait-il que la miséricorde de Dieu, se trouvant inépuisable pour lui comme pour nous tous, ce serait bien fait à lui d'y puiser désormais à pleines mains ? reviendrait-il au foyer paternel, après avoir dissipé toute sa substance selon qu'on la dissipe toujours, *luxuriosè*, et désiré... *implere ventrem suum de siliquis quas porci manducabant* ? qu'il aille à l'Église et qu'il lui dise : « j'ai péché ; » et l'Église le verra venir de loin, elle ira au-devant de lui et dira : *date ei stolam primam et induite illum et date annulum in manum ejus et calceamenta in pedes ejus: calceamenta!!* il doit en avoir grand besoin !

et adducite vitulum saginatum, et occidite, etc., et nul fils aîné n'osera troubler la joie du retour par des murmures jaloux, car l'Église répondrait : mon fils, vous êtes toujours avec moi, et tout ce que j'ai vous appartient, mais il fallait se réjouir, puisqu'un frère, le vôtre, celui-là, *frater tuus hic*, était mort et qu'il revit, puisqu'il avait péri et qu'il est retrouvé ! (1)

(1) Depuis que ces lignes sont écrites, j'ai lu dans la *Gazette des Tribunaux* du 24 février :
1° Un Arrêté de M. le préfet de police, conçu dans les termes suivants :
« Nous conseiller d'Etat, préfet de police, vu : 1° la loi du 24 août 1790 ; 2° l'arrêté du gouvernement du 12 messidor an VIII ; 3° les art, 291, 292 et 294 du Code pénal ; 4° la loi du 10 avril 1834 ;
« Lesquels lois nous chargent de la police et de la surveillance de toutes réunions et associations, et de prendre les mesures nécessaires pour le maintien du bon ordre ;
« Vu également les renseignements à nous parvenus, constatant que le sieur Chatel (Ferdinand-François), dans des discours proférés au milieu de réunions tenues sous sa direction, dans un local rue du Faubourg Saint-Martin, 59, s'est livré, notamment les 20 et 22 du courant, à des outrages envers la morale publique et les bonnes mœurs, et à des excitations de nature à troubler la paix publique, arrêtons ce qui suit :
« Art. 1er. Toutes réunions quelconques dirigées par ledit sieur Chatel sont interdites à partir de ce jour.
« Art. 2. Les scellés administratifs seront immédiatement apposés sur les portes du local où se tiennent ces réunions, rue du Faubourg Saint-Martin, 59.
« Art. 3. Le présent arrêté sera notifié sans délai au sieur Chatel, ainsi qu'au propriétaire et au principal locataire de ladite maison, afin qu'ils n'en ignorent. Sous toutes réserves de poursuites judiciaires contre qui de droit en cas d'infraction au présent arrêté.
« Fait à Paris, le 28 novembre 1842.
« Le Conseiller d'Etat, préfet de police,
« G. Delessert. »
2° Une dénonciation de cet arrêté, faite par M. Châtel à M. le

M. CLAUSEL.

Rien de plus, sinon que son portrait n'est pas d'une ressemblance frappante. M. Clausel a la tête moins longue, le bas du visage infiniment plus large, les yeux moins dramatiques et plus fins, la chevelure moins pauvre. On n'avait jamais dessiné M. Clausel ; cette gravure est un souvenir de l'artiste ; adonc, j'aime mieux son talent que sa mémoire.

On a vu, page 228, que le terme *équippées gallicanes* ne pouvait s'appliquer à M. de Coussergues le député ; on a vu, page 233, qu'il s'agissait de M. l'abbé Michel Clausel de Coussergues, et non de M. l'évêque de Chartres, lorsque j'ai cité le mot de M. Pelier : *quousquè tandem*, etc.!! Il y aura place pour une notice de M. l'abbé de Coussergues, et les circonstances nous ramèneront à celle-ci.

M. DEMEURÉ.

Complet ! Pont-le-Voy est vendu à MM. le prince de Chalais, le comte de Vibraye et Laurentie. M. Demeuré se retire à Blois, avec le titre de grand-vicaire.

C'est une RESTAURATION sans doute. — *Cur ?*

Ministre de l'Intérieur pour obtenir la levée des scellés ou sa mise en accusation.

3° Une pétition adressée à la Chambre des Députés, dans laquelle M. Châtel et le Conseil d'administration de l'Eglise française protestent contre les mesures prises par M. le préfet de police.

4° La réponse du ministre, qui confirme l'arrêté du préfet de police.

5° Enfin le jugement du tribunal civil de la Seine, qui déboute le sieur Châtel de sa demande en main-levée des scellés, en se déclarant incompétent, et le condamne aux dépens.

M. GRAVERAN.

On m'a dit d'abord : M. Graveran vous prie de ne pas faire sa notice : — je l'ai faite. On m'a dit ensuite : M. Graveran se promettait de vous foudroyer, s'il eût été mécontent de sa notice. — Je ris.

M. ROESS.

Il y a, dans son diocèse, une opposition vive, mutine, raisonnée, si j'en crois dix ou douze lettres anonymes ; mais je n'en crois jamais les lettres anonymes ; les personnes zélées qui ont envie de m'écrire devraient bien compter sur ma discrétion si largement et si constamment éprouvée, et signer sans crainte, ou se tenir tranquilles, lorsque surtout il s'agit de dénonciations pour faits personnels et privés.

M. LIAUTARD.

Il est mort, le 17 décembre dernier, d'une attaque d'apoplexie ; l'Eglise perd dans la personne de M. Liautard un prêtre incomparable, la société un de ses plus fermes appuis et de ses plus beaux ornements. Modèle de franchise et d'intégrité, il fut accessible comme toutes les grandes âmes à l'ambition et se montra constamment au-dessus d'elle; il a manqué à l'Eglise de l'avoir eu pour évêque et au gouvernement d'en avoir fait un ministre des affaires ecclésiastiques. On n'a pas bien connu la raison de tant d'oubli : c'est, à part l'inflexible sincérité de sa parole, c'est uniquement sa naissance : il était le dernier fils de Louis X., mais par ligne équivoque; et ceux qui font les bâtards éraillent eux-mêmes les armes des bâtards; ils n'en veulent point : ainsi va maintenant la probité humaine, après avoir commis jadis en sens contraire les plus révoltantes espiègleries. Voici les divers passages de ses lettres, que, par une discrétion très naturelle, j'avais cru devoir supprimer lorsque parut sa notice. Le lecteur pourra, de lui-même, les appliquer aux différents faits qu'elles regardent. Je les donne sans commentaire et sans répondre de ce qu'elles contiennent.

« O lamentable condition de l'Eglise de France ! M. l'archevêque Guillon est sacré évêque ! Il est vrai que pendant 50 ans il ne s'est occupé que d'écrire et parler pour la défense de la religion, qu'il est une des lumières du clergé, du très petit nombre des ecclésiastiques profondément instruits : mais ne pas plaire à l'archevêque de Paris, au nouvel Athanase, au nouveau Gondy ! mais ne pas avoir l'assentiment de ce quasi-martyr de la foi et de la dévotion tendre, dont la plume recommande la piété au saint cœur de Marie, en même temps qu'elle fulmine contre la réduction des rentes ! mais ne pas grossir le cortège des flatteurs rempants, et des stupides admirateurs de ce personnage mixte, qui fait de la piété et de la politique pêle-mêle ; qui aspire à tenir le chapelet d'une main et le gouvernail de l'état de l'autre ; crime affreux, forfait horrible, digne de tous les anathêmes spirituels. » —

« Mon très-humble et très-respectueux hommage au Sorboniste ; ce qu'il vient de faire ne m'étonne pas : c'est un cœur aimant, une âme ardente, fortifiée par 40 années d'une vie austère, d'un régime très sobre, d'un travail d'esprit non interrompu. »

« Avec de tels hommes, l'argent et la santé ne sont rien.

Malheur à ceux qui ne savaient pas les apprécier !

« Sera-t-il pourvu à Beauvais ? » —

« Étant ici renfermé comme le rat dans le fromage de Hollande, j'ignorais les odieuses taquineries suscitées contre la Sorbonne. Là j'ai reconnu sans peine l'homme qui par morgue et par vanité a empêché l'établissement de l'école des hautes-études. Mais aussi pourquoi le ministère était-il si timide ? Combien de fois n'ai-je pas dit à l'évêque d'Hermop. : si j'étais roi de France, on ne me jouerait pas deux fois un tour pareil. Au prochain budget 50,000 f. au lieu de 100,000 — Corbière, biffez les 20,000 du département ; puis si mon archevêque résiste encore, je m'arrange avec le ministre de la guerre, pour que dans l'étendue des diocèses de Versailles ou de Meaux il me soit cédé une caserne, et là j'établis mon école des hautes-études. Les douairières du faubourg Saint-Germain auraient frémi ; les associations du saint cœur de Marie auraient multiplié leurs neuvaines. Mais l'autorité royale n'avait pas reçu d'affront ; mais le clergé fût sorti de l'ornière des théologiens scholastiques et de la mysticité du 15e siècle ; il aurait pu se tenir au niveau du progrès des sciences, et joignant ces avantages à tous les autres, il aurait fini par ramener à la religion les classes qui ne s'en éloignent, que parce que nous n'avons pas avec elles assez de points de contact. »

Une autre :

« Nous avons avec un évêque de plus l'espoir d'un commencement d'épiscopat. Que monseigneur Olivier rallie ses amis à cette pensée. — L'unité du corps épiscopal avec une étude suivie des réformes à opérer dans le gouvernement de l'Eglise gallicane. — Il faut que l'archevêque de Paris soit mis tout d'abord dans la confidence.

— Non pas pour envahir le terrain administratif, mais pour une solide organisation de ce grand corps du clergé séculier aux trois quarts disloqué par la révolution de 89, les lois organiques, les empiètements des bureaux, des maires et des préfets ; — et puisqu'il faut tout dire, par les erreurs de quelques évêques et de bon nombre de simples ecclésiastiques. L'éducation sera un des principaux chapitres du procès-verbal des séances du corps épiscopal, — cela vaudra bien les assemblées du clergé. » —

Lors de la nomination de M. Fayet à Saint-Roch.

« M. l'abbé Fayet remplira le vide — et de plus viendra en aide à votre archevêque. Le fardeau est lourd, pour qui du moins prend les choses au sérieux ; ce que ne faisait pas souvent le révérendissime prédécesseur. Secondé, monseigneur Affre fera du reste oublier monseigneur de Quélen. » —

Ceci est bien fort. On se demande maintenant quelque chose sur le sort du diocèse d'Orléans.

« Notre évêque réside peu : ce qui nous fâche. — M. Allou le supplée : ce qui nous fâche encore. — A la grace de Dieu. »

Un monsieur disait : M. Gallard était un évêque du genre de saint Siméon Stylite.

Nous continuerons.

M. GEORGE.

Ou mieux George Maçonnais, c'est tout.

1er Mars 1843.

PARIS. — IMP. DE A. APPERT, PASSAGE DU CAIRE, 54.

Biographie du Clergé Contemporain.

M. DE FORBIN JANSON.

A Appert Edit. Passage du Caire 54

M. DE FORBIN-JANSON

Res sacra miser.

Avec M. Dufêtre, le P. Guyon, ... M. l'abbé Combalot, M. de Forbin-Janson marche à la tête de tous les missionnaires contemporains. Partout [illegible] Dupont, [illegible] dans ces [illegible] [illegible]. Voilà qu'après un [illegible] il a repris son bâton de pèlerin [illegible] capitale du monde.

De tous les prélats existants, y compris [illegible] de Vischering, M. de Lizin, et même M. de [illegible]len, il est le plus persévéramment et le plus [illegible]tement poursuivi par les scandales [illegible] [illegible] [illegible].

A. Appert Edit. Passage du Caire, 54

M. DE FORBIN-JANSON.

―――

Res sacra miser.

Avec M. Dufêtre, le P. Guyon, et M. l'abbé Combalot, M. de Forbin-Janson marche à la tête de tous les missionnaires contemporains. En France et en Europe, il a *semé* partout *la parole*. Il a été, dans ces dernières années, l'évènement de l'Amérique. Voilà qu'après un instant de séjour à Paris, il a repris son bâton de pélerin et chemine vers la capitale du monde.

De tous les prélats existants, y compris M. Droste de Vischering, M. de Dunin, et même M. de Quélen, il est le plus persévéramment et le plus cruellement persécuté. Pour ses admirables collègues, la calomnie se bornait à certains faits d'une importance quelconque, et l'appareil même du martyre les vengeait en quelque sorte de son atrocité. M. de Forbin-Janson n'a rien éprouvé de pareil. Les accusations dirigées contre lui ressemblent fort à ces mesquines chicanes dont se nourrit le tribunal de simple police, et où l'on n'oserait même se vanter d'avoir gagné son procès. Il a pour adversaires des petites gens. Si deux partis se sont dessinés autour de lui, le premier, qui crie, déraisonne, grince des dents et trépigne, ne rencontre pas chez l'autre une opposition nette et majestueusement combinée. C'est la pire chose du monde que d'avoir un avocat peureux ou tiède; c'est par là que les misères s'éternisent.

Voilà quel est, en somme, celui dont je vais esquisser la vie.

Or, on n'a défini nulle part la position et le caractère de M. de Forbin-Janson; ils sont également exceptionnels. Le gouvernement voudrait, à coup sûr, le réintégrer dans ses droits, pourquoi ne l'a-t-il pas fait? Le gouvernement alléguait jusqu'ici sa fortune précaire à lui-même; qui l'empêche d'agir, aujourd'hui qu'il est fort et surtout désireux de se rattacher au clergé? Comment la saine majorité des ecclésiastiques et des simples fidèles de Nancy n'a-t-elle pas signé une réclamation portant en tête la griffe du coadjuteur? Que signifient les vagues et pâles jérémiades de l'*Ami de la Religion?* A quoi pense l'*Univers,* lorsqu'en divulguant à outrance les sermons du vénérable exilé, il évite si prudemment la question dont il s'agit, et maintient son rôle *à deux envers?*

Sujets féconds et redoutables de méditation. Ainsi est faite l'humanité. Quoi qu'on ait voulu dire dans un siècle qui se flatte d'être sceptique, et qui, pour l'être, n'a pas même l'étendue d'esprit nécessaire, Larochefoucault ne déraisonnait pas en rapportant à l'égoïsme toutes nos actions. Le prodige de la grâce, c'est de régler accidentellement cette habituelle disposition de la nature dégénérée. Voyez les enfants de ténèbres, voyez aussi les enfants de lumière. Qui oserait affirmer, après un sincère examen de conscience, qu'une seule fois il n'a pas fait du bien-être personnel le but ultérieur de ses actes? Il y a une épreuve, la plus grande qui soit, à savoir le dévouement aux malheureux. De prime abord, il semble qu'ici l'égoïsme n'ait point de prise. Erreur! Si la victime n'est pas tellement égorgée qu'elle ne puisse revenir à la vie, à la faveur, et, par exemple, à la distribution libre des bénéfices, si d'une hypocrite commisération résulte l'avantage d'une grande réputation de probité, l'espérance de courtiser un parti puissant, et souvent la satisfaction de mieux exterminer une personne enviée sous prétexte de la défendre, alors de grandes exclamations agitent les airs, l'héroïsme nous déborde, les pleurs coulent en proportion, la terre ne suffit plus à produire des palmes de toutes sortes, Ovide n'est qu'un saltimbanque ou un radoteur, car il a écrit ce distique :

> Donec eris felix, multos numerabis amicos,
> Tempora si fuerint nubila, solus eris.

Un autre exemple se présente. En butte aux plus atroces comme aux plus stupides dénonciations, abandonné par les défenseurs-nés du citoyen qui souffre, exilé sans être proscrit et aussi étranger parmi les populations qui l'honorent que le lépreux ou l'excommunié, un homme attend que les passions déchaînées s'apaisent enfin, il implore la justice publique. Elle ne répondra pas, étant au service des circonstances, c'est-à-dire des intérêts personnels, c'est-à-dire encore de l'égoïsme. Je laisse de côté les ennemis, dont le rôle est clairement tracé ; mais les amis se retrancheront dans les sophismes suivants : — « En dehors du Pouvoir qui a la force, nous ne pouvons rien ; il serait donc inutile et absurde de prendre l'initiative, lorsque le pouvoir s'abstient. — « Nous sommes liés au pouvoir par des engagements antérieurs ; appeler son attention sur ces excès serait l'accuser d'une insouciance coupable, et nous compromettre sans servir autrui. — « La prudence exige que l'on temporise ; trop d'empressement à tout gagner perdrait tout. — « Si révoltants que soient des préjugés, il faut y apporter des ménagements. — « La victime apparemment n'est pas sans reproche... ». — Ce que la vérité traduit par ces mots : « Il y a tout à perdre ; il n'y a rien à gagner ; que la victime devienne ce qu'elle pourra. »

Je crois avoir ainsi résumé les divers rapports de M. de Forbin-Janson avec le gouvernement actuel, avec les rédacteurs des journaux qui s'intitulent religieux, et avec tout le monde. — Resterait à définir le caractère exceptionnel de ce prélat.

Les faits répondront.

Le comte Charles-Auguste-Marie-Joseph de Forbin-Janson naquit à Paris le 3 novembre 1785, du marquis de Forbin-Janson, lieutenant-général des armées du roi, et de Cornélie-Henriette-Sophie-Louise-Hortense-Gabrielle Le Galléan.

Ayant à parler de sa première éducation, je ne puis omettre certains détails. Il y a des redites qui ne déplaisent pas. Sa mère donc, « *dès son enfance, lui apprit à craindre Dieu et à s'abstenir de tout péché. Il l'honora tous les jours de sa vie, se souvenant de ce qu'elle avait souffert et à combien de périls elle avait été exposée lorsqu'elle le portait en son sein.* » (1). Un grand désir s'empara du cœur de cette pieuse dame : elle rêva le bonheur d'avoir pour fils un prêtre ; Dieu permit qu'elle fût satisfaite, mais après de grandes épreuves.

Hélas ! on a dit qu'il y avait dans l'amour des mères, un pressentiment ineffable et comme un don de seconde vue qui fait qu'elles devinent et raconteraient presque l'avenir de leurs enfants, quelquefois sans se rendre bien compte à elles-mêmes de ce touchant phénomène, quelquefois aussi en s'efforçant d'éloigner d'elles ou d'affaiblir le plus possible dans leur âme une certitude trop réelle, souvent encore en se laissant bercer mollement par d'enivrantes espérances bien fondées mais qu'elles s'exagèrent. Oui, dans la physionomie, dans le sourire d'une femme qui tient sur ses genoux un petit être nouveau-né, dans l'expression seule de ses yeux se révèle une sorte d'initiation supérieure à la destinée paisible ou orageuse qui se prépare pour lui. O sainte prérogative que celle de la maternité ! Rousseau a dit : « L'affection maternelle augmente sans cesse, » ce qui

---

(1) Tob. 1. 10-14. 3 et 4. *Traduction de Sacy.*

est une belle vérité. Il a écrit encore, et on ne saurait en moins de mots peindre plus délicieusement cet amour des amours : « La maternité me rend l'amitié plus nécessaire, par le plaisir de parler sans cesse de mes enfants, sans donner de l'ennui. » Homme admirable, homme excellemment bon, lorsqu'il oubliait toutes les amertumes dont l'avaient abreuvé les autres hommes ! Des sentiments pareils ne sauraient naître dans une âme corrompue ou naturellement vile. On sait assez bien ce que fut Rousseau, mais on ne sait presque nulle part ce qu'il aurait pu être dans une société meilleure. — Malheureusement mon sujet n'est pas là, et je reviens à madame de Forbin-Janson par ces magnifiques passages de l'Écriture sainte qui valent bien ceux de Rousseau : *Erudi filium tuum, ne desperes..... qui docet filium suum laudabitur in illo... in zelum mittit inimicum... ne despicias cogitatus illius... filiis vestris mandate ut faciant justitias et eleemosynas, ut sint memores Dei et benedicant in omni tempore in veritate et in totâ virtute suâ.* C'est l'histoire de madame de Forbin-Janson, et de presque toutes nos mères. Elle dicta elle-même à son fils les premiers principes de la doctrine chrétienne, lui apprit ce que c'était en tout que la justice, dressa pour ainsi dire ses petites mains à répandre dans celles du pauvre la joie de l'aumône, lui fit voir comment les actions, quelque méritoires qu'elles soient, procèdent de la grace céleste et doivent être rapportées à Dieu, étudia par elle-même ses dispositions et ses goûts, et ainsi le passionna pour la vérité, fit de lui un homme inébranlable dans sa force, l'éternel objet de l'envie des pécheurs, le bonheur et la gloire de ses jours.

« Il y a une race qui maudit son père et qui ne bénit point sa mère. » *Generatio quæ patri suo maledicit et quæ matri suæ non benedicit.* Je ne veux pas commenter ces paroles qui sont au-delà du génie de l'homme. Ne pas bénir sa mère, c'est un crime égal à celui de maudire son père ! Eh bien ! que l'œil qui insulte à son père et qui méprise l'enfantement de sa mère soit arraché par les corbeaux des torrents, et dévoré par les enfants de l'aigle !

Mortuus est pater ejus et quasi non est mortuus. Similem enim reliquit sibi post se...... in vitâ suâ vidit, et lætatus est in illo; in obitu suo non est contristatus..... reliquit enim defensorem domûs contrà inimicos, et amicis reddentem gratiam..... pro animabus filiorum colligabit vulnera sua; et super omnem vocem turbabuntur viscera ejus. Dans ce gracieux tableau, se trouve également le portrait de M. le marquis de Forbin-Janson. Il dut en effet quitter la terre sans effort et sans douleur, car il était assuré de se survivre à lui-même dans son fils. Il avait *bandé ses propres plaies par le soin qu'il avait eu de cette belle âme;* il laissait en bonne garde son honneur et son nom, et le précieux dépôt de ses affections. Assez souvent, *ses entrailles* s'étaient *émues à de suaves paroles; il* avait *vu son fils pendant sa vie, et il* avait *mis sa joie en lui!*

Mais si les entrailles d'un père peuvent tressaillir dans la prévision des nobles luttes que soutiendra son fils; s'il y a ici quelque chose de flatteur pour la sainte fierté d'une mère, les émotions de celle-ci sont mélangées, et la gloire que pressent son âme coûte bien cher à son amour. Que dirai-je ici que mon lecteur n'ait compris d'avance? Madame de Forbin-Janson, à l'exemple de la douce vierge Marie, conservait toutes ces choses... *Conservabat omnia hæc in corde suo.*

Lorsque le jeune Charles fut en âge d'avoir un précepteur, ses parents le mirent sous la direction d'un homme de science et de vertu, M. l'abbé Hubert. On ferait l'éloge de l'élève et du maître en observant qu'ils se montrèrent constamment dignes l'un de l'autre.

Je ne saurais dire positivement si M. l'abbé Hubert accompagna sur la terre d'exil la famille de Forbin-Janson, mais plusieurs raisons me portent à croire qu'il en fut ainsi.

Il s'agit de la grande révolution ; c'était un pas difficile et comme un essai pour le futur évêque de Nancy, en attendant celle qu'on peut nommer à tous égards la petite révolution.

Il émigra, ou plutôt on l'emporta en émigration ; de sorte que, sans se douter de ce qu'il faisait, il fit bien. Ceux qui ont blâmé les nobles d'avoir généralement pris ce parti désespéré, raisonnaient juste dans un sens et ridiculement dans un autre, ainsi qu'il arrive toujours. S'ils prétendaient qu'au lieu de s'enfuir, cette nombreuse et puissante classe devait résister et, pour cela, former un faisceau de ses forces, déterminer positivement ses droits et ses idées, pour peu qu'elle en eût, combattre jusqu'à son extinction totale, ou jusqu'à un triomphe définitif, si tel était leur avis, je le respecte, comme pouvant être fondé sur une grande et pure conviction sociale ; mais voulaient-ils qu'éparpillés et dépouillés en toutes manières, menacés d'un massacre inévitable, les nobles s'en vinssent présenter, sans raison comme sans profit, leur tête à la guillotine, et consacrer par un burlesque sacrifice des bouleversements qu'ils jugeaient monstrueux et infâmes? Ceci ne souffre pas même l'examen.

Au reste, M. de Forbin-Janson n'était guère en état de faire alors ces raisonnements. Il s'accommoda sans doute de son bannissement volontaire comme d'une petite promenade de printemps dans les allées du Luxembourg, et *les colères du Père Duchesne* ne rallentirent pas d'un tour les évolutions de son cerceau.

J'ai fait trop vite cette dernière réflexion. L'habitude où nous sommes de voir dans l'abondance ceux qu'il nous plaît de nommer des *grands*, cette longue habitude nous cause des erreurs incroyables. Quelque désastre qui les accable, nous croyons difficilement des privations possibles chez eux, si même nous le croyons jamais. Il semble qu'ils soient nés heureux comme nous naissons avec la vie, sauf l'étrangeté de l'expression, c'est-à-dire qu'ils ne peuvent être et ne pas jouir, de même que nous ne pouvons vivre et ne pas respirer. De là, l'absence de pitié en ce qui les concerne; de là, indépendamment des motifs antérieurs de rancune qui toujours animeront celui qui n'a rien contre ceux qui possèdent, de là l'espèce de rage satanique et de moquerie féroce dont ces derniers sont l'objet dans leurs infortunes. Qu'on s'affranchisse de toute préoccupation fâcheuse, qu'on veuille bien y faire attention, et juger par le fond les choses qu'on effleure à peine à la surface, on verra que telle fut l'injustice générale vis-à-vis des émigrés.

Ils furent dénués de tout et mourants de faim, comme bien des pauvres, errants à la merci des flots, sous les climats les plus meurtriers; ils furent exilés!! Or, avez-vous lu les admirables pages des *Paroles d'un Croyant* sur l'exil? Que fait ici la noblesse? Écoutez le plus grand des poètes et le plus grand des philosophes *socialistes :* « Nous nous sommes assis sur les bords des fleuves de Babylone, et là nous avons pleuré en nous souvenant de Sion... Comment chanterons-nous un cantique du Seigneur dans une terre étrangère?... Si je t'oublie, ô Jérusalem, que ma main droite soit mise en oubli; que ma langue soit attachée à mon gosier, si je ne me souviens de toi... Souvenez-vous des enfants d'Édom, de ce qu'ils ont fait au jour de la ruine de Jérusalem, lorsqu'ils disaient : Détruisez-la, détruisez-la jusqu'aux fondements.... Malheur à toi, fille de Babylone; heureux celui qui te rendra tous les maux que tu nous as faits... Heureux celui qui prendra tes petits et les brisera contre la pierre (1). »

(1) Psaume 136. *Trad. de Sacy.*

Hélas! une antithèse s'est présentée sous ma plume, elle m'a semblé gracieuse, et j'ai voulu faire comme ce grand maître qui nous a peint Médée furieuse près d'égorger ses deux charmants enfants; ils sont couchés sur ses genoux et sourient au poignard qui va les frapper. On appréciera la justesse de cette allusion quelque peu prétentieuse.

Mais toujours est-il vrai que la douleur violente, concentrée, et, pour ainsi dire, abstraite, n'a rien qu'on puisse comparer à cette fatale joie pleine de terreur et de larmes (1), ni à cette innocente paix où se remuent ténébreusement le désespoir et la mort.

Pauvre enfant, celui-là aussi! Si déjà, par les seules dispositions de son heureuse nature, il n'eût pas soupçonné la triste réalité des choses, n'avait-il jamais surpris une larme dans les yeux de sa mère? Et la nuit, qui donc venait troubler son sommeil ordinairement si calme et si doux? Son père, en l'embrassant, n'avait pas dit un de ses mots d'habitude; il avait entendu quelque ami de la famille raconter à la veillée une affreuse nouvelle....

Je l'ai dit, il se formait pour un exil plus cruel encore.

(1) Homère seul a pu, dans un mot, figurer une si épouvantable anomalie : δακρύγελοεντα.

Lorsqu'on eut donné comme certain que Bonaparte relevait les autels et que, par suite, l'ordre se rétablissait sensiblement en France, M. le marquis de Forbin-Janson n'hésita pas à quitter l'exil. Son fils aîné prit du service, et l'autre fut nommé peu après auditeur au conseil d'état. Celui-ci avait alors vingt ans; date de 1805. Bonaparte s'appelait Napoléon.

L'empereur, comme le consul, était l'âme du conseil-d'état; c'est du moins l'idée qu'on s'en est faite généralement. Pour être encore mieux informé, j'ai pris le juge en dernier ressort de ces matières, l'impitoyable *Moniteur* (1) ; là, je trouve que ce grand homme à monosyllabes, spartiate de la plus fine trempe, qui *parlait presque sans parler*, comme l'a dit M. Garat, babillait comme une pie borgne et divaguait en conséquence; et je me suis rappelé qu'ayant à deux reprises concouru pour des prix d'Institut, les Académiciens l'avaient éloigné comme prolixe et filandreux, et je veux bien encourir avec ces braves critiques les indignations qui me menacent, et je crois fort possible qu'en quittant la partie, M. Charles de Forbin-Janson n'ait

---

(1) On dit qu'aujourd'hui le Cerbère a quelques dents de moins et se montre de plus facile composition.

pas eu beaucoup à faire pour échapper à la séduction d'un pareil génie consultatif.

De fait, le jeune auditeur se renferma en 1808 ou 1809 au séminaire de Saint-Sulpice. Là, ce n'était plus Napoléon, c'était M. Emery. Il faut toutefois constater qu'en apprenant cette nouvelle, le premier prononça une parole dont la portée est évidente : « M. de Forbin-Janson sort du conseil-d'état, lui disait quelqu'un, pour entrer dans l'état ecclésiastique. — Que n'entre-t-il dans l'état ecclésiastique, répartit l'empereur, sans sortir du conseil-d'état ? »

Comme séminariste, M. de Forbin-Janson se fit presque immédiatement la réputation qu'il a toujours eue depuis : piété profonde, foi vive et remarquablement expansive, volonté de fer unie aux plus douces inclinations de la charité évangélique, zèle dévorant, aptitude peu commune pour les sciences ecclésiastiques, pour celles surtout qui trouvent dans la vie mystique leur plus prochaine et plus fréquente application ; cœur d'ange, comme on l'a dit, esprit d'apôtre, âme de héros. Voué à l'observation stricte de la règle, ses anciens confrères affirment qu'on ne put une seule fois le prendre en défaut sur ce point. Son exactitude avait quelque chose de la raideur et de l'inflexibilité stoïques. Sa conversation, bien qu'elle se ressentît quelquefois de cette disposition particulière, plaisait au grand nombre et lui faisait des amis de ceux même que ses opinions tranchées et quelque peu intolérantes offensaient momentanément. D'une parole, d'un seul coup-d'œil, il guérissait une plaie d'amour-propre ; il savait si bien, à l'égard de tous, chercher l'occasion de rendre quelques petits services et trouver le moyen de les rendre avec grâce, que la rancune devenait impossible aux plus chatouilleux. En classe de théologie, son application servait, ainsi que ses études spéciales antérieurement faites et l'expérience qu'il avait acquise du monde, à lui donner sur la majorité de ses confrères une supériorité incontestable. Alors pourtant cette maison de Paris, sous la direction d'un véritable grand homme, était plus riche en sujets brillants et solides qu'elle ne l'a jamais été et ne le sera jamais peut-être. Il me paraît inutile de rappeler ici des noms mille fois cités dans cet ouvrage, et dont plusieurs éclipseraient encore le nom même de M. de Forbin-Janson. Durant le temps des vacances, autant que le comportaient les usages reçus, il préludait à ses travaux évangéliques. Il portait sous le toit maternel la bonne odeur des vertus chrétiennes, selon l'éminent dégré de perfection qu'elles doivent avoir dans un homme revêtu de l'habit clérical; il offrait discrètement ses services, soit au curé de sa paroisse, soit aux prêtres chargés du catéchisme, soit encore aux aumôniers des hôpitaux; il visitait les pauvres comme ses chers amis, avec la chaleureuse insistance d'un courtisan; il se préparait enfin par tous les efforts possibles à la grande affaire de son ordination.

A vingt-six ans, il fut fait prêtre, par M. l'évêque de Gap, et nommé immédiatement grand-vicaire du diocèse de Chambéry. C'était bien vite monter aux honneurs et aux importantes charges; c'était trop vite. Si, pour rendre hommage à la vérité, j'ai dû m'étendre un peu sur les belles qualités de M. de Forbin-Janson, la même vérité veut aussi que j'explique ce choix prématuré par l'influence d'une protection maladroite. Il y a là une maladie universelle et qui afflige, hélas! l'Église comme les états politiques; la faveur prend trop souvent la place du mérite. Les vétérans du sanctuaire ont pour eux leurs longs offices, leurs cheveux blancs, leur vertu éprouvée, leur connaissance des hommes, et presque toujours leurs talents supérieurs. D'autres, pour compenser tous ces titres, n'ont rien que l'avantage de porter *un nom connu* ou d'être, ainsi qu'on s'exprime, recommandés par un personnage influent; heureuse encore l'Église, s'il arrive par hasard qu'à ces titres, comme à ces patronages profanes ils joignent du moins quelque valeur personnelle, comme M. de Forbin-Janson.

Quoi qu'il en soit, on n'hésite pas, on déplace ou l'on tient à l'écart les premiers sujets de la localité, ou les autres, et voilà un diocèse à la merci d'un pauvre étranger, qui se trompe encore en lisant son bréviaire. C'est de l'histoire très moderne.

L'administration du jeune grand-vicaire ne fut pas de celles que l'on bénit éternellement, mais on n'eut jamais non plus à la déplorer. Il fut à peu près inutile sous ce rapport, sans préjudice pourtant, il faut bien l'observer, de ses grandes qualités sacerdotales. Car, à ce dernier point, il se montra constamment admirable.

Laissons cette partie de son existence pour les années qui s'écoulèrent jusqu'en 1824; nous y trouvons fort peu d'intérêt; et du reste, il serait possible tout au plus de répéter inutilement des choses mille fois dites.

C'est en 1824 que M. de Forbin-Janson fut nommé par le roi Louis XVIII et sacré évêque de Nancy, avec le titre de primat de Lorraine. Il venait de parcourir la France avec plusieurs missionnaires d'une belle réputation, presque tous sortis de la maison qu'il avait fondée lui-même avec M. de

Rozan, et qui existe encore aujourd'hui dans la rue de la Planche, sous la direction de ce dernier.

Fatal antécédent aux yeux de ses nouveaux diocésains ! Les missionnaires n'étaient pas alors chéris des populations, par ce motif excellent qu'ils passaient tous pour être des Jésuites. L'accueil fait au prélat à son entrée dans Nancy fut peu triomphal ; par suite de certaines préoccupations que justifiait trop la maladresse des gouvernants, on le soupçonnait d'avoir des intelligences politiques secrètes et singulièrement étendues. Vinrent les élections, et alors aussi la coutume avait prévalu de faire des mandements à l'appui de telle ou telle opinion, ce qui n'était ni si absurde ni si raisonnable que plusieurs l'ont dit sans y croire, ou de bonne foi. M. de Janson imita ses collègues. Il combattit le libéralisme en faveur du pouvoir absolu, se fit des ennemis mortels dans la personne des candidats opposants, soit qu'ils eussent réussi ou non, et, vu l'état incroyable des esprits, devint odieux à ce je ne sais quoi qu'on appelle le peuple, mais qui n'est pas cela.

Impossible de raconter toutes les avanies et tous les grossiers outrages qu'il essuya. Je me borne à quelques particularités moins connues, et j'arrive incontinent au 22 janvier 1830. On sait que le siège de Nancy avait été occupé avant la grande révolution par M. de la Fare. Ce jour-là, on célébrait dans la cathédrale un service solennel pour le repos de l'âme de l'illustre cardinal. A cette occasion, le nouvel évêque fut accusé d'avoir, avec sa famille, fait des démarches de tous genres pour obtenir le siège archiépiscopal de Sens (1). Or, telle était son ambition que, vers 1819, se croyant encore utile aux missions de France, il avait refusé la coadjutorerie de Bordeaux, malgré les instances réitérées du vénérable M. d'Aviau de Sanzai.

Le *Sémaphore* de Marseille, le *Courrier français* et l'*Écho du Nord* l'accusèrent d'avoir pillé la caisse de son grand séminaire, et, malgré d'éclatantes protestations, le *Courrier de la Meuse* prétendit que le conseil d'état venait de le condamner relativement à cette fameuse somme de 82,000 fr., que M. de Montbel l'obligeait à la réaliser avec les intérêts, ce qui constituait le prélat débiteur de 100,000 fr. envers son séminaire.

Il est bon de livrer au public un paragraphe essentiel de la lettre de M. de Montbel.

« Monseigneur, dit le ministre, il résulte de la déclaration du sieur Chapelier, approuvée par vous, qu'il offre, au nom de personnes qui veulent être

(1) Voyez le *Journal de la Meurthe*.

inconnues, de faire donation au séminaire de Nancy d'une rente de 4000 fr. sur l'état et des arrérages échus depuis le 8 septembre 1824, époque de l'acquisition de la rente, sous la condition d'achats d'immeubles, au profit du séminaire, et de réimpression de livres liturgiques. Cette rente et les arrérages proviennent, d'après la déclaration du sieur Chapelier, d'une somme de 82,000 fr. que vous lui avez confiée le 3 septembre 1824, au nom de personnes qui ne voulaient pas être nommées, et dans les intentions manifestées dans la déclaration. Vous avez voulu que cette somme fût employée à l'acquisition de rentes sur l'état, vous conformant ainsi au mode de placement adopté pour les établissements publics. Par ce moyen, vous avez obtenu un avantage réel, en évitant que cette somme restât improductive, et elle a effectivement rapporté 20,000 fr. d'arrérages, qui augmentent notablement le capital primitif, consacré à cette pieuse destination. Les propositions du sieur Chapelier sont susceptibles d'être approuvées par une ordonnance royale; *tel a été l'avis du conseil d'état.* »

« Le ministre, j'emprunte ici les paroles de l'*Ami de la Religion*, le ministre développe ensuite un autre moyen de transfert qui, s'il était concerté, dit-il, expressément avec les donateurs, ne nécessiterait pas l'intervention d'une ordonnance; et il conclut par donner, au nom du gouvernement, une sorte de garantie pour un emploi à venir de ces fonds, conforme aux intentions des donateurs, dans le cas où ils adopteraient le nouveau mode de placement qu'il indique et qui vient d'être adopté. Ainsi est terminée cette affaire tant de fois dénaturée par une malignité persévérante. Tout ce qui a été avancé sur l'origine de ces 82,000 fr. est faux; tout ce qui a été dit sur le prétendu enlèvement est également faux; toutes les explications données sur la conclusion des arrangements sont fausses; il demeure prouvé que M. de Nancy a fait avec autant de sagesse que de lumières ce qu'il pouvait faire de mieux pour la sécurité de ces fonds, pour leur produit et pour l'exécution religieuse des intentions des donateurs. (1) »

Voilà en quelques lignes l'exposé fidèle du procès; voilà ce que répètent depuis douze ans les ennemis de M. de Forbin-Janson ; de cette calomnie infâme découlèrent comme d'une source empoisonnée des maux de toutes sortes. Une scène horrible se déroule devant nous.

Le 28 juillet, une retraite pastorale allait s'ou-

(1) *Ami de la religion*, 1831.

vrir. Elle ne put avoir lieu ; des attroupements considérables se formèrent autour de l'évêché. Des cris de rage et de mort se firent entendre. On voulait, à Paris, pendre M. de Quélen entre les deux tours de Notre-Dame; on voulut pendre M. de Forbin-Janson aux réverbères de la localité. Ce que voyant, il s'enfuit et fit bien. Mais les recherches les plus actives furent dirigées contre lui. Le peuple, je veux dire toujours cette masse ignoble qu'un poète a décorée du nom de *sainte canaille*, le peuple qui avait besoin, dans son accès nerveux, de déchirer quelque chose, se prit à démolir un bâtiment à défaut de tuer un homme. La nuit du 30, il enfonce les portes, brise les fenêtres, pénètre dans l'intérieur, saccage tout : lit, meubles, malles, pupitres, etc. ; jette les matelas et les paillasses au milieu de la rue, y met le feu et danse, après s'être gorgé autant que possible du vin des caves. Comme d'ordinaire, il y avait un prétexte : il revint jusqu'à trois fois à la charge, car évidemment, M. le Primat *y avait caché des armes*. Il est bien entendu qu'on ne trouva pas un sabre de bois.

Le bruit courut alors que M. de Forbin-Janson s'était réfugié dans les Pays-Bas.

Le 15 août, un autre bruit courut : *L'évêque*, disait-on, *allait revenir*. On songea dès-lors à reprendre le projet déjà formé de le poursuivre pour un mandement publié avant la petite révolution. La Cour royale de Nancy était disposée à prendre des mesures à ce sujet, et la Chambre des mises en accusation avait déjà délibéré, tant sur le fait du mandement que sur les singulières concussions dont il a été précédemment parlé.

Rien de tout cela n'eut lieu.

Encore un diocèse sans pasteur, ou, comme le disait M. de Maistre du concile *sans le pape*, un diocèse *décapité*. Qu'on juge de ce qui dut arriver par ce qui arrive toujours en pareil cas. Les malheureux curés en savaient quelque chose. C'était le siècle d'or de MM. les maires de campagne et autres. En novembre, lors de la rentrée des élèves, les portes du séminaire se trouvèrent closes. Je ne sais du reste s'il était habitable ; toutefois l'autotorité avait promis son concours, mais le maire écrivit au supérieur le 3 novembre pour l'inviter à n'en rien croire (1). Tour charmant, ruse d'excellent goût ! L'*Autorité* alléguait la possibilité d'une émeute ! Eh ! que signifie donc l'autorité ? pour-

---

(1) La rentrée pourrait être un sujet de trouble ; pour la tranquillité publique et la sûreté de l'établissement, il serait bon de faire rétrograder les élèves. (*Expressions de M. le maire.*)

quoi est-elle donc faite(1)? N'y songeons plus. Un grand-vicaire et un chanoine s'exilèrent par les mêmes motifs que leur évêque ; seize curés furent expulsés de leurs paroisses ; il y eut des calomnies, des dénonciations, des vexations, des placards provocant au massacre et à l'incendie. On en vint même jusqu'à fermer l'église des sœurs hospitalières de St-Charles, le jour même où ces saintes filles célébraient la fête de leur patron. Cette parole fut entendue : » *Vous n'êtes pas français, vous autres prêtres, votre habit vous empêche d'être français.* Notons pourtant, afin d'excuser la nature humaine, que celui qui la prononça était un capitaine de la garde nationale.... désavoué par le maire lui-même. Passons.

Nous avons vu, dans la notice de M. Donnet, comment M. de Forbin-Janson s'était donné un coadjuteur à la date de 1835 ; je ne crains pas de le répéter ici pour l'honneur des deux prélats ; et, ainsi que je l'avais annoncé, le texte de la lettre qui fut écrite au souverain Pontife par le titulaire, trouvera sa place ici.

---

(1) Plus tard, M. Merville, préfet du département de la Meurthe, ayant autorisé la rentrée des séminaires, il y eut en effet une émeute de jeunes gens. La force publique en vint aisément à bout. J'aurais tort de ne pas constater

Beatissime Pater,

Postquàm me anno millesimo octingentesimo trigesimo primo ad pedes Sanctitatis vestræ sæpiùs admissum, atque etiam secundâ februarii die vestris auctum benedictionum primitiis, deindè vicarium apostolicum Asiæ minori Beatitudo vestra destinaverat; inter tot et tantas, quibus me Deus jactatum et aliquâ saltem ex parte sui similem esse voluit, publicas privatasque tribulationes, hoc mihi jam primum levamen concessum est, ut ad primi J.-C. vicarii pede accedam, atque apud eum non secùs ac si coram cernerem cujus legatione fungitur, rationem habeam commissi gregis et quantâ adnixus diligentiâ humiliter confidam me nullum ex gravissimis primi pastoris officiis prætermisisse.

Illis verò qui in Galliâ summâ rerum potiebantur, cùm, ut primùm redux fui, notum fecissem me in meam diœcesim reverti et cupere et velle, nullatenùs per eos licuit, atque ex Massiliâ, ut *choleræ* gregem meum jam adgredienti occurrerem, statim profectò prohibitum est Lugdunum prætergredi, ne crimen incurrerem, quod jam ministri intentabant, seditionum calamitatumque gravissimarum. Undè occluso reditu, jam restabat ut diœcesim meam per vicarios generales regerem, sollicitè circumspicienti, si quâ viâ faciliùs citiùsque animi conciliarentur, cùm aut per litteras

---

les termes de l'autorisation. « Nous autorisons, était-il dit, la rentrée des séminaristes qui sont dans les ordres sacrés. » Au mois de janvier suivant, eut lieu la rentrée générale, à la condition d'un changement de professeur. Le 3, fut appelée devant la Cour d'assises, la cause relative à l'envahissement du séminaire. Peu après, le séminaire était occupé militairement.

pastorales, aut per vitæ meæ rationem et res componendi modum, pacem omnium procurarem, ostenderemque quantùm mihi et partes agere et politicis rebus sacras misceri alienum esset, sic se res habebat, et spes in dies major, cùm epistolâ præmissâ, adii ministrum. Ille ut sibi tempus agendi fiat, petit, atque intereà ex eis qui regioni præerant, facta relationesque colligit, quæ mihi aut contra veritatem aucta aut levioris momenti videbantur, et intermissis mensibus aliquot, in eo eram, ut invitis insciisque ministris, proficiscerer non Nanceium quidem primùm, sed in eas diœcesis meæ partes in quibus imprimis viget religio : cùm parisios adventus sancti Deo-dati episcopus ministro et regi Francorum primum consilium ingessit proponendi episcopi suffragænei aut coadjutoris.

Placuit regi sententia, et, ut penès me esset quis eligeretur et eam esse breviorem viam mei in diœcesim reditùs atque omnia componendi, ego verò, cùm ab aliquot inter episcopos fratribus consilium exquisivissem, non abnuendum censui, quod ipsis et mihi videretur cùm humani esse et pacifici ingenii, tùm muneri consentaneum meo, ut quàm optimo promptissimoque modo necessitatibus providerem diœcesis ab annis ferè quinque sacramento confirmationis destitutæ et episcopi per se invigilantis diligentiâ ; deniquè episcopis gallicanis omnibus in futurum ut ille pignus, si quid adhùc in republicâ turbaretur, aut clerus odiis et factionum partibus esset obnoxius. Quod verò hoc imprimis attenderem, et ne quis mihi administratorem imponi existimaret, memor te optare ut sim ego fidelis ecclesiæ meæ.

Meliorem duxi coadjutoris cum futurâ successione quam suffraganei et auxiliaris titulum, quem reipsâ efflagito, ut vestra paterna indulgentia impertiri dignetur Domino Donnet, parochiæ vulgò dictæ *Villefranche-sur-Saône* præposito, diœcesis Turonensis vicario generali, canonico honorario Blesensis, quadraginta annos nato, qui quidem, si vices coadjutoris obtineat, majori gratiâ et auctoritate facilitateque meo clero gregique inserviet atque animos ita demulcebit devincietque ut brevi palàm fiat non esse omnium, sed paucorum admodùm, mentem ab episcopo suo alienam, maculaque meæ diœcesis eluatur.

Vestram verò benignitatem ut experiatur haud scio an quis alius dignior exstiterit, aut ad omnia sacerdotii, quo jam à sexdecim annis est insignitus, munera subeundo promptior, aut qui majori fide profiteatur cathedræ principali et indefectibili adherendum esse, aut humiliorem arctioremque præ se pietatem ferat in eum quem Donnet instinctus esset, ut clero exercitia spiritualia suppeditaret, illum potiùs eligendum censui, cujus operâ ego ipse, si tandem gregi, ut spero, adessem, uti possem in isto ministerio subeundo, adeò vestræ grato sanctitati, quippè quod disciplinæ ecclesiasticæ utile imprimis sit, auxilioque vicinis episcopis afferendo.

Hoc addam postremùm ut Sanctitas Vestra sine sollicitudine sit, unde res suppetat quâ coadjutorem decet suam tueri dignitatem, quod quidem onus habeo meum, et amissis nuper patre et matre sustineri lugeo posse faciliùs. Jam verò unum superest, Beatissime Pater, ut illa omnia quæcumque sunt, supremæ vestræ sapientiæ et illi, cujus ego ipse experimentum feci, bonitati committam et quâ major non est, venerationem pietatemque afferam, dùm ad pedes vestros provolutus, ut mihi cleroque et diœcesinis omnibus apostolicam benedictionem impertiri dignetur, precor,

Sanctitatis Vestræ,

Humillimus, obedientissimus, et addictissimus servus et filius.

† Carolus, *Episcopus Nancciensis ac Tullensis.*

Scribebatur Parisiis, 27 die februarii 1835.

M. de Forbin-Janson aimait beaucoup M. Donnet, parce qu'il le connaissait beaucoup. Il était impossible de faire un meilleur choix. Où aurait-il trouvé plus de désintéressement avec plus de zèle, plus de courage avec une plus grande intelligence des besoins, des misères et des faiblesses des hommes, plus de jugement et plus d'esprit, plus de douceur et plus de noblesse d'âme? L'évènement justifia bien ses idées sur ce point, et je regarde comme une véritable merveille de franchise et de politique le système de conciliation suivi par le coadjuteur durant tout le temps de son séjour à Nancy. On m'a reproché à ce propos d'avoir humilié le clergé de ce diocèse au profit de tel ou tel; on a eu tort. J'ai apporté des faits; j'ai dit que, même parmi les prêtres, M. de Forbin-Janson trouvait des adversaires; et en cela, me suis-je trompé? Non, cent fois non; les preuves sont dans ma main. J'insiste donc. Eh! s'il en était autrement, que signifient les prières de M. Donnet citées à la page 163 de mon deuxième volume? prières touchantes et paternelles où respire l'amour le plus pur de la justice et la plus sublime charité? Que demande-t-il? de quoi se plaint-il? de qui parle-t-il enfin? « *Ne serions-nous pas en droit d'espérer que votre premier pasteur, depuis longtemps absent et qui éprouve de son éloignement d'inexprimables souffrances, jouira à l'avenir des efforts que nous avons tentés pour adoucir les cœurs. Votre docilité peut seule préserver ce diocèse de ces cruelles collisions qui ont déchiré notre cœur dans les premiers moments où il nous fut donné d'habiter parmi vous, et dont nous pleurons encore les trop lamentables résultats.* » C'est assez; et du reste je mets à profit cette circonstance pour m'affranchir des myriades de petits aboyeurs qui s'acharnent sur toute œuvre sincère et consciencieuse; n'a-t-on pas attaqué M. Donnet lui-même en prêtant à M. de Forbin-Janson le propos suivant? — Lors de la nomination du coadjuteur à l'archevêché de Bordeaux quelqu'un disait au titulaire. « Eh bien, Monseigneur, *le* voici récompensé d'avoir fait vos affaires à Nancy. — Dites donc *les siennes*, aurait répondu M. de Forbin. » Chose absurde et qui me console pour mon compte de bien des injustices !

A M. Donnet succéda M. Menjaud, ancien vicaire des Quinze-Vingts, dont la biographie sera publiée. On avait annoncé depuis quelques mois que ce dernier prendrait incessamment le titre, attendu que la nomination de M. de Forbin-Janson comme évêque de Poitiers ou archevêque de Tours paraissait se confirmer. Il n'en est rien (1).

S'il m'avait été donné d'écrire une vie circonstanciée de M. de Forbin-Janson, son enfance à elle seule eût pris plus de place que cette notice tout entière ; car elle était pleine de détails ravissants et précieux pour l'édification. Force m'a bien été de passer rapidement sur sa première communion, sur la touchante intimité qui dès lors régnait entre lui et son frère, depuis marquis de Forbin-Janson, et qui n'a été, durant toute leur existence, traversée d'aucun nuage. J'aurais dit quelques mots de ce digne frère (2).

---

(1) L'évêché de Nancy est d'institution nouvelle ; il n'a été érigé qu'au dix-huitième siècle. On y suit le rit toulois. Il est formé par le département de la Meurthe.

(2) Il avait deux ans de plus que M. l'évêque de Nancy, étant né en 1783 (à Paris). Il fut naturalisé allemand, et at-

Dans les mystères de sa charité nos yeux eussent découvert des choses inénarrables : les pauvres qui porteront devant Dieu ses titres sans nombre à la récompense *copieuse* (1), le vengeraient bien des injustices des hommes, si les pauvres avaient quelque pouvoir ici-bas; ils sont forcés de ménager plus qu'ils ne voudraient par un silence forcé les susceptibilités de sa modestie. Pour eux, il se livre, si l'expression m'est permise, à de saintes dissipations, et sa fortune patrimoniale comme les revenus de son évêché, s'il les touche, sont, jusqu'à la der-

---

taché comme chambellan au roi de Bavière durant l'émigration. (C'est alors, en 1817, qu'il se maria). Il fut depuis chambellan de Napoléon. Nommé chef de légion des gardes impériales de la Nièvre, et trouvant cette position trop peu active, il obtint l'autorisation de lever à ses frais un corps de partisans, lors de l'invasion des armées étrangères ; avec quinze ou dix-huit cents hommes, il intercepta, dans la Bourgogne, les communications des Autrichiens. En 1815, Napoléon lui donna le grade de colonel de cavalerie, et peu de jours après le créa pair de France. Il fit la campagne de Waterloo. Après cette bataille, les membres du gouvernement provisoire, les maréchaux, les présidents et secrétaires des deux chambres délibéraient sur la question de savoir s'il fallait ou non livrer une bataille définitive sous les murs de Paris ou se retirer derrière la Loire. M. de Forbin-Janson qui faisait partie du grand conseil comme secrétaire de la Chambre des pairs, soutint le premier avis. Il y gagna l'exil ; car Louis XVIII à son arrivée le comprit sur la liste des *trente-huit*. Il revint en France en 1820, et depuis lors, il se tient en dehors de la politique.

(1) Merces vestra copiosa est in cœlis.

nière obole, placés sur leur tête ; pour eux, il a fondé un grand nombre d'établissements, laissant à d'autres non pas les inquiétudes ordinaires d'avenir, mais uniquement l'admiration qui se ressent à la vue de ces merveilles du zèle évangélique où les ressources se multiplient comme par miracle. L'épiscopat de France tout entier nous eût raconté les immenses services qu'il lui rendit en beaucoup de circonstances, en l'aidant de ses conseils opportuns et toujours éminemment sages, comme de son cours effectif. Je l'aurais appelé *l'évêque universel,* et chacun m'eût applaudi, en maintenant cette parole dans les limites de mon intention. Nos respectueuses sympathies l'eussent accompagné jusqu'aux pieds du souverain Pontife, père commun des fidèles et dont les pontifes inférieurs sont les enfants de prédilection ; là nous eussions recueilli, qui sait ?... de précieux oracles...., car, à l'heure qu'il est, de ces lèvres vénérables et sacrées tombe peut-être une promesse qui sera une grande consolation et un sujet inépuisable de joie.

Que n'aurais-je pas raconté du passage de M. Donnet à Nancy et de ses touchants rapports avec M. de Forbin-Janson ! C'eût été un moyen de combler les nombreuses lacunes de la notice consacrée au bon archevêque de Bordeaux, bon par excellence, l'une des gloires les plus pures du clergé contemporain, homme de tant de cœur et d'esprit auquel j'aurais voulu demander pourtant : *Quelle idée vous a pris d'approuver solennellement à la date du 25 janvier* 1842, *une publication non moins triste par le fait de sa rédaction, que pitoyable ou risible par le personnel de ses rédacteurs* (1).

J'aurais pu raconter sur cette famille princière des Le Galléan des choses piquantes et donner l'historique de sa fameuse devise *regem ego comitem, me comes regem;* dire qu'à la famille des Forbin appartenaient et le père Arsène, trappiste de Notre-Dame de Buon-Solazzo, connu dans le monde sous le nom de chevalier de Rosambert, et le fameux officier de marine Forbin, etc., etc. Quel eût été mon empressement à suivre ses pas lorsqu'il fit son voyage en Palestine! Quel touchant spectacle que cette cérémonie du mont Valérien! Voyez ce tombeau, c'est une image parfaite de celui du Sauveur des hommes, tel que l'avait vu le pieux évêque... Hélas! le tombeau qu'il fit construire, le calvaire tout entier qu'il éleva sur le même lieu, sa chère église à moitié bâtie, les fureurs de la populace, les

---

(1) Dont l'un disait, en parlant de M. de la Mennais: « Je suis si tellement sûr de l'enfoncer ! Qu'il ne s'avise plus d'écrire, ou je prends la plume ! »

ont réduits en ruines; et encore a-t-il fallu que M. de Forbin-Janson revendiquât ces ruines devant le conseil d'état, et ce n'est que sur un *appel* que ses droits furent reconnus! Il était impossible de traiter dans un espace si restreint de sujets si magnifiques. Et c'est par la même raison que je me borne à consigner le fait suivant : Affligé de voir les prêtres pécheurs, ou frappés comme tels, sans asile et sans ressources, il acheta 20,000 fr. l'ancienne abbatiale de Mortagne, habitée par les trapistes. — Quelques années après, le P. Bernard, prieur du monastère, et le P. Gabriel, cellérier, craignant que ce voisinage ne nuisît à leur religieux, vinrent à Paris le prier de leur rendre l'abbatiale moyennant des billets qu'ils lui souscrivirent pour le prix de la vente, et qui lui servirent à fonder en Provence une maison du genre de la première.

Qui donc nous eût empêché d'expliquer par l'innocence de ses mœurs et ses constantes habitudes d'honnêteté sociale la faveur que Dieu lui fit d'aspirer au sacerdoce? Entré au séminaire, nous l'aurions suivi dans les divers exercices de la vie qu'on y mène; nos cœurs, avec celui de M. Emery, se fussent inclinés vers ce jeune lévite d'une soumission si édifiante, d'une angélique piété, d'un commerce paisible et doux. C'eût été un bonheur pour nous de rappeler sa correspondance d'alors et d'en citer au hasard quelques passages, véritables chefs-d'œuvre de grâce et de piété. En assistant à sa première messe, d'ineffables émotions nous auraient agité l'âme, et nos yeux auraient versé de douces larmes; car il y a là un spectacle que n'ont pas même les anges dans le ciel. Sur ses débuts, comme prêtre, quelle riche matière de réflexions pieuses! Quel modèle offert à ceux qui se dirigent vers ces sublimes voies! Il eût fallu ensuite l'accompagner dans les nombreuses localités qu'il a parcourues avec sa besace de missionnaire.

Son diocèse seul semble l'oublier. C'est un grand mal.

Espérons qu'à la fin les yeux se dessilleront, et qu'alors viendra le jour de la justice. Ceux qui étaient dans l'erreur, ou ceux qui étaient méchants, se repentiront, et ils auront le pardon de leur évêque avec celui de Dieu. Le passé sera oublié; le père et les enfants s'embrasseront dans l'unité de l'amour et de la foi, et l'Eglise sentira ses entrailles tressaillir comme la femme longtemps stérile qui devient mère.

15 Mars 1842.

Paris.—Imprimerie de **A. APPERT**, passage du Caire, 54.

Biographie du Clergé Contemporain.

Appert Edit. Passage du Caire

LE POIVRE

> Il ne faut pas dire de ton prochain
> mais bien se dit Persoyer.
> *(Tiré d'une lettre de la sœur des Rey...)*

> Ego in flagella paratus sum et dolor meus in conspectu meo semper.
> *Ps.*

> Les anciens philosophes n'ont jamais quitté les avenues... les délices d'Athènes pour aller, au cri d'une impulsion sublime, humaniser les sauvages, instruire les ignorants, vêtir les pauvres et semer la concorde et la paix parmi des nations ennemies.

Voltaire, après Middleton, Dodwell, Blondel, Dumoulin, Tillemont, Fabricius, Launoy, Dupin et autres, déclare qu'on a calomnié les empereurs romains en exagérant le nombre des martyrs.

Ainsi Dieu ...

Appert Edit Passage du Caire

M. PERBOYRE.

> Il ne faut pas dire *Monsieur Perboyre,* mais bien *saint Perboyre.*
> (*Tiré d'une lettre de la sœur des Roys, fille de charité.*)

> Ego in flagella paratus sum et dolor meus in conspectu meo semper.
> *Ps.* 37.

> Les anciens philosophes eux-mêmes n'ont jamais quitté les avenues d'Académus et les délices d'Athènes pour aller, au gré d'une impulsion sublime, humaniser les sauvages, instruire les ignorants, vêtir les pauvres et semer la concorde et la paix parmi des nations ennemies.
> CHATEAUBRIAND.

Voltaire, après Middleton, Dodwel, Bruker, Blondel, Dumoulin, Tillemont, Fabricius, Launoy, Dupin et autres, déclare qu'on a calomnié les empereurs romains en exagérant le nombre des martyrs.

Ainsi Dioclétien n'était, selon lui, qu'un doux agneau sous la pourpre, et une espèce de Némorin, pur comme l'enfant né d'hier, qui insensiblement s'éteignit en soupirant quelque angélique mélopée sous ses rosiers de Salone. Sa femme Prisca était chrétienne.

Marc-Aurèle, *ce modèle de vertu* qu'on voudrait faire passer pour un *monstre de cruauté*, cet austère idéologue dont l'âme fonctionnait à plusieurs lieues au-dessus du niveau du sol, dans des régions métaphysico-gouvernementales où la *république* de Platon elle-même devient illisible, Marc-Aurèle avait les doigts trop déliés pour manier une hache, l'œil trop tendre pour voir du sang, le goût trop exquis pour en souffrir l'odeur. Il a écrit des sentences, et il a dit que les peuples ne seraient heureux que quand les rois seraient philosophes.

Et voilà pourquoi Bollandus est un ignorant, dom Ruinart un menteur (1), Surius un misérable, et Fleury, abbé de Loc-Dieu, un vieux radoteur qui *a déshonoré son Histoire ecclésiastique par des*

---

(1) Il s'intitule *dom*, remarque spirituellement Voltaire, quoiqu'il ne soit pas espagnol ! — Lacroze, bibliothécaire du grand Frédéric, disait : Je ne sais si Ruinart est sincère, j'ai peur qu'il ne soit imbécile.

Les notes se trouvent un peu multipliées dans cette notice. Je n'ai pu éviter cet inconvénient inévitable, parce qu'il s'agissait de faire voyager mon lecteur à travers des noms et des choses qui, pour la plupart, lui sont au moins inconnus.

contes qu'une vieille femme de bon sens ne ferait pas à des petits enfants.

On n'établit pas un culte nouveau sans toucher à des institutions politiques. Bon gré, mal gré, le législateur mélange d'éléments religieux jusqu'aux dispositions les plus matérielles du droit. De cette fusion résulte, par le travail et la consécration du temps, un tout homogène qui est le principe et le but, l'esprit et la vie de l'État, l'État lui-même.

Il y a, dans l'espèce, une triple question. Ou les doctrines qui surviennent et prétendent s'imposer paraissent évidemment bonnes au pouvoir, ou il les juge pernicieuses, ou il sent que, pour les admettre, la liberté lui manque, car c'est un grand esclavage, dit Boccace, et un grand empêchement que le pouvoir; et ce n'est pas sans raison que, par la voix de celui qui en est ici-bas l'expression la plus vaste, il s'est ainsi défini: *Servus servorum.*

Au premier cas, je trouve encore ce qu'on appelle en logique une *disjonctive*. Il s'agit ou d'une modification partielle, ou d'une réforme radicale. Par la modération, la prudence, l'habileté, la patience, le sang-froid, l'art peu commun de temporiser avec opportunité, et la foi surtout, on fait d'étonnantes choses, on transporte des montagnes. Donc, si rude que soit la difficulté de remplacer çà et là, au faîte et dans les fondations comme au centre, en mille et mille parties, les pierres et le ciment d'un édifice sans causer sa ruine, il n'est pas tout-à-fait hors de probabilité qu'on en vienne là quelquefois. Que dis-je? ce phénomène s'est reproduit à plusieurs pages de l'histoire, notamment en ce qui regarde la propagation de l'Évangile. Alors, il n'y a point de martyrs. Mais faut-il raser jusqu'au sol ce qui existait, et opérer une complète substitution? En thèse commune, l'espérer serait jouer avec une chimère; y songer même serait absurde. Toutefois il arrive des circonstances magnifiques, inouïes : une nation s'agite, les idées éclatent, se mêlent et se bouleversent; l'ordre tombe, pour ainsi dire, pièce à pièce, et des débris du passé chacun s'élance avec amour vers un avenir meilleur, mais vague et inconnu. Qu'un homme ou une réunion d'hommes quelconque domine les évènements par la force du génie, les harmonie et les fasse concourir avec toutes leurs énergies du moment à la fin que nous supposons, une constitution s'improvise sous le patronage du catholicisme, qui l'anime et la féconde. Mais comme une pareille étendue d'action se révèle très rarement dans le pouvoir, l'exception serait un miracle. L'histoire en apporte encore quelques exemples, celui de

Constantin particulièrement. Alors il y a des martyrs, bien qu'en petit nombre.

Figurez-vous au contraire un pouvoir entravé par des agents extérieurs, ou par la faiblesse de ses ressources personnelles, ou par la nature de ses convictions. L'alternative pour lui est de maintenir les choses comme elles sont, sinon de tout perdre. D'une part, il n'est point à la hauteur d'une crise ; le courant l'entraînerait ; d'autre part, il aurait tort de désobéir à sa conscience en répudiant une erreur de bonne foi. Soit ceci, soit cela, il dénonce comme ennemi de la patrie quiconque vient innover, selon le mot consacré à Rome : *Moliri aliquid novi contrà rem publicam ;* objet d'une peine capitale. Alors il y a autant de martyrs que d'apôtres obstinés d'une révolution religieuse, et de prosélytes venus à la suite. Que le catholicisme soit en cause, ils se multiplient comme les étoiles du firmament, car le catholicisme est exclusif, envahissant et intrépide ; c'est un grand feu que le vent des persécutions agrandit encore, loin de l'éteindre ; il saisit les obstacles, les dévore et s'en alimente ; il est en possession d'un secret ineffable : n'a-t-il pas découvert au sein de la mort même les plus intarissables sources de l'immortalité ? Tel il fut en présence du monde romain ; tel nous le voyons encore poursuivant sa course à travers les races infidèles d'aujourd'hui. *Ecce Deus excelsus in fortitudine suâ, et nullus ei similis in legislatoribus*(1).

Reste l'hypothèse où le Pouvoir, dans toute la sincérité de ses convictions, estime que la religion nouvelle est fausse et nuisible. Rien encore de plus immanquable que la persécution. C'est excellemment, si l'on me permet une expression pareille, la saison des martyrs. Que l'erreur du Pouvoir soit volontaire ou non, peu importe. Il y a un fait.

Or, de ces observations, il faut conclure en thèse générale : 1° Qu'indépendamment du témoignage des traditions, la nature même des choses prouverait contre Voltaire et consorts, non seulement la possibilité, mais encore la nécessité de souscrire aux assertions des annalistes catholiques; et cette conséquence est évidente, surtout pour qui connaît la forme et la constitution des sociétés anciennes. 2° Qu'il y aura des martyrs dans l'Église de Dieu aussi longtemps que le monde ne sera pas devenu un seul bercail, sous la houlette d'un seul pasteur. 3° Que, dans la majorité des cas, l'intolérance politique est une chose funeste puisqu'elle occasionne et justifie même par la bonne foi du souverain, les

---

(1) Job. 36-22.

combats livrés à la vérité; 4° Qu'il est infiniment difficile d'être un parfait apôtre, c'est-à-dire qu'avant de vouloir implanter ses convictions sur un sol étranger, si l'on n'apprécie pas à leur juste mesure les obstacles pour leur opposer des moyens qui leur soient analogues, on risque de tout perdre en voulant tout gagner et de déplaire même à Dieu, en usurpant un martyre intempestif. *Melior est enim obedientia quàm victimæ.* 5° Qu'elle est donc bien digne de reconnaissance et d'admiration, cette œuvre sublime de la *Propagation de la foi*, née de sa propre volonté avec la certitude de vivre parmi les supplices, toujours subsistant et se multipliant sous la même inspiration, aussi magnifique par la prudence du zèle que par l'intrépidité de la sagesse et l'incomparable économie de son action, fleuve profond, élevé, immense, universel, qui laisse s'épandre majestueusement ses eaux limpides et fécondantes partout où s'affaisse, soit par le travail du temps, soit par l'effet insensible de son contact, une aspérité plus ou moins considérable. — Si, de temps en temps, surviennent des causes inespérées qui produisent un effort, elles ne sauraient produire la violence; un instant il se trouble vers une extrémité, mais bientôt, en abandonnant quelques légères parties de lui-même à la surface qui les dévore, il rentre dans son calme, aussi pur qu'il l'était auparavant. La *Propagation de la foi* est la plus prodigieuse comme la plus sainte institution peut-être qui jamais se soit vue. *Omnium societatum*, dit Cicéron, *nulla præstantior est, nulla firmior, quàm quàm viri boni, moribus similes, sunt familiaritate studioque conjuncti.*

J'ai trouvé dans les *Annales de la Propagation de la foi* l'histoire de la mort de M. Perboyre, et j'ai publié cette notice qui nous rappellera, suivant l'habitude, à travers ses différentes péripéties, les considérations précédentes. Les idées sont l'âme des faits qui les formulent.

Jean-Gabriel Perboyre naquit à Puech, le 6 janvier 1802 (1), d'une pauvre famille de cultivateurs, *noli avertere faciem tuam ab ullo paupere* (2); son père et sa mère vivent encore. J'aurai sujet de parler d'eux dans la suite. Il était neveu de M. Perboyre, ce vénérable Lazariste, sous la direction duquel s'est formé tout le clergé actuel de Montauban. Deux de ses frères, également Lazaristes, ont eu des destinées différentes. L'un mourut à Batavia,

---

(1) Puech est un petit hameau, dépendant de la paroisse de Mongesty, au diocèse de Cahors.
(2) Tob. 4. 7.

près de commencer en Chine son œuvre périlleuse de missionnaire (1); l'autre, qui est encore dans la maison de Saint-Lazare de Paris, attend avec ardeur et résignation l'heure du ciel pour marcher sur les traces glorieuses de ses aînés. Le supérieur actuel du petit séminaire de Châlons, attaché aussi à la même compagnie, est son cousin-germain. Il a eu le bonheur de voir parmi les sublimes filles de Saint-Vincent de Paul deux de ses sœurs (2) et une de ses cousines. « *Gens sancta,* dit saint Paul, *populus acquisitionis!* » Et vraisemblablement nul ne m'en voudra d'appliquer à cette famille un pareil texte.

Environné, comme il l'était ainsi, de la céleste odeur de Jésus-Christ, le jeune Perboyre dut avoir une douce et pieuse enfance. Dieu permet quelquefois que la sainteté se transmette et se perpétue, pour ainsi dire, avec le sang, et nous avons assez vu quel bon ange gardien c'était qu'une mère. *Sit vena tua benedicta, et lætare cum muliere adolescentiæ tuæ.* Le curé de sa paroisse, qui vit encore aujourd'hui, rappelle avec complaisance les éton-

---

(1) Louis Perboyre avait quitté la France en 1830, pour reconduire à Macao les jeunes Chinois venus parmi nous en 1829. Il mourut dans la rade de Batavia.

(2) Mademoiselle Antoinette Perboyre, et....

nantes preuves de précocité intellectuelle qu'il donnait alors et combien il se faisait remarquer entre ceux de son âge, par son application, sa docilité, sa douceur, sa charité pour les pauvres, sa gravité même (1), son goût pour les choses religieuses, et enfin par toutes ses qualités d'esprit et de cœur. On l'appelait universellement *le petit Saint.*

Chéri et vénéré de tous, il était lui-même d'une nature excellemment affectueuse ; et la providence le dirigea par là même vers une vocation de choix. M. Louis Perboyre, dont il a été question ci-dessus, ayant été appelé au petit séminaire de Montauban par son oncle qui en était supérieur. Gabriel en conçut un vif chagrin, car il s'agissait d'une séparation. L'idée lui vint alors de conduire Louis à sa destination, et d'y passer deux mois avec lui pour l'accoutumer du moins à son genre de vie ; il en demanda la permission et l'obtint. Sa joie fut au comble.

Or, les deux mois passés, on attendait son retour. Ses parents le destinaient tout simplement aux travaux de la campagne ; ils n'avaient pas deviné le secret de la Providence.

---

(1) Nunquàm cum ludentibus miscui me, neque cum his qui in levitate ambulant participem me præbui. (Tob. 7. 20.)

Voici ce qui était arrivé. A peine entré au séminaire, le petit villageois était devenu, comme dans son bourg natal, l'objet de l'attention et de l'édification de tous. Les élèves le prenaient déjà pour modèle ; les maîtres désiraient le conserver. Ceux-ci pressèrent le digne supérieur de lui faire commencer ses études. Mais quelques raisons s'y opposaient : son âge, il avait quinze ans ; la peine qu'en allait ressentir son père, puisqu'ils redoutaient de le quitter. *Qui cultivera leurs vignes?* répondit M. Perboyre avec une charmante simplicité. Faibles résistances pourtant, qui furent bientôt surmontées ; Gabriel, au mois de juillet 1817, apprit par cœur la première des déclinaisons latines de Lhomond.

Bien qu'il faille user sobrement des citations, je ne puis m'empêcher de reproduire quelques lignes qu'il écrivit alors à ses parents. Batteux a dit qu'un homme qui envoie une lettre envoie son portrait. Cette parole, toute pleine de vérité, s'applique merveilleusement au jeune Perboyre.

« Après votre départ de cette ville, mon cher père, j'ai réfléchi sur la proposition qui m'avait été faite d'étudier le latin. J'ai consulté Dieu pour connaître l'état que je devais embrasser pour aller sûrement au ciel. Après bien des prières, j'ai cru que le Seigneur voulait que j'entrasse dans l'état ecclésiastique. En conséquence, j'ai commencé à étudier le latin, bien résolu de l'abandonner si vous n'approuviez pas ma démarche. Je connais le besoin que vous avez des petits secours que je pourrais vous donner; mon seul regret est de ne pouvoir pas vous soulager dans vos grandes occupations; mais enfin, si le bon Dieu m'appelle à l'état ecclésiastique, je ne puis pas prendre d'autre chemin pour arriver à l'éternité bienheureuse. Je continuerai ce que j'ai commencé, jusqu'à ce que *j'aurai* votre réponse. Si vous agréez que je continue, il est nécessaire que je fasse faire des habits; vous aurez la bonté de m'envoyer de l'argent pour en acheter. Je pense que la bourse de mon oncle n'est pas assez garnie pour en faire les avances. Je vous embrasse tous, et en particulier ma chère mère. »

Scribendi rectè sapere est et principium et fons.

Il reçut ses premières leçons d'un professeur nommé M. Thieys, homme de grand sens et surtout de grande foi, qui l'eut bientôt apprécié. « C'est pour moi un vrai plaisir, écrivait-il dernièrement à l'oncle du martyr, d'aller chercher dans une des plus calmes époques de ma vie, la douce et gracieuse figure de ce cher enfant....... Il me semble le voir encore, blond, frais et vermeil, l'œil vif et intelligent, se promener dans nos cloîtres... Il nous charmait....... Il m'étonna par ses progrès. Mais aussi quelle ardeur pour l'étude ! quelle attention lorsque je lui expliquais quelques difficultés ! et puis, comme il s'attachait à son maître, qui de son côté ne s'attachait pas mal non plus à son disciple !..... Après six mois d'études, il entra en cinquième, et dès la première composition, il obtint la deuxième place, et puis immédiatement la première ; et celle-ci fut presque toujours la sienne. Aussi, à Pâques, fallut-il le faire monter en quatrième ; et là, ce furent les mêmes succès... Lors de la rentrée, en novembre, il passa dans la classe de seconde que je professais, puis dans celle de rhétorique dont j'étais chargé aussi..... Ses condisciples l'applaudirent vivement, lors de la distribution des prix. Ils l'aimaient tant ! Je dis plus, ils avaient pour lui une tendre vénération, et ne l'appelaient que le *petit Jésus*... Comme il venait d'entendre un sermon de M. l'abbé de Chièzes, en 1817, il avait dit : *Je veux être missionnaire* ; il a été missionnaire ; il a été plus encore, glorieux et magnanime martyr.... Je me souviens à ce propos qu'à la fin du cours de rhétorique, dans les exercices publics qui précédèrent la distribution des prix, il lut un morceau qu'il avait composé dans l'année et dont les développements pleins de force et de chaleur m'avaient frappé ; le titre en était : *La croix est le plus beau des monuments. Qu'elle est belle*, s'écriait-il, *cette croix plantée au milieu des terres infidèles et souvent arrosée du sang des apôtres de Jésus-Christ!...* »

Je trouve ce fragment dans un ouvrage récemment publié sur le sujet; si j'avais eu entre mes mains l'original, c'eût été une meilleure garantie d'authenticité. Je fais la présente observation sans trop savoir comment ni pourquoi, uniquement parce qu'elle me vient à l'esprit.

Quoi qu'il en soit, le jeune Perboyre termina ses études classiques avec l'intention d'entrer dans la congrégation de Saint-Lazare. Cette congrégation n'était que tout nouvellement rétablie, et il n'y avait point encore de noviciat bien organisé. Lors donc qu'il eut pris sa détermination, ce fut sous la direction de son oncle qu'il fit les deux années d'épreuve. Il prononça ses vœux le 28 décembre 1820.

Peu après, il partit pour Paris, où il étudia la théologie dans la maison-mère. Il serait peu facile d'analyser sa vie durant les trois années suivantes, sans tomber dans l'inconvénient des redites inutiles.

Ayant reçu les ordres sacrés (1), il fut envoyé

(1) Il fut ordonné prêtre le 23 septembre 1826.

comme directeur au collège de Montdidier (département de la Somme), et de là à Saint-Flour, comme professeur de philosophie. Il devint ensuite supérieur du petit séminaire de cette dernière ville.

Vers 1832, ses supérieurs l'appelèrent à la place de sous-directeur du noviciat de la congrégation, à Paris.

A Montdidier, à Saint-Flour comme à Paris, il faut toujours lui appliquer ces paroles de M. l'abbé Salesse, actuellement curé de Bagneux : « *On ne pouvait approcher de lui, on ne pouvait le voir sans être touché, attiré, entraîné en quelque sorte par cette douceur angélique, cette humilité si profonde, cette charité presque divine, par tout cet assemblage de vertus qui faisaient de lui un saint prêtre, visiblement prédestiné, une copie vivante du Sauveur lui-même.*

Trop souvent les organes, qui sont les esclaves de l'âme, la servent mal ou faiblement. M. Perboyre fut soumis à la loi commune. Le zèle de la maison de Dieu le dévora, dans toute la réalité de l'expression biblique. Sa santé s'altérait; et c'est pourquoi on l'avait rappelé en 1832 à Paris.

Il remplissait depuis trois années les fonctions de sous-directeur, fonctions moins pénibles que les précédentes, mais qu'il sut encore largement utiliser pour la gloire de Dieu, lorsqu'il témoigna le désir d'être envoyé aux missions de la Chine. Deux missionnaires étaient sur le point de partir; l'occasion lui semblait bonne; il pouvait se joindre à eux. Les supérieurs, en considération de sa faible santé et du bien qu'il faisait au milieu d'eux, persuadés d'ailleurs qu'il succomberait inévitablement comme son frère, ne jugeaient point à propos de seconder ses vues; d'un autre côté, ils craignaient d'entraver, par une résistance persévérante, les desseins du ciel, en privant leurs frères d'un si excellent coopérateur. Ils hésitèrent donc. Mais il y avait là quelque chose de plus que le désir d'un homme. Le christianisme, ennemi de l'aveugle et stupide fatalité, n'exclut pas une raisonnable croyance à certaines nécessités providentielles, qu'on appellera si l'on veut, la destinée. Ne pouvant se refuser à l'évidence des motifs que leur alléguait M. Perboyre, les supérieurs, pour dernière ressource, en appelèrent à l'opinion du médecin de la maison. Chose étonnante! le médecin fut d'avis qu'une longue traversée, loin d'être préjudiciable, n'aurait que des résultats heureux, et que le climat de la Chine pourrait avoir sur le tempérament du malade une salutaire influence.

Donc, le 2 mars 1835, M. Perboyre s'embarquait

au Hâvre, cinq ans après son frère (1). Le 29, il était en vue de Madère, où il eut le bonheur de dire la messe. Il passa sous la ligne le jour de Pâques. « Le jeu usité en pareille circonstance, dit-il lui-même, fut renvoyé au lendemain (2). Une piastre que chacun de nous donna au matelot, nous exempta de tout autre rôle que celui de spectateurs. » Un mois après, il doublait le cap de Bonne-Espérance, par 38° de latitude Sud. Le 31 mai, entre les 60° et 70° de longitude Est dans la direction d'Amsterdam, il essuya une rude tempête qui dura plus de quinze heures. Le 23 juin, il entrait dans le détroit de la Sonde; le 26, enfin, il arrivait à Batavia, visitait le préfet apostolique et M. le curé dont les grâces hospitalières valaient bien toutes celles des époques homériques, puis il montait à bord du navire anglais, le *Royal-Georges*, pour gagner Macao en passant par Canton.

« *M'y voilà !* s'écrie-t-il dans une lettre écrite à M. Le Go (3), à la date du 9 septembre ; *si sumpsero pennas meas diluculo, et habitavero in extre-*

---

(1) Il eut pour successeur M. Martin, qui avait été ordonné prêtre avec lui par M. Dubourg.
(2) Les passages guillemetés sont extraits des lettres de M. Perboyre. Je désire qu'on s'en souvienne durant tout le cours de cette notice.
(3) Assistant de la congrégation de Saint-Lazare.

mis maris, etc., etc. » Il avait séjourné vingt jours sur la rade de Parabaya, pays enchanté, d'où il partit le 7 août. « Quelquefois nous faisions des excursions sur les côtes brûlantes de Java et de Madura. » Là, il voulut prendre un bain de mer. « Après être resté une heure et demie dans l'eau, j'étais allé m'habiller et j'étais rentré dans le bateau pour mettre mes bas; mais, marchant sans précaution, je le fis pencher un peu, et une cabriole involontaire me procura un nouveau bain. Heureusement l'endroit n'était pas profond, et les eaux, avec lesquelles je venais de me jouer, me trouvant aguerri, je reparus bientôt sur l'horizon sans avoir eu ni mal ni grande peur; et après avoir ressaisi mon chapeau que le reflux emportait, j'allai déjeuner avec du biscuit et des bananes sur le rivage, où mes compagnons m'attendaient. »

A Macao, il embrasse M. Torrète (1), M. Danicourt et les jeunes Chinois soumis à la conduite de ces dignes prêtres; il admire l'ordre qui règne dans

_____

(1) Il était né au diocèse de Saint-Flour, le 28 novembre 1804, entré le 9 décembre 1824 dans la compagnie des enfants de Saint-Vincent de Paul et, après deux ans passés au séminaire de Cahors, en qualité de directeur, était parti pour la Chine, en 1828, le premier depuis le rétablissement des Lazaristes. Il est mort à Macao, le 12 septembre 1840, un jour après son saint ami.

cette succursale de la Compagnie, et il a la bonhomie de trouver étonnant que les séminaristes chinois parlent mieux le latin que ne font les séminaristes d'Europe. (Ce séminaire est l'ancien collège de Saint-Joseph, qui appartenait autrefois aux Jésuites.) Il prend un professeur de chinois (1). « On dit que M. Clet (2) ne parlait cette langue qu'avec une grande difficulté. Mes précédents me donnent quelques traits de ressemblance avec lui. *Puissé-je ressembler jusqu'à la fin à un vénérable confrère dont la longue vie apostolique a été couronnée par la glorieuse palme du martyre!* J'ai éprouvé un grand mieux dans mes malaises. L'air de la mer m'a beaucoup dégagé la tête, etc. »

Le 23 février 1836 (3), il était au Fokien ; après deux mois de traversée et des *koangs* ou étapes nombreuses, il avait vu *Lingting*. Le mandarin de *Nangao*, sise aux frontières de la province de Koang-

---

(1) M. Ly. « Il nous a fallu redevenir enfants et nous remettre à l'*a*, *b*, *c*, ou plutôt, il n'y a ni *a* ni *b*, ni aucune lettre de l'alphabet dans la langue chinoise, qui n'en est pas moins difficile à apprendre. » (*Lettre à sa sœur Antoinette.*) Il eut pour second professeur M. Gonsalvès, auteur d'un dictionnaire chinois-portugais, portugais-chinois, et latin-chinois, etc., etc.

(2) Autre martyr de la même congrégation.

(3) Il était parti de Macao le 21 décembre, à onze heures du soir, sur une jonque fokinoise.

Tong, protège son passage au moyen d'une ruse qu'il raconte d'ailleurs avec la plus aimable naïveté. « Nos officiers lui firent visite; nous reçûmes la sienne avec le *Kotheau* à bord... accompagné de ses satellites; mais il eut soin de nous enfermer dans notre étroite alcôve, ensevelis sous le matelas et la couverture....... De là, nous pûmes entendre parler et rire le mandarin durant près d'une heure. C'était... à cause de son cortège, qu'on nous avait cachés..... Nous lui dûmes un drapeau sur lequel il avait écrit que notre barque avait été visitée par lui.... Dans l'occasion, nous arborions ce drapeau et on nous laissait tranquilles. » C'est que la mère du mandarin fokinois était chrétienne ! (1) Le 17 février, premier jour de la lune de mars et de l'année chinoise, il descendait dans l'île appelée *Hai-Chan*, et assistait aux brillantes fêtes qui sont d'usage à cette époque.

C'est, ainsi que je l'ai dit, le 23 février qu'il se trouva en vue du *Fo-Kien*, et de *Fou-Ning*, ville de premier ordre, située au fond d'un beau golfe, bordé de *Chan-chouei* ou paysages ravissants (2). Les

---

(1) « On a entendu dire à un mandarin qui passait devant une maison de chrétien chantant la prière : *Ces gens-là prient pour nous.* »

(2) Il trouve à quelque distance de là, les tombeaux de

missionnaires échappèrent encore aux avides recherches de la Douane, moyennant la couverture, ou un *piao* (1), ou en se faisant passer pour des marchands de thé de Nimpo ou de Nan-kin ; mais ce ne fut pas sans accidents d'une autre sorte qu'ils touchèrent le sol. « En sortant de la barque, nous nous élançâmes avec joie sur une jetée environnée d'eau que l'obscurité de la nuit nous empêchait de bien voir. Mon cher compagnon de voyage, M. de la Marre, prêtre du séminaire des Missions étrangères (2), fit un pas de trop, et le voilà à se débattre dans un gouffre où un an auparavant un homme s'était noyé. Je me mets à l'appeler, afin qu'il sache de quel côté

---

plusieurs prêtres et de trois évêques, dont un fut fondateur des missions étrangères. — Voici quelques détails curieux sur la forme de ces tombeaux. « C'est, dit-il, un fer à cheval plus ou moins grand, long de 15 à 25 pieds et large de moitié. L'intérieur, qui est tout découvert, se divise en plusieurs plateaux s'élevant en amphithéâtre. Les petits murs qui les séparent sont hauts de un à deux pieds, et quelquefois enjolivés de sculpture. Les collatéraux ont la même hauteur en dedans ; en dehors ils sont au niveau du terrain. Suivant le penchant de la montagne, ils vont se joindre en formant un rond au milieu duquel est la pierre sépulcrale avec une longue inscription et parfois une croix gravée. C'est derrière cette pierre que repose le corps du mort. Ces monuments sont tous faits de terre, bien unie et fortement durcie, de sorte qu'on les croirait composés d'une seule pierre.

(1) Espèce de passeport.
(2) Qui se rendait à Su-Tchuen.

il doit se retourner. Il revient presque aussitôt au mur, où il grimpe, en même temps que je le retire par les habits et parviens heureusement à le tirer de ce mauvais pas. Il courut tout le danger, mais toute la peur fut de mon côté. »

Le 15 mars, il fit ses adieux au vicaire apostolique du Fo-Kien (1), et partit à pied pour le Kiang-Si, la tête enveloppée du foung-mao, pour cacher ses cheveux blonds et la jointure de sa fausse queue (2). Le 30, il était auprès de M. Laribe (3), et, après la semaine sainte, s'éloignait du Hou-Pé (4), pour gagner, par le fleuve, Out-Chang-Fou. Le 15 juillet, il écrivait du Ho-Nan au vénérable M. Torrette,

---

(1) « Quelques traits de ressemblance que je remarquais entre lui et vous n'ajoutaient pas peu à l'intérêt que m'inspiraient le charme de ses conversations et le spectacle de ses vertus apostoliques. » *Lettre de M. Perboyre à son oncle.*

(2) « Si vous pouviez me voir un peu maintenant je vous offrirais un spectacle intéressant avec mon accoutrement chinois, ma tête rasée, ma longue queue et mes moustaches, balbutiant une nouvelle langue, mangeant avec des batonnets qui servent de couteaux, de cuillères et de fourchettes. On dit que je ne représente pas mal un chinois. » *A sa sœur.*

(3) Missionnaire, compatriote de M. Perboyre.

(4) Où il vit MM. Rameaux et Baldus. M. Rameaux est aujourd'hui évêque de Myre et vicaire apostolique du Kiang-Si et du Tche-Kang. L'empereur a donné son signalement et ordre aux mandarins de le rechercher. Ce *ouen-chou* (mandat) a été affiché à Canton avec ce signalement présenté au tao-kouang (fils du ciel) : homme d'une taille assez haute, très maigre, figure blanche et pâle, nez élevé et pointu, etc.

procureur des Missions, et le 12 août à son oncle :

« Pour continuer mon voyage, j'avais attendu une barque chrétienne. Je partis en effet sur une qui venait de servir à un mandarin que le vice-roi de *Ou-Tchang-Fou* envoyait à *Gan-Lo-Fou*. Pendant cette navigation, qui fut de huit jours, je m'occupai comme dans les autres à l'étude du chinois. La mère de famille profitait de la présence des catéchistes qui m'accompagnaient pour faire expliquer le catéchisme à son fils.

« On trouve généralement ce livre avec un livre de prières sur les barques et dans les maisons des chrétiens qui, assez ordinairement, les savent lire, lors même qu'ils n'en peuvent déchiffrer d'autres. Nous passâmes de nuit entre deux grandes villes, *Fan-Tchen* et *Siang-Yang-Fou*, afin d'éviter la rencontre des gens du tribunal qui, pour aller et venir, se font porter *gratis* par les barques qu'ils trouvent à leur commodité et à leur convenance. Une telle corvée eût été doublement fâcheuse pour nous. Le jour de la saint Jean, on leva l'ancre de bon matin du bord du rivage pour la jeter au milieu du fleuve, afin de pouvoir chanter à l'aise, loin des profanes, les longues prières des jours de fêtes. Le 26 juin, je quittai le fleuve pour la dernière fois et entrepris avec le seul maître de la barque une nouvelle campagne à pied. Comme il n'était pas chargé, nous filions d'abord notre chemin; quand nous rencontrions un ruisseau, il avait la complaisance de me faire un pont de ses épaules. Nous fîmes une halte chez une famille de chrétiens qui se trouvait sur notre passage. Arrivés de bonne heure à *Cou-Tcheou*, nous ne nous y arrêtâmes pas pour en saluer une autre, afin de nous éloigner plus vîte d'un endroit dangereux. Car quoique notre résidence des montagnes soit sous la juridiction des mandarins de cette ville de troisième ordre, ni nous, ni nos chrétiens n'avons pas grande confiance en leur protection; c'est à eux que nous devons nos martyrs et nos confesseurs, des apostats et des ruines de résidences et d'églises. Comme le défaut d'exercice avait fort affaibli mes jambes, je me trouvai fort fatigué le soir. Le lendemain, nous avions une dizaine de lieues à faire à travers de bien rudes montagnes. Après beaucoup d'efforts et de peines, j'étais parvenu au pied de la dernière; mais ici je n'en pouvais déjà plus en la voyant s'élever; je vins à me rappeler que je portais sur moi une petite croix à laquelle était attachée l'indulgence du chemin de la croix; c'était bien le cas de tâcher de la gagner. Depuis quelques heures, je ne me traînais qu'à l'aide du parapluie dont je ne pouvais me servir contre une pluie qui tombait à verse. Je m'asseyais sur toutes les pierres que je rencontrais; puis je me remettais à grimper quelquefois avec les mains. Si vous me permettez de parler ainsi, j'aurais au besoin grimpé avec les dents pour suivre la voie que la providence m'avait tracée. Mon pauvre conducteur était réduit à me rendre le service qu'on rend à une mauvaise rosse qu'on soulève et qu'on pousse en avant; mais il fut relevé par un jeune homme qui descendit de la montagne. Plusieurs chrétiens gardaient les bestiaux sur les hauteurs. En voyant mon train, ils devinèrent bien ce que c'était, car j'étais attendu; ils furent bientôt auprès de nous. Comme je n'avais pu rien manger de tout le jour, ils s'imaginèrent de me faire prendre quelque chose; un d'eux qui n'était pas loin de sa maison, y courut et apporta des œufs et du thé. Le peu que je m'étais efforcé d'en avaler, je le rejetai aussitôt; je me sentais un peu plus fortifié parce qu'ils me disaient que, dans l'enceinte des montagnes où nous étions, il n'y avait que des chrétiens et qu'il en était à peu près de même dans les environs. Enfin, je doublai le sommet de la terrible montagne, et sur le revers je trouvai, caché dans un bosquet de bambous, notre résidence où M. Rameaux et un confrère chinois me reçurent à bras ouverts. Avec eux, j'eus bientôt oublié toutes mes fatigues, et je ne tardai pas à me trouver au courant. » (1)

N'oublions pas une particularité. M. Rameaux alors supérieur de la mission, frappé du mérite et des vertus de M. Perboyre, voulut lui céder le poste qu'il occupait, et il fallut toute la modestie de celui-ci pour vaincre ses instances.

M. Huc, missionnaire lui-même, est l'auteur d'une lettre que je me contente d'analyser pour compléter cette notice.

Min-Meth, roi de la Cochinchine, et Tao-Kouan, empereur de la Chine, voulaient exterminer le christianisme avec des armes différentes jusqu'ici, l'un par des persécutions en règle, l'autre par une politique qu'on pourrait appeler de dépréciation. Ainsi suffisait-il au dernier de rapetisser les chrétiens jusqu'à la mesquine proportion d'escrocs et de filous. Il a changé de système. La persécution s'est organisée à *Kou-In-Tan* dans la province du *Hou-Pé* le 15 septembre 1839. MM. Rameaux, Baldus, Perboyre, le père Clauzetto, missionnaire italien de la Propagande, et plusieurs autres, s'étaient réunis

---

(1) Lettre de M. Perboyre à son oncle, datée du *Ho-Nan*, le 10 août 1836.

dans cette chrétienté pour célébrer la fête du saint nom de Marie. La messe finissait, lorsqu'on apprit que le préfet civil, un mandarin militaire et le commissaire du vice-roi arrivaient en toute hâte de *Kou-Tchen-Kien* avec cent vingt-cinq satellites. Les Européens étaient trahis. En effet, une visite domiciliaire eut lieu; et, sans plus d'enquête, les hommes d'armes mirent le feu au séminaire de *Kou-In-Tan*. Ils firent un massacre des fidèles qu'ils purent saisir; leur rage s'exerça même sur des enfants, dont un certain nombre fut jeté dans la prison de *Kou-Tchen*. Les missionnaires étaient en fuite, dispersés, errant sur les montagnes, souvent obligés, lorsqu'ils succombaient au sommeil, de se cacher dans quelques jonques de pêcheurs.

M. Peyboire ne tint pas longtemps contre des souffrances pareilles; affligé d'une hernie d'ancienne date, et ayant perdu ses bandages, les souffrances qu'il endurait ne peuvent s'exprimer. Les satellites s'attachaient particulièrement à sa trace; il fallait, pour se sauver, gravir un terrain montueux et coupé de rudes anfractuosités. Que faire? M. Perboyre et le catéchumène qui l'accompagnait, n'eurent pas le temps de la réflexion. Les satellites étaient là. « Nous cherchons, dirent-ils, un européen; pourriez-vous nous en donner des nouvelles? — Vous cherchez un européen? reprit le catéchumène. — Oui, c'est un chef de la religion du *Maître du ciel.* — Et combien a-t-on promis à celui qui le livrerait? — Celui qui livrera l'Européen gagnera 30 taëls. — Eh bien, cet homme est l'Européen que vous cherchez, dit ce misérable en montrant M. Perboyre. Aussitôt les satellites se précipitèrent sur le saint lazariste, et le traînèrent à *Kou-Tchen*, les mains liées, le cou chargé de chaînes.

Il fut ensuite transféré à *Sian-Yan-Fou*, puis à *Ou-Tchan-Fou*, métropole de la province du *Hou-Pé*. A *Kou-Tchen*, il eut à subir deux interrogatoires; A *Sian-Yan-Fou*, le mandarin qui le questionna voulut donner à cette instruction criminelle un appareil inouï. Il est d'usage que le prévenu se tienne constamment à genoux devant son juge. On étendit des chaînes et des débris de pots cassés au milieu de la salle, et ce fut, suivant l'expression de M. Huc, sur ce rude prie-Dieu qu'on le fit s'agenouiller à nu. Pour qu'il pût conserver cette horrible position, il était suspendu par la machine *hant-so*, c'est-à-dire par une machine placée au-dessus de sa tête et à laquelle étaient attachés les deux pouces réunis de ses deux mains et sa queue, de manière pourtant que tout le poids du corps se portât sur les chaînes. On plaça sur ses mollets une large traverse de bois;

et, aux deux extrémités, deux satellites se balançaient, pendant que le mandarin cherchait à lui arracher une parole d'apostasie. » A *Ou-Tchan Fou*, la cruauté fut pire encore. On le traîna de tribunaux en tribunaux; il eut à subir plus de vingt interrogatoires; il fut flagellé, souffleté. « Es-tu chrétien, demandait le mandarin. — Oui je suis chrétien, répondait-il toujours. — Vois-tu cela, reprenait le juge en lui montrant un crucifix, foule cela aux pieds, et tu es libre. — Eh! comment pourrais-je traiter ainsi l'image de Dieu? » Il prenait alors le crucifix, le pressait contre son cœur, le collait sur ses lèvres, et l'inondait de larmes. Alors, le mandarin laissait tomber dans la salle un certain nombre de jetons, et ses valets infligeaient à la victime un nombre égal de coups de *pant-se* (1). On fit plus, on le traîna dans une salle dont on avait couvert le pavé de croix peintes. Le nouveau mandarin lui commanda d'un air doux et presque paternel de marcher sur ces croix. « Je ne puis obéir, car c'est un crime. — Es-tu donc Européen? es-tu le chef de la religion du maître du ciel? » — Pas de réponse. Le mandarin fait apporter une idole. « Adore, dit-il. — Vous pouvez me couper la tête, mais me faire ado-

---

(1) Espèce de gros bâton de bambou.

rer cette idole, jamais, jamais!» Qu'on lui arrache les cheveux et la barbe, s'écrie le mandarin en s'adressant aux chrétiens présents dans la salle. Les chrétiens hésitent, observe ingénuement M. Huc, et je le crois bien. Ce qui semble plus étonnant, c'est ce qui suit. M. Perboyre se tourna vers eux: «Arrachez-moi les cheveux, je supporterai cela avec plaisir. » Telle fut la réflexion du martyr. M. Huc ajoute que les chrétiens se mirent aussitôt *en besogne*. — *Nolite timere eos qui occidunt corpus, animam autem non possunt occidere.* Le préfet lui promit sa grâce, s'il voulait découvrir les noms et la demeure de ses confrères et des catéchistes, de M. Rameaux surtout; il se tut.

A la rage se mêlait la dérision: un jour, le préfet des crimes l'ayant inutilement sommé de briser une croix, lui fit administrer cent dix coups de bâton, et ensuite lui fit présenter des ornements sacrés (1), pour qu'il s'en revêtit. M. Perboyre obéit, et toute l'assemblée s'écria: voilà le Dieu Fô, voilà le Dieu Fô vivant! Ainsi se passèrent quatre ou cinq mois, après lesquels le vice-roi Tcheo (2), lui fit

---

(1) Qui, sans doute, avaient été pris à *Kou-an-In-T'an*.
(2) Qui plus tard, à cause de ses cruautés, a essuyé une révolte, et s'est vu condamner à l'exil par l'empereur.

imprimer sur la figure avec un fer rouge ces quatre mots : *Sié Kiaoho tchoun*, c'est-à-dire, propagateur d'une religion mauvaise. Et en cet état, l'héroïque missionnaire fut jeté dans une horrible prison avec une foule de scélérats pour y attendre la sentence des juges de Pékin. Il ne pouvait se mouvoir qu'à l'aide d'une main étrangère. Son corps était dans un état horrible à voir, sanglant, déchiré de toutes parts, ne formant en quelque sorte qu'une masse de lambeaux sur des os mis à nu.

On pouvait dire de lui comme du Sauveur des hommes, *à plantâ pedis usquè ad verticem, non est in eo sanitas*, et le livre des rois nous fournit un commentaire pour cette parole : *Nunc in isto cognovi quoniam vir Dei es tu*. Ses hideux compagnons de captivité l'insultèrent d'abord, c'était naturel; ils tombèrent bientôt à ses pieds, ce qui n'était pas moins naturel. Un chrétien qu'il y rencontra, mourut sous ses yeux, après avoir reçu de lui les secours de la religion. Un prêtre chinois lui rendit à lui-même ce précieux service. C'est à ce prêtre qu'on a dû bon nombre de détails consignés ici. Les chrétiens achetèrent de la police, plus vénale encore dans la Chine qu'autre part, la faveur de visiter le père *Ton* (M. Perboyre). *In-Fom* surtout, chrétien fervent, cordonnier de profession, fut chargé par M. André Yan, lazariste chinois, M. de Bési et le P. Maresca de pourvoir à ses besoins, et il remplit admirablement leurs intentions jusqu'au vingtième jour, époque où M. Perboyre se chargea lui-même de préparer ses aliments. Les mandarins le redoutaient, persuadés qu'il était un grand magicien. Ils en vinrent même, pour neutraliser les effets de sa science, jusqu'au point d'invoquer les médecins, qui lui firent boire avec abondance du sang de chien (1).

Enfin, le moment de la délivrance approchait. La récompense, qui l'attendait dans le ciel, M. Perboyre l'avait gagnée. Il avait plus que consommé son martyre. La cour de Pékin l'avait condamné à mort. L'empereur, par un décret spécial, contresigné du *Ti-Teou* (grand mandarin militaire), ordonna qu'il fût étranglé. L'usage veut qu'on punisse seulement de l'exil ceux qui ont été marqués du fer rouge; une exception fut faite pour lui. Il marcha au supplice nu-pieds, vêtu seulement d'un caleçon et de la robe rouge des condamnés. Ses mains étaient liées derrière le dos, et dans ses mains était fixée une perche au haut de laquelle flottait

(1) La faculté de *Ou-Tchan-Fou* a décidé que le sang de chien est un spécifique unique contre les opérations de la magie.

une espèce de drapeau portant sa sentence. C'est ainsi qu'emporté par les deux satellites qui l'accompagnaient, au milieu des cris d'une populace forcenée joints à la musique sauvage du tam-tam, il arriva au lieu de l'exécution. Là, cinq malfaiteurs furent décapités. Quand son heure fut venue, il se mit à genoux et fit sa prière. Le bourreau l'ayant saisi, lui attacha les pieds derrière le dos, le lia au poteau et se mit en position de l'étrangler. Il s'y reprit à trois fois; et comme, après la troisième torsion, le corps semblait conserver un souffle de vie, un satellite l'acheva en ui lançant un coup de pied dans le bas-ventre. Un seul chrétien assistait à l'exécution; les autres ignoraient qu'il dût être mis à mort ce jour-là. Ce fut le 11 septembre 1840, vers midi, que la ville de *Ou-Tchan-Fou* donna au christianisme un martyr de plus.

Des chrétiens s'efforcèrent de ravir à la profanation cette sainte dépouille. Avec de l'argent, on eut bientôt suborné les fossoyeurs. Le corps fut livré en un lieu convenu, et le porteur reçut comme échange un cercueil plein de terre. On l'enterra dans une chapelle voisine, avec de riches habits qui avaient été faits la nuit précédente.

Donc, sur le versant de la *Montagne rouge*, deux modestes tombes sont placées actuellement côte-àcôte. Quelques chrétiens de la Chine, dévoués et discrets, savent seuls, et l'Église tout entière saura bientôt que c'est là que reposent les corps de deux martyrs, Clet (1) et Perboyre, prêtres de la congrégation de la mission de Saint-Lazare.

Le R. P. François-Xavier Maresca, délégué du Hou-Kouang, ayant appris des deux chrétiens *Kin* et *Fan* ce qui s'était passé, envoya à M. Rameaux le vêtement que portait le saint au moment de son supplice, la corde et le bâton qui avaient servi à l'étrangler, une autre corde avec laquelle les exécuteurs avaient suspendu son corps au poteau, ses cheveux, sa barbe et ses ongles. On les a depuis envoyés à Paris, à la fin de juillet 1841 ; et, hormis les ongles, ils sont conservés dans la maison de la congrégation.

Lorsque le P. Maresca envoya son courrier *In-Fom* et d'autres chrétiens sur les lieux, ils trouvèrent le cadavre dans la même posture qu'il avait en expirant : les deux mains liées derrière le dos et attachées à un bois transversal, les deux pieds relevés aussi par derrière, suspendu comme à genoux à cinq ou six pouces du sol ; sa figure n'avait pas changé, ses yeux étaient modestement baissés vers la terre,

---

(1) Martyrisé en 1820. Il avait été pris à *Nan-Yang-Fou*.

sa bouche était fermée et n'avait rien perdu de son expression accoutumée, chose au moins surprenante chez un homme mort par le supplice de la corde. Son cœur demeura exposé durant un jour et une nuit. *In-Fom* se rendit aussitôt à la porte *Pin-Houn-Nien*, pour se concerter avec les autres chrétiens et obtenir des satellites ce que nous avons dit.

On s'occupe à Rome des enquêtes canoniques requises pour procéder à sa béatification.

En apprenant le martyre de son fils, le vénérable cultivateur de Puech fléchit les genoux et prononça cette parole de l'Écriture : « Dieu me l'avait donné, Dieu me l'a ôté ; que son saint nom soit béni ! » Sa mère fut également sublime, sinon plus sublime encore de courage et de résignation : « Pourquoi hésiterais-je, dit-elle, à faire à Dieu le sacrifice de mon fils ? La sainte Vierge n'a-t-elle pas généreusement sacrifié le sien pour mon salut ? *Si bona suscepimus de manu Dei, quare non mala suscepimus?* (1)

Heureuse famille ! sainte et glorieuse famille, qui ne fait pas rougir le siècle où elle vit, parce que le siècle n'est pas même capable de cela !

On a cité, depuis le martyre de M. Perboyre, des guérisons miraculeuses qui évidemment furent

---

(1) Job. 2.

obtenues par son intercession. J'en ai sous les yeux les témoignages authentiques, datés de Paris, de Constantinople, de plusieurs villes de la Chine et d'autres lieux encore. Il n'est pas utile de les consigner ici, et d'ailleurs la place nous manque ; les journaux en ont reproduit quelques-uns dans le temps. La providence de Dieu, dont les manifestations en ce genre ne sont point nouvelles et douteuses pour les hommes de sens et de cœur pur, se passera fort bien du contrôle des autres. Pour moi, je pense avoir assez fait si j'ai atteint le triple but, et de provoquer sur les lèvres de ces derniers le prodigieux ricanement d'habitude, et d'édifier les vrais chrétiens, et de montrer combien sont excellentes et lumineuses dans leur simplicité ces paroles de la sœur des Roys, citées en épigraphe :

« Il ne faut pas dire *Monsieur Perboyre*, mais bien *saint Perboyre*. »

1ᵉʳ Avril 1842.

PARIS. — IMP. DE A APPERT, PASSAGE DU CAIRE, 54.

Biographie du Clergé Contemporain.

M. GRÉGOIRE.

J. Appert Édit. Passage du Caire, 54

M. GRÉGOIRE

[epigraphs illegible]

Désolé que je suis d'avoir trompé [illegible]

Passage du Caire. 54

M. GRÉGOIRE.

> Nemo aut in dicendo liberior, aut ad libertatem civium tuendam paratior.
> Cic., II, *phil.*
>
> Un roi, à mon avis, est une superfétation politique.
> Grégoire.
>
> Victrix causa Diis placuit, sed victa Catoni.
> Luc., *Phars.*

Désolé que je suis d'avoir tronqué, dans la notice de M. Perboyre, des idées que je crois bonnes, qui eussent pu faire du bien si elles avaient été bien exprimées, et qui n'ont été que confusément indiquées, je viens déclarer que pour l'avenir je ne me sens plus la force de tenter l'impossible, c'est-à-dire de renfermer dans les bornes d'une seule feuille ce qui exige de toute nécessité l'espace de deux cahiers au moins. Telle était la notice du célèbre M. Grégoire. Les faits y pullulent; les idées n'y manquent pas. Telle sera la notice du vénérable abbé Mérault, cet homme éternellement cher à la mémoire du diocèse d'Orléans et de l'église entière. S'obstiner à suivre rigoureusement, en certains cas, une règle tracée, peut être une bonne combinaison commerciale, et presque une nécessité pour le libraire, jaloux de remplir de point en point des engagements pris avec ses souscripteurs; c'est d'ailleurs une fort vilaine chose littéraire.

Donc, la notice de M. Grégoire formera deux livraisons.

Ce personnage n'a pas encore été jugé, et je n'oserais pas affirmer qu'il puisse l'être.

Sa vie tout entière se formule dans un triple symbole. Il fut (ou prétendit être) par le fond du cœur comme par le fait, éminemment religieux, éminemment républicain, éminemment inflexible, intelligent et *pur*.

Mais, tel est l'état actuel des choses, que peu d'hommes, entre ces termes divers, veuillent ou sachent trouver un point d'analogie.

Bien que généralement on se défende de ce travers, la politique domine toutes les questions morales, inséparable qu'elle est du préjugé qui enfante une foule d'erreurs; que dis-je? le préjugé détruit essentiellement le principe même de l'appréciation qui est la science des rapports jointe à la délicatesse du goût et à l'indépendance de la pensée.

Il est pourtant on ne peut plus dangereux de se tromper dans ces calculs de l'esprit, car c'est d'un faux calcul de l'esprit que procède, comme l'a dit excellemment un philosophe, tout crime public ou particulier.

« Non v'ha morale, dit encore un bon penseur, più sospetta di quella che fa molte distinzioni. » (1)

Ici, le monarchiste, mu presque toujours au fond par des préoccupations de famille ou par des motifs de bien-être personnel qui insensiblement se métamorphosent en une conviction factice, demande à toutes les autorités reconnues la consécration du système qu'il professe; il tente la tradition, dépouille l'histoire écrite, torture ce qu'on appelle plus particulièrement les croyances; et lorsqu'il a, bon gré mal gré, dirigé vers ce but une somme quelconque d'éléments extérieurs, voici la conclusion qu'il tire de là : qui nie la monarchie nie l'expérience, le raisonnement, l'évidence, la foi, la vérité enfin.

Dans la sphère plus large où s'exercent sa logique et ses chères utopies, le démocrate suit une

(1) Pensieri di Pirro Lallebasque.

méthode identique et arrive également à des résultats exclusifs.

Je mets à part les opinions mixtes dont l'avantage consiste à renfermer les inconvénients des doctrines absolues, sans aucun mélange de bien.

Reste une certaine espèce de gens : (il est bon d'observer que ces réflexions s'appliquent uniquement à la France.) Comme il est incontestable que la souveraineté du peuple fut toujours reléguée par le plus grand nombre des catholiques parmi les hérésies et les absurdités monstrueuses, ceux-ci, à leur très grand regret peut-être, se sont persuadé que l'église entrait essentiellement dans la ligue du despotisme et de la misère contre les classes inférieures, ou, en d'autres termes, qu'il fallait à la liberté, pour piédestal, les ruines du catholicisme.

Placés à ces différents points de vue, quelle idée les uns et les autres peuvent-ils se faire de Grégoire ?

Les premiers, parce qu'il ne fut point monarchiste, le proclameront impie et digne à jamais d'exécration comme de mépris. « Ces hommes, affectant de croire qu'on ne peut ouvrir les bras à ses frères esclaves sans les ouvrir à l'erreur, sont les mêmes qui, ayant mis à la mode les déclamations contre la philosophie dont ils étaient jadis les panégyristes (1), voudraient persuader qu'*iniquité* et *philosophie* sont synonymes. »

La difficulté serait pour les démocrates de les réfuter ; ils auraient ensuite le droit d'établir qu'ayant réalisé, dans sa carrière et selon ses forces, l'indissoluble union de l'évangile et de l'égalité, Grégoire est bien près de mériter des autels. Ils n'oseront pas.

Les derniers se défieront d'un homme qui détestait Voltaire (2) et l'appelait poète flagorneur de la cour et des divinités régnantes, présidait la Convention en habit violet, écrivait contre la translation du dimanche au décadi (3), flétrissait énergiquement

---

(1) Grégoire ne pensait pas ici à M. Saint-Chéron, l'un des rédacteurs de l'*Univers*, et ex-saint-simonien, qui, selon toute apparence, comme dirait M. Madrolle, LE REDEVIENDRA S'IL NE L'EST ENCORE. — Tous les passages guillemetés sont des extraits des ouvrages de Grégoire qui énoncent sa pensée et non la mienne, et dont l'avantage est de le bien faire connaître.

(2) « Le 25 septembre 1789, je m'opposai à ce que l'assemblée nationale agréât la dédicace de l'édition de Voltaire, par Palissot. » *Mémoires de Grégoire.*

(3) Un mot à M. l'évêque Grégoire :

« Toi dont le patriotisme élevé s'est soutenu depuis le commencement, toi qui devais commencer cette scène imposante de la raison, où l'amour de la vérité, plus fort que l'intérêt et la fausse honte, a su tirer de la bouche des prêtres les plus éclairés et les plus puissants l'aveu du charlatanisme et de l'imposture qu'ils avaient jusqu'ici exercés sur le peuple, abaisser ainsi de tes propres mains, en les faisant renoncer à des fictions mensongères, l'instrument de leurs richesses et de leur domination, devais-je m'attendre à te

l'abjuration de Gobel et compagnie, faisait au sortir voir non-seulement manquer à ce beau spectacle digne de tes vertus et digne de l'époque actuelle de la révolution, mais à t'entendre le désapprouver par un raisonnement qui n'a rien que de captieux et dont je suis persuadé que tu as été la première dupe. — La religion n'est donc, selon toi, qu'une affaire de conscience! Tant de monde et tant de gens éclairés l'ont dit, qu'il est bien permis de le répéter! Mais je dis, moi, que la religion est une affaire d'habitude et d'exemple, et je ne vois d'elle que la morale qui ait affaire à la conscience; ses dogmes absurdes, ses pratiques insensées ne peuvent avoir affaire qu'à la raison, qui les rejette à l'instant quand l'habitude et l'exemple lui permettent de les envisager. Jamais donc les hommes ne se corrigeront des idées religieuses, si l'on ne rompt la chaîne de leurs routines, et si ceux même qui les enseignent ne sont les premiers à le leur faire connaître. — Les hommes confiés à tes soins ont les yeux ouverts sur toi, Grégoire! et tu es responsable envers la nation de leurs égarements et du mauvais usage que quelques malveillants pourront en faire. Mais tu ne dédaigneras pas la voix de tes concitoyens, et tu sauras te rendre à la démonstration, de quelque côté qu'elle frappe.

« Il faut que tu montes à la tribune, criaient les hébertistes. — Et pourquoi ? — Pour renoncer à ton charlatanisme religieux. — Misérables blasphémateurs, je ne fus jamais charlatan ; attaché à ma religion, j'en ai prêché la vérité, j'y resterai fidèle... On me parle de sacrifices à la patrie, j'y suis habitué. S'agit-il d'attachement à la cause de la liberté? j'ai fait mes preuves. S'agit-il des revenus attachés à la dignité d'évêque ? je vous l'abandonne sans regret. S'agit-il de la religion? cet article est hors de votre domaine, et vous n'avez pas le droit de l'attaquer. J'entends parler de fanatisme, de superstition ; je les ai toujours combattus ; mais qu'on définisse ces mots, et l'on verra que la superstition et le fanatisme sont diamétralement opposés à la religion. Quant à moi, catholique par conviction, prêtre par choix, j'ai été désigné par le peuple pour être évêque... je reste évêque. J'invoque la liberté des cultes. »

Extrait du *Sans-Culotte observateur*.

des clubs une heure et demie d'oraison (1), et mourut en baisant le crucifix avec amour, trop républicain pour être évêque, trop évêque pour être républicain, diront-ils; nature ambiguë ou même négative, s'ils ne s'amusent à l'étudier comme un futile problême, ils daigneront à peine s'en occuper.

Tels furent à son égard l'*Ami de la religion*, la Chambre des députés et M. de Quélen; tels le *National* et M. Carnot fils; tels M. Cabet, la *Tribune* et la nation.

De ces trois partis quel fut le plus sage? Répondre serait prononcer, et par conséquent démentir ce que j'ai dit en commençant : Ce personnage n'a pas encore été jugé, et je n'oserais pas affirmer qu'il puisse l'être.

Mais sur les sympathies et aversions incomplètement motivées dont il s'agissait tout-à-l'heure, j'ai mon avis autant qu'il est possible d'en avoir un; je sais qui je préfère, en l'espèce, de MM. de Quélen, Carnot ou Cabet; on le devine.

« Dans ce bas monde, je n'ai compté que sur

---

(1) Un jour Grégoire, en sortant de la Convention, dont il était président, entra dans l'église des Feuillants. Un prêtre allait commencer la messe, mais était arrêté parce que l'enfant de chœur se faisait attendre pour répondre. Grégoire, qui était agenouillé à distance, se leva, se mit aux pieds de l'autel et servit la messe.

Dieu », disait Grégoire lui-même ; il avait bien raison, s'il n'exagérait pas son idée.

Ceci posé, j'écris ma notice en m'abstenant de commentaires, et en partie sur les *Mémoires* qu'il a publiés lui-même jusqu'à la date de 1808, se fondant sur ces paroles de St-Augustin : « Le témoignage de votre conscience vous est nécessaire, et votre réputation est nécessaire au prochain ; il est coupable de cruauté celui qui, se reposant sur son cœur, néglige sa réputation. » (1)

Henri Grégoire naquit à Who, petit village voisin de Lunéville, dans la province des Trois Évêchés, en Lorraine, « pauvre Lorraine dont l'histoire, sous Louis XIV, ce tyran bigot, offre des atrocités inouïes. » — Grégoire se proposait de publier les *Mémoires* inédits de Jamerai Duval, où se trouvent d'horribles révélations à ce sujet. — Dom Calmet a réuni dans un in-folio les vies de tous les hommes illustres de cette province. — Mais ce n'est pas notre affaire.

M. Depping (2) s'étonne qu'un si grand homme fût originaire de Who (3).

---

(1) Serm. 3, *de vitâ clericorum*.
(2) *Die Zeitgenossen.*
(3) Voyez Dessessart, *Siècle littéraire de la France.*

Son père, Sébastien Grégoire, avait un office d'échevin. Sa mère l'éleva dans les sentiments de la plus tendre piété; on croit qu'elle était un peu janséniste; il le fut lui-même.

Quand l'amour filial n'aurait pas sa raison dans la nature et le précepte, on s'y adonnerait passionnément par le seul fait des délices qu'il procure. A l'âge de soixante ans, après avoir essuyé toutes les tempêtes d'une immense révolution, après avoir défait et refait la France, c'est-à-dire le monde, il souhaita de revoir l'humble clocher de sa paroisse et le cimetière paisible où dormaient ses aïeux. Rien n'est touchant comme la lettre qu'il écrivait sur ce sujet à madame Dubois, sa mère adoptive. Il s'était agenouillé devant deux petites croix de bois, rongées déjà par le temps et qui portaient ces épitaphes :

« L'an de J. C. 1803, Henri Grégoire, ancien
« évêque de Blois, animé par la piété et la recon-
« naissance, fit ériger ce monument à la mémoire
« de son père, Sébastien Grégoire, échevin, mort
« à l'âge de 54 ans, le 27 août 1783, muni des sa-
« crements de la Sainte-Église. Priez pour lui. »

« L'an de J. C. 1803, Henri Grégoire, ancien
« évêque de Blois, par piété et par reconnaissance,
« fit ériger ce monument à la mémoire de Margue-

« rite Thiébault, veuve de Sébastien Grégoire, sa
« mère, morte, etc., etc. »

« Je remercie le ciel de m'avoir donné des parents qui, n'ayant d'autres richesses que la piété et la vertu, se sont appliqués à me transmettre cet héritage. Dès la plus tendre enfance, il m'associèrent à leur confiance entière. Jamais nous n'étions plus heureux que quand nous étions réunis. Il m'arrive fréquemment de me séquestrer de toute société pour converser encore en souvenir avec eux ; ma mémoire me retrace leurs traits, le son touchant de leur voix, et surtout la tendresse inexprimable qui m'identifiait aux auteurs de mes jours. — Hélas ! il ne me reste que leurs tombeaux, et à quatre-vingts lieues de distance ; je n'ai pas même l'avantage d'aller m'y attendrir ; mais à mon âme sourit l'espérance de les retrouver dans une région meilleure. Je reverrai donc ceux qui m'ont donné la vie, douce et consolante perspective ! Que de fois, par la pensée, j'anticipai ce bonheur ! »

Au sortir des mains de sa mère, il entra chez les Jésuites ; nous verrons ce qu'il pensait d'eux. M. Sanguiné, qui fut depuis curé de Nancy jusqu'en 1806(1), le prit ensuite sous sa direction. Il lui vouait

(1) Époque de sa mort.

une affection toute particulière, tant à cause de ses heureuses dispositions d'intelligence que pour les douces qualités de son cœur. « Il y a, disait-il un jour, quelque chose d'étrange dans cet enfant ; on verra. » (1)

Il faut placer ici une anecdote qu'il raconte lui-même, et qui, peut-être, n'est pas sans signification. « J'étais enfant lorsque, pour la première fois, j'entrai à la bibliothèque publique de Nancy. L'abbé Marquet, alors sous-bibliothécaire, auteur d'un opuscule sur la gravure, me dit : Que désirez-vous ? — Des livres pour m'*amuser*. — Mon ami, vous vous êtes mal adressé, on n'en donne ici que pour s'instruire. — Je vous remercie ; de ma vie je n'oublierai la réprimande. » — Écoutons-le toujours.

« Dans une lettre que m'écrivit en 1803 l'école centrale de Nancy, je trouvai la signature de M. Marquet ; par ma réponse, j'acquittai le devoir de la reconnaissance, en racontant cette anecdote. »

« J'étudiai chez les Jésuites de Nancy, où je ne recueillis que de bons exemples et d'utiles instructions. — J'eus pour régent le fameux P. de Beauregard, mort émigré en Allemagne. — Mes livres de prédilection étaient dès-lors l'ouvrage de Bou-

(1) Lettre du 14 septembre 1763.

cher : *de Justâ Henrici tertii abdicatione*, et les *Vindiciæ contrà tyrannos*, publiés par Hubert Languet (Junius-Brutus). — Combien j'eus de plaisir, ajoute-t-il, lorsque, quarante ans après avoir quitté Nancy, à Oxford, le P. Lélie, curé des catholiques de cette ville, me rappela que ses confrères m'aimaient tendrement ! — Je conserverai jusqu'au tombeau un respectueux attachement envers mes professeurs. »

Il passa ensuite au séminaire, et l'élève de théologie soutint la réputation du rhétoricien.

Ses études finies, il reçut les ordres sacrés et fut nommé, en 1773, professeur au collège de Pont-à-Mousson. Les Jésuites en sortaient.

C'est là qu'il fit paraître son premier ouvrage, *Eloge de la poésie*, qui fut couronné par l'Académie de Nancy. Ses héritiers en ont trouvé un exemplaire annoté de sa main. Il le juge lui-même peu digne d'un prêtre, et indique plusieurs passages qu'il eût supprimés en cas de réimpression.

Il connut, à Nancy, Gilbert, M. de Solignac, secrétaire du roi Stanislas, et auteur d'une *Histoire de Pologne*, M. Gautier, chanoine régulier, auteur de divers mémoires de géométrie appliquée, d'une *Réfutation du Celse moderne*, etc., etc.

« Ce pays semble avoir été frappé de stérilité poétique, quoique le peuple y soit gai, et quoique la fertilité du sol, la variété des sites, l'aspect riant des Vosges soient propres à enflammer l'imagination. Depuis Blaret, l'auteur de notre poëme épique *la Nancéide*, la Lorraine ne peut guère montrer que Saint-Lambert, François de Neufchâteau, et surtout Gilbert. »

En 1784, 1786, et 1787, nous le trouvons en Suisse, auprès de Gessner à Silhwald, auprès du bon Lavater, et dans la chapelle d'Einsteldeln où il célèbre les saints mystères ; il visite toute l'Allemagne ; on l'appelle au vicariat, puis à la cure d'Embermesnil, près Who ou Vého, lieu de sa naissance.

« Prêtre par choix, successivement vicaire et curé par goût, je formai le projet de porter aussi loin qu'il est possible la piété éclairée, la pureté de mœurs et la culture de l'intelligence chez les campagnards, non-seulement sans les éloigner des travaux agricoles, mais fortifiant leur attachement à ce genre d'occupation. Tel est le problème dont je tentais la solution dans les deux paroisses soumises à ma direction. J'avais une bibliothèque uniquement destinée aux habitants des campagnes, elle se composait de livres ascétiques bien choisis et d'ouvrages relatifs à l'agriculture, à l'hygiène, aux arts mécaniques, etc., etc. — Telle était en général la confiance de mes paroissiens, que si je n'avais posédes bornes nécessaires à leurs révélations spontanées, souvent ils les auraient franchies. L'époque de ma vie la plus heureuse est celle où j'ai été curé. »

« Un curé digne de ce nom est un ange de paix; il n'est pas un jour, un seul jour où il ne puisse, en le finissant, s'applaudir d'avoir fait une foule de bonnes actions. Je conserve comme un monument honorable la lettre touchante par laquelle les paroissiens d'Embermesnil m'expriment leur reconnaissance et leurs regrets de me perdre, par mon exaltation à l'épiscopat, et demandent que du moins ma mère reste au milieu d'eux, afin que, dans ses traits, ils retrouvent l'image de son fils. » (1)

---

(1) Mars, 1791.

« Monsieur,

« La bonté affectueuse, les soins généreux dont vous avez bien voulu nous honorer dans la carrière pastorale que vous avez si dignement parcourue au milieu de nous, en pénétrant nos cœurs de la plus vive reconnaissance, excitent en nous les regrets les plus douloureusement sentis. Au moment où votre patrie se disposait à vous placer sur son siège épiscopal, au moment où nous-mêmes nous nous réjouissions de nous voir encore surveillés de votre tendre sollicitude, nous nous voyons menacés de vous voir arraché à nos désirs comme à notre amour. Gémissants sur notre perte, nous ne pouvons, Monsieur, que porter envie au bonheur des peuples que votre sagesse va gouverner, et qui vont devenir les ouailles d'un pontife aussi distingué par ses vastes lumières qu'édifiant par ses solides vertus et son zèle infatigable. Fasse le ciel que leurs cœurs partagent notre

En 1788, il publie l'*Essai sur la régénération physique, politique et morale des Juifs,* et remporte le prix proposé par l'Académie de Metz.

« Cette académie, dit M. Depping, ne se doutait guère que le curé de village dont elle récompensait les vues philanthropiques sur le sort des Juifs, contribuerait un an plus tard à changer celui de la France elle-même, et à jeter dans le monde les germes d'une immense réforme pour tous les peuples. »

S'il ne gagna pas immédiatement son procès, il jeta du moins dans le monde une idée généreuse qui, moyennant son intrépide persévérance et le concours des évènements, finit par germer et produire tous ses fruits. On a vu les synagogues prier pour Grégoire, et de tous les éloges que ses amis

---

tendresse et notre attachement, et que leurs efforts secondant nos désirs, ils fassent votre bonheur comme vous ferez le leur et avez fait le nôtre. Tel est, Monsieur, le vœu de toute votre paroisse, qui ne vous oubliera jamais, et qu'elle vous transmet par l'organe de sa municipalité.

« Daignez agréer et faire agréer à madame votre mère, qui nous restera sans doute, et dont la présence nous rappellera sans cesse l'estime et la reconnaissance que nous vous devons, l'entier dévouement des cœurs comme des services que toute la paroisse lui fait; nous lui en faisons les instances les plus pressantes. Elle sera pour nous un objet de tendresse auquel nous nous efforcerons de donner la preuve du respect profond et de l'attachement sincère avec lequel, etc., etc. (Suivent les signatures des citoyens *constitutionnels*, etc., etc.)

prononcèrent sur sa tombe en 1831, le meilleur fut incontestablement celui de M⁰ Crémieux.

La correspondance qui s'établit à ce sujet entre Grégoire et M. de Malesherbes est un chef-d'œuvre de sens historique et de philosophie religieuse ou sociale, comme de convenance et de style.

Cette publication fut suivie d'une *Lettre à MM. les curés lorrains et autres ecclésiastiques séculiers du diocèse de Metz,* puis d'une *nouvelle lettre à MM. les curés, députés aux états-généraux*, la première, datée du 22 janvier 1789, l'autre du 7 juin suivant. Elles firent sensation. C'est là précisément son début politique.

« J'avais stimulé, dit-il, l'énergie des curés, écrasés par la domination épiscopale, mais justement révérés des ordres laïcs, qui, témoins habituels de leurs vertus, de leurs bienfaits, dans tous les cahiers, réclamèrent en leur faveur. »

La France était à la veille des jours caniculaires de la révolution, comme s'exprime M. Carnot.

La noblesse, le clergé et le tiers-état de Lorraine s'étaient réunis pour nommer des représentants. Les curés jetèrent les yeux sur l'auteur des deux fameuses lettres ; son nom sortit le premier de l'urne électorale, comme député du baillage de Nancy aux états-généraux.

Il fut d'abord du nombre des quarante-huit commissaires nommés pour la formation des états de la province.

Ayant rédigé les cahiers de son ordre, il partit pour Versailles.

« J'arrive à Versailles ; le premier député que j'y rencontre est Lanjuinais ; le premier engagement que nous contractons ensemble est de combattre le despotisme. »

Inutile de revenir actuellement sur les divisions qui s'élevèrent alors ; j'en ai suffisamment parlé dans la notice de l'abbé Siéyes. Grégoire fit tous les efforts possibles pour obtenir la réunion du clergé au tiers ; en rapportant sa *nouvelle lettre* à une époque antérieure, je me suis trompé ; c'est alors et dans ce but qu'il l'écrivit.

« Je dévoilais sans ménagements les *intrigues* du haut clergé et de la noblesse. »

N'ayant rien obtenu, il se décida pour lui-même ; et dans la grande séance du Jeu de Paume, Rabaud Saint-Etienne, ministre protestant, le chartreux Do^{u} Gerle et lui prêtèrent le serment national au bruit des applaudissements. David a puisé là une belle inspiration.

Au Jeu de Paume se trouvaient encore quatre curés : MM. Besse, Ballard, Jallet et Lecesve.

On parlait dès-lors de Grégoire pour l'évêché de La Rochelle. « On oubliait sans doute que j'étais venu à Versailles, non pas pour accepter les faveurs de la cour, mais pour combattre ses prétentions. » C'est pourquoi il cessa de voir M. de Pompignan, archevêque de Vienne et son ami, qui avait la feuille des bénéfices. — Les événements avançaient.

Le renvoi de Necker avait excité de grands mécontentements et jeté l'épouvante parmi les représentants de la nation. Grégoire, qui occupait le fauteuil en l'absence du président, crut à propos de rassurer les citoyens, et, dans une séance plus orageuse que d'habitude, il fit entendre ces paroles nouvelles : « Le ciel marquera le terme de leurs scélératesses. Ils pourront éloigner la révolution ; mais certainement ils ne l'empêcheront pas. Des obstacles nouveaux ne feront qu'irriter notre résistance ; à leur fureur, nous opposerons la maturité des conseils et le courage le plus intrépide. Apprenons à ce peuple qui nous entoure que la terreur n'est pas faite pour nous.... Oui, Messieurs, nous sauverons la liberté naissante qu'on voudrait étouffer dans son berceau, fallût-il pour cela nous ensevelir sous les débris fumants de cette salle. »

« Des papiers trouvés dans le cabinet du stathouder prouvent que les partisans de la contre-révolution voulaient en finir, de quelque manière que ce fût, avec les assermentés du Jeu de Paume, c'est-à-dire les *pendre*, les *rouer*, les *écarteler*. » Ce fut pour Grégoire l'occasion d'une seconde sortie non moins violente que la première.

Au reste, ces projets, *fort peu démontrés*, ne réussirent pas. Le doigt de Dieu était là. Que lui font les conseils des hommes? Les idées marchaient toujours avec les faits. Grégoire avait nouvellemment présenté à ses collègues une *motion sur la création d'un comité pour connaître et révéler les crimes ministériels*.

Le 14 juillet, il fit une *motion en faveur des juifs*. — Il voulait refaire l'histoire de Basnage, pleine, dit-il, de lacunes et d'erreurs; et il s'était entendu pour cela avec M. de Dohm, alors plénipotentiaire de Westphalie en Saxe, défenseur comme lui des malheureux Juifs. Un échange de manuscrits fut fait entre eux, mais Grégoire n'a pas eu le temps d'achever cette œuvre, et M. de Dohm était trop vieux pour la commencer. — « J'aurai toujours une prédilection pour ce peuple, dépositaire des archives les plus antiques, des vérités les plus sublimes, les plus consolantes, qui, depuis dix-huit siècles, se traînant dans tous les coins de la terre pour y mendier des asiles, calomnié, chassé, persécuté partout, existe partout, dont l'histoire, écrite en caractères de sang, accuse les nations, et qui, dans un temps déterminé par l'Éternel, doit consoler l'Église de l'apostasie de la gentilité. »

C'était au reste le développement du *factum* que nous avons mentionné ci-dessus, et ce fut aussi l'heure où l'assemblée, non sans de fortes oppositions, éleva cette classe d'hommes flétris jusqu'alors, à la dignité de citoyens français.

Le succès dut enhardir ses tentatives ; le 18 octobre suivant, il lut un *Mémoire en faveur des gens de couleur ou sang-mêlés de Saint-Domingue et des autres îles françaises de l'Amérique*. Ce Mémoire fut suivi des *Observations d'un habitant des colonies en faveur des gens sans couleur*. Il faut reconnaître, quelles que soient d'ailleurs les dispositions politiques ou religieuses où l'on se trouve, que Grégoire eut toujours une prédilection pour les malheureux ; ce qui était le plus sûr moyen de le devenir lui-même.

C'est ainsi qu'il réfutait les atrocités d'Ailliard d'Auberteuil et des autres champions de l'aristocratie du tissu cutané : « Un cocher de fiacre, dit d'Ailliard d'Auberteuil, est bien au-dessus d'un mulâtre ; les blancs doivent être autorisés à se faire justice des nègres. Un blanc accusé par un mulâtre de l'avoir maltraité, etc., etc., doit être cru sur sa simple dénégation, même contre des témoins nègres ou mulâtres, parce qu'ils sont parties et que sans doute le blanc ne l'est pas. » Grégoire pouvait aisément citer à l'appui de ses réclamations tous les principes les plus simples de la loi naturelle et un grand nombre de textes de l'Evangile. Les hommes de couleur furent admis à la jouissance de la liberté politique, et leurs droits furent garantis par l'*association des noirs* où entrèrent Lafayette, Robespierre, Brissot, Petion, Clavière, Condorcet et lui. De cette réunion est née la société des *Amis des Noirs* de Londres.

J'ai peine à suivre cet infatigable travailleur.

Il prononça pour la bénédiction des flammes du district de l'abbaye de Saint-Germain-des-Prés, un *discours* qui fut inséré avec éloges dans le journal de Gorsas. Bientôt, à l'occasion d'un duel qui eut lieu entre Barnave et Casalès, il publiait ses *Réflexions générales sur les duels*. On ne saurait flétrir plus vigoureusement cette barbare et stupide coutume, ou mieux démontrer combien est misérable une législation qui, par ses innombrables lacunes, laisse souvent aux individus le prétexte et presque l'excuse de venger eux-mêmes leurs affronts. Le 10 mai 1790, paraissent les *Lettres aux citoyens du département de la Meurthe sur les salines de la Lorraine*, et en même temps les *Observations sur le décret de l'Assemblée nationale qui ordonne une nouvelle circonscription des paroisses.* Suit le *Mémoire sur la dotation des curés en fonds territoriaux.* Sur ces deux dernières productions, nul homme de conscience et de raison ne sera d'un avis contraire au sien. En octobre suivant, l'attention publique fut éveillée de nouveau par une *Lettre aux philanthropes sur les malheurs, les droits et les réclamations des gens de couleur de Saint-Domingue.* Il y joignit, le 8 juin 1791, des *Lettres aux citoyens de couleur et nègres libres de Saint Domingue et des îles françaises de l'Amérique.* Les circonstances qui les occasionnèrent sont assez connues pour que je me dispense de les consigner ici.

Mais il est bon de montrer que Grégoire avait de précieux ennemis : « Grégoire, ce cannibal philosophe, disait un nommé Playfair, dans une *Histoire du Jacobinisme*, Grégoire, ayant appris que les Nègres avaient pris pour étendard un enfant empalé et qu'ils massacraient les blancs, s'écria que c'était le plus beau jour de sa vie. »

Lorsqu'en 1790 l'Assemblée nationale discutait la déclaration des droits, Grégoire avait voulu qu'on inscrivît en tête de cette déclaration le nom de Dieu. Il fit plus : « On vous propose, dit-il, de faire une déclaration des droits de l'homme, un pareil ouvrage est digne de vous ; mais il serait imparfait si cette déclaration des *droits* n'était pas une déclaration des *devoirs*. Les droits et les devoirs sont corrélatifs ; ils sont en parallèle ; on ne peut parler des uns sans parler des autres, de même qu'ils ne peuvent exister l'un sans l'autre, ils présentent des idées qui les embrassent tous deux. C'est une action active et passive. Il est principalement essentiel de faire une déclaration des devoirs pour retenir les hommes dans les limites de leurs droits. On est toujours porté à les exercer avec empire, toujours prêt à les étendre, et les devoirs on les néglige, on les méconnaît, on les oublie. Il faut donc établir un équilibre, il faut montrer à l'homme le cercle qu'il doit parcourir et les barrières qui peuvent et doivent l'arrêter. » Ainsi, répondait-il d'avance aux faciles objections que devait faire plus tard M. Lacretelle jeune, dans une histoire impossible à décrire.

Notons pour mémoire la guerre ouverte qu'il déclara dès-lors aux listes civiles et qu'il a continuée jusqu'en 1830. Les députés mêmes de la Constituante ne trouvèrent parmi eux que trois membres opposants, lorsque Louis XVI demanda pour la sienne 25,000,000 livres.

Vint la constitution civile du clergé, date de la brochure intitulée : *Légitimité du serment civique* et de la *défense* de cette brochure. Grégoire fut le premier qui prêta le serment. Il fut imité, ce jour-là et les suivants, par quatre évêques et environ quatre-vingts curés. — « Nulle considération ne peut suspendre l'émission de notre serment, dit-il. Nous formons des vœux sincères pour que, dans toute l'étendue de l'empire, nos confrères, calmant leurs inquiétudes, s'empressent de remplir un devoir de patriotisme si propre à porter la paix dans le royaume et à cimenter l'union entre le pasteur et les ouailles. Je jure d'être fidèle à la nation, à la loi. » Ce qui, d'ailleurs, n'était guère plus élégant en langue française qu'orthodoxe en fait de religion.

Il est juste pourtant de tenir compte de ses explications.

« On croit communément, dit-il, en pays étrangers, que l'Assemblée constituante exigea des ecclésiastiques un serment sur la Constitution civile du clergé; et comment cette opinion n'aurait-elle pas été accréditée puisqu'en France même bien des gens en sont persuadés ? Le serment, dont la formule était :

« Je jure d'être fidèle à la nation, à la loi et au roi, et de veiller sur le troupeau confié à mes soins, » s'appliquait à la vérité collectivement aux lois, et partant à celles qui sont relatives au clergé; mais elles n'étaient pas spécifiées, et le curé de Saint-André-des-Arcs, à Paris, ayant ajouté à son serment la clause d'être *soumis à la constitution civile du Clergé,* le magistrat se crut obligé de censurer cette addition, comme n'étant pas dans le texte de la formule prescrite. Que ce serment ait été impolitique, ce n'est pas ici de quoi il s'agit. Mais était-il licite? Ce fut l'objet de conférences multipliées entre les curés de l'assemblée, et pourquoi n'ajouterai-je pas que, dans cette conjoncture délicate, comme moi, ils ont conjuré le ciel d'éclairer leur conscience? Ils étaient incapables de transiger avec une mesure qui aurait blessé leur religion, et c'est après l'avoir examiné avec maturité qu'ils l'adoptèrent. »

A coup sûr, la question fut tranchée par le souverain Pontife lui-même, et il y a plus que des arguments contre ces sophismes dans les ouvrages divers de MM. Guillon, aujourd'hui évêque de Maroc, Charrier de la Roche, Jabineau, etc.

Grégoire présida ensuite l'Assemblée. Mirabeau lui succéda, et devant un jour se présenter aux Tuileries lui demanda comment le roi recevait d'ordinaire le président. « Le roi? très bien. Mais les valets, fort lestement, répondit Grégoire. » Mirabeau s'étant rendu aux Tuileries, un valet de chambre lui dit : « Attendez un instant. — Je vous ordonne, réplique le grand orateur, d'aller dire sur-le-champ au roi que le président des représentants de la nation française est ici. » Le valet obéit ; le roi ne se fit pas attendre (1).

Deux départements, celui de la Sarthe et celui de Loir-et-Cher réclamèrent l'avantage d'avoir pour évêque un homme qui, tout en réduisant avec opiniâtreté les prérogatives exorbitantes, selon lui, du clergé, s'était constamment maintenu dans les plus strictes obligations de son état.

Il avait obtenu purement et simplement l'abrogation des annates, « monument de simonie, dit-il, contre lequel avait déjà statué le concile de Bâle. »

Dans l'affaire des dîmes, il aurait voulu que la suppression ne s'opérât qu'avec stipulation d'indemnité, dont le capital eût formé la dotation du Clergé. — Tel était aussi l'avis de Siéyes.

« Deux courriers m'apportèrent ma nomination aux évêchés de Blois et du Mans, où je ne connaissais personne. Ma première pensée fut de refuser,

---

(1) Prud'homme, *Révolutions de Paris.*

parce que la première est sous la dictée du cœur. »
Mais les curés de Blois insistèrent, et avec eux les
députés de ce département» et son ami le bénédictin
D. L'Hièble. Il accepta Blois, à la place de M. de
Thémines, qui a publié contre lui un volume de
lettres pastorales (1).

Citons ici le mandement: *Grégoire, député à
l'Assemblée nationale, évêque de Loir-et-Cher,
à ses diocésains sur le départ du roi.*

Voici comment Grégoire jugeait l'affaire de Varennes : « J'entends dire qu'il ne convient pas à un prêtre de traiter cette question de l'inviolabilité royale; cela ne m'arrêtera pas; au lieu de comparer mon opinion avec mon état, je demande qu'on réfute mes raisons. Oui, s'il est un seul homme qui, faisant exécuter les lois, n'y soit pas soumis; s'il est un seul homme devant lequel la loi soit muette, si cette loi, suivant l'expression d'un écrivain, ne dirige pas son glaive sur un plan horizontal pour abattre ce qui le dépasse, alors un seul individu, paralysant toute la force nationale, peut tout entreprendre contre la nation. Je demande la convoca-

---

(1) On dit qu'à cette époque on lui offrit, ainsi qu'à M. Sturm, évêque de Strasbourg, le chapeau de cardinal qu'il refusa.

tion des collèges électoraux pour nommer une convention qui jugera Louis XVI. »

Louis XVI promit pourtant fidélité à la Constitution, convaincu, comme il l'était, de la nécessité de l'établir et de l'observer. « Il jurera tout, s'écria l'évêque de Blois, et ne tiendra rien. »

C'était la fin de la Constituante.

« La postérité, dit-il, arrivée pour l'Assemblée constituante lui a décerné une place honorable dans les annales des nations. Il y avait des brigands que j'ai trop maltraités dans mon discours sur le jugement du roi, mais en petit nombre et inaperçus dans cette réunion d'hommes chez qui l'éclat des vertus, des talents, des lumières s'embellissait encore par cette aménité de caractère, ce ton d'éducation cultivée, alors aussi commun que présentement il est rare. Après dix-neuf ans d'orages, les membres survivants de cette assemblée se considèrent comme une famille; leurs liens se resserrent à mesure qu'ils voient la mort moissonner au milieu d'eux; et quelle qu'ait été la disparité de leurs opinions, les sentiments d'estime et d'affection les identifient. »

A la Constituante succéda l'Assemblée législative. Les jacobins craignaient que celle-ci n'imitât la timidité de sa devancière. Ils chargèrent Grégoire l'un d'eux de rédiger une adresse, qui fut distribuée aux députés nouveaux. « Elevez-vous, disait-il, à la hauteur de la mission dont le peuple vous investit ; révélez toutes les vérités, frondez tous les abus, poursuivez tous les traîtres, faites pâlir tous les tyrans; rappelez-vous que celui qui craint de perdre la vie pour le peuple, n'est pas digne de le défendre; plantez partout les palmes de la liberté ; et s'il faut vous ensevelir avec elle, vos enfants, se précipitant sur vos tombeaux, y jureront encore de la ressusciter et de la venger. »

Vinrent les jours de la Convention. La Convention, suivant lui, contenait deux ou trois cents individus qu'il fallait bien n'appeler que des *scélérats,* puisque la langue n'offrait pas d'épithète plus énergique. Car enfin, de ce que Grégoire fit partie de la Convention, il n'en faut pas conclure, selon l'usage, qu'il fut complice des atrocités de certains membres de cette assemblée. Il va s'en expliquer lui-même plus ingénuement encore. « Lorsque la Convention, livrée au brigandage, ne permit plus à la raison, etc., etc., j'ai entendu les membres de ce comité nous dire crûment que l'instruction publique était inutile, qu'il fallait seulement enseigner aux enfants à lire dans le grand livre de la nature, etc., etc. Tels autres assuraient qu'il était dangereux de préconiser la vertu, parce qu'elle inclinait au modérantisme, etc., etc. Léonard Bourdon, trop connu dans l'affaire d'Orléans, auteur d'une espèce de drame inspiré par le blasphême et rédigé par la bêtise, fit décréter par la Convention que la pension et la maison curiales seraient affectées à un instituteur dans chaque *commune,* car paroisse était devenu un terme contre-révolutionnaire; les pasteurs furent expulsés, et les magistrats apprirent aux enfants à faire le signe de la croix au nom de Marat, Lazowski, etc., etc. — Romme inventa un calendrier nouveau pour détruire le dimanche; d'après ses calculs et ceux des astronomes qu'il avait consultés, il découvrit que, dans 3600 ans, l'année ne devait pas être bissextile. En conséquence, il vint au comité présenter un projet de loi. — Tu veux donc, lui dit quelqu'un, nous faire décréter l'éternité?—Je demandai l'ajournement à 3000 ans, et l'ajournement passa. Le rapport fut imprimé. »

M. Grégoire donne à la suite une longue liste de tous les actes de *Vandalisme* (je créai le mot, dit-il, pour tuer la chose) qui furent alors commis en France sur les monuments, les bibliothèques, etc. (Voir dans l'ouvrage du fameux Bettiger, *Neue Bibliothek der Schœnen Wissenchaften,* page 5, le débat qui fut soulevé à propos de cette expression, *vandalisme*, par les Allemands.)

«Comme Paris était beau dans ce jour et les suivants; s'écrie-t-il dans ses mémoires! comme l'assemblée était majestueuse, lorsqu'après avoir pris les mesures nécessaires pour que rien n'arrêtât la marche du gouvernement, elle passa à l'*ordre du jour* pour traiter paisiblement une matière étrangère à cette race royale qui, sans doute, croyait avoir laissé Paris en proie à la guerre civile! »

Grégoire était depuis quelques mois président du département de Loir-et-Cher. Il est curieux de voir comment il savait concilier ces fonctions temporelles avec ses devoirs ecclésiastiques. Lisez le *Discours prononcé à l'inauguration du buste de Desils*, la *Lettre circulaire à ses diocésains pour la convocation des élèves au séminaire de Blois*, le *Discours prononcé dans son église cathédrale au service célébré pour Jacques-Guillaume Simonneau, maire d'Etampes, assassiné pour avoir défendu la loi*. « Oh! avec quelle joie, s'écriait-il, dans cet éloge funèbre passablement ampoulé, oh! avec quelle joie je porterais ma tête sur le billot, si à côté devait tomber celle du dernier des tyrans! »

Il parut alors un libelle intitulé *Grégoire dénoncé à la nation;* Grégoire l'annonça en chaire à ses diocesains et promit d'en faire distribuer un certain nombre d'exemplaires à la porte de la cathédrale, ce qui était, il faut l'avouer, et bien puéril pour un tel homme et bien voisin du sacrilège. Il y aurait un livre à faire sur cette question : *Déterminer, s'il est possible, l'influence de la Révolution française sur les cerveaux, et vice-versâ.* On a vu de bien étranges phénomènes sous ce rapport.

Ses diocésains, sur des recommandations pareilles, ne pouvaient manquer de l'envoyer à la Convention. Louis XVI était en prison, et Charles Ier a dit : « Il n'y a qu'un pas de la prison d'un roi à l'échafaud. » Ce mot fut vrai une fois de plus. Grégoire était absent lorsque la fatale sentence fut prononcée.

Le 2 novembre 1792 les assemblées primaires l'avaient appelé en Savoie, après la déchéance de Victor Amédée, pour inaugurer, sous les auspices républicains, le nouveau département du Mont-Blanc (1). Il écrivit à l'Assemblée avec ses trois collègues pour appuyer d'avance la condamnation; mais la teneur même de sa lettre témoigne contre

---

(1) C'est de là qu'il écrivait à madame Dubois : « Bonne mère, devinez combien mon souper coûte à la nation? Juste deux sous. Je soupe avec deux oranges. »

ceux qui l'ont accusé d'avoir voté la mort (1). Il était d'ailleurs, au su et vu de tout le monde, l'ennemi de ces genres de peine.

« Mon discours imprimé est un tableau épouvantable des maux causés par le despotisme et de la mauvaise foi du ci-devant roi ; j'y conclus en demandant qu'on supprime la peine de mort et que Louis XVI profitât le premier de cette loi. »

Il était même ennemi déclaré de la guerre, quelle qu'elle fût. En parlant des vieilles haines de la Lorraine et du pays Messin, des absurdes coutumes qui en étaient résultées... (J'ai connu des voyageurs *français* qui ne voulurent jamais accep-

---

(1) Voici cette lettre insérée aux archives de l'ancien hôtel Soubise, avec radiation de ces deux mots : *la mort*, expressément exigée par Grégoire : « Nous apprenons, par les papiers publics, que la Convention doit prononcer demain sur Louis Capet. Privés de prendre part à vos délibérations, mais instruits par une lecture réfléchie des pièces imprimées et par la connaissance que chacun de nous avait acquise de trahisons non interrompues de ce roi parjure, nous croyons que c'est un devoir pour tous les députés d'annoncer leur opinion publiquement, et que ce serait une lâcheté de profiter de notre éloignement pour nous soustraire à cette obligation. — Nous déclarons que notre vœu est pour la condamnation de Louis Capet par la Convention nationale, sans appel au peuple. Nous proférons ce vœu dans la plus intime conviction, à cette distance des agitations où la vérité se montre sans mélange, et dans le voisinage du tyran piémontais. »

Signé : Hérault, Jagot, Simon, Grégoire.

ter le dîner qu'on avait fait préparer dans une hotellerie, *à la Croix de Lorraine.*) En parlant des duels et des stupides mêlées des *rustauds*, il fait cette réflexion : « De telles guerres cependant étaient encore moins absurdes que la presque totalité de ces massacres nommés *batailles*, célébrés par des historiens adulateurs, où, sans changer de caractère, l'assassinat change de nom, et où les chefs, au lieu de descendre en champ clos, comme jadis il était d'usage chez les peuples gaulois, au rapport d'Agathias, font ruisseler le sang humain, en faisant jouer par milliers les machines qui tuent et qu'on nomme soldats. »

Voilà pour la personne du roi. Quant à la royauté, c'était autre chose : il avait bien expressément manifesté le vœu que Louis XVI fût condamné à l'existence, afin que l'horreur de ses *forfaits* l'assiégeât sans cesse et le poursuivît dans le silence des nuits, *si toutefois le repentir était fait pour les rois ;* et une pareille manière de juger les rois se conçoit chez un homme qui disait en parlant d'eux et de l'aristocratie, que « cette classe d'êtres purulents fut toujours la lèpre des gouvernements et l'écume de l'espèce humaine (2), que les rois sont dans l'ordre moral ce

---

(1) « Nul ne peut régner innocemment, disait Saint-Just, la folie est trop évidente... »

que les monstres sont dans l'ordre physique, que les cours sont l'atelier du crime et le foyer de la corruption, que l'histoire des rois est le martyrologe des nations, etc., etc. »

Grégoire proposa l'abolition de la royauté.

Tous les membres de l'Assemblée, remarque un écrivain, se levèrent alors par un mouvement spontané et protestèrent par leurs acclamations de leur haine contre une forme de gouvernement qui avait causé tant de maux à la patrie. Le président mit aux voix la proposition, et la royauté fut abolie; ce fut l'occasion de son *Opinion sur le jugement de Louis XVI*, publiée le 15 septembre 1792 (1).

Arrêtons-nous un moment. Cette première partie était épineuse pour le biographe; il fallait, en restant impartial, éviter les paroles ambiguës ou insuffisamment articulées, car l'oreille du lecteur

---

(1) Voyez au *Moniteur* le rapport justificatif de Moyse, évêque de Saint-Claude, connu par ses ouvrages sur les langues orientales, et surtout par sa continuation de l'ouvrage de Bullet. Son rapport est certifié par Camus. — Ce rapport fut également inséré dans les *Annales de la religion*, tome xiv, p. 35, le *Moniteur*, le *Bulletin*, le *Journal les Deux Amis*, de Fauchet, n° 4. — « Sur ma proposition, dit Grégoire lui-même, la royauté fut abolie, le 21 septembre 1792, et j'avoue que, pendant plusieurs jours, l'excès de la joie m'ôta l'appétit et le sommeil. »

est chatouilleuse dans ces occasions délicates. J'avoue que les difficultés m'ont effrayé. J'ai pris alors le parti d'exposer et de ne pas discuter, et c'est ainsi qu'on a lu, moyennant guillemets, bon nombre de citations qui, je l'espère, ne me seront point imputées comme des actes de foi personnels. Cette notice est une sorte de drame où le héros se fait voir selon sa volonté, et se donne, pour ainsi dire, à juger.

Puissé-je donc échapper au reproche de sans-culotisme et d'hérésie, comme à celui d'avoir préconisé le mariage des prêtres dans la notice de M. de Genoude (1).

Passons maintenant à la deuxième partie.

(1) Page 139, 1er volume.

10 Avril 1842.

Paris. — Imp. de A. APPERT, pass. du Caire, 54.

M. GRÉGOIRE.

> Dans cette constitution *civile*, j'en conviens, l'autorité du Pape n'est pas assez prononcée.
> GRÉGOIRE, du *Serment civique*.

> Dans les diverses fonctions que j'ai remplies comme vicaire, curé, évêque, législateur, sénateur, etc., j'ai tâché d'acquitter mes devoirs ; mais je n'ai pas la présomption de croire que je n'y ai pas fait de fautes ; je prie Dieu de me les pardonner.
> GRÉGOIRE.

On peut, par des raisons diverses et plus ou moins plausibles, contester à M. Grégoire beaucoup de qualités et de vertus; mais il n'est pas permis, je pense, de nier qu'il ait été un des plus savants hommes de ce siècle et du siècle passé; non qu'il soit, à ce dernier point de vue, tout-à-fait sans reproche, car il ne joint pas toujours à l'érudition cet ordre rigoureux et cette netteté d'idées qui en font le prix et la beauté. Mais, telle même qu'il l'avait, je la souhaite aux plus illustres personnages du clergé vivant..; ne l'ayant pas, qu'ils lisent ses ouvrages, surtout son *Histoire des sectes religieuses* qui est un chef-d'œuvre malheureusement inachevé; et ils s'en trouveront mieux que de pâlir, par exemple, sur les tartines de M. Ratisbonne, etc. (1)

Etant en Savoie, Grégoire avait rédigé une *Réponse aux adresses des Savoisiens et de la Société constitutionnelle de Londres*, deux écrits intitulés: *Indirizzo agli abitanti del Valese*, et *Indirizzo ai cittadini del Departemento dell' Alpi maritime*, avec son célèbre *Discours sur l'éducation commune*, où il combattait les idées lacédémoniennes de Robespierre et de Lepelletier de Saint-Fargeau. Il était à cette époque membre du Comité d'instruction. Il fit supprimer toutes les sociétés littéraires, et substituer aux vieilles inscriptions latines des monuments publics des inscriptions en langue française; il *délatinisa* la France, comme il le disait quelquefois, pour la *franciser*; et, comme

---

(1) On sait que M. Ratisbonne, suivant l'exemple de son frère, s'est récemment converti au christianisme, ce qui est fort bien ; j'en rends grâces à Dieu dans la joie de mon cœur. Mais je suis loin d'approuver, pour cela, qu'on fasse signer par le nouveau baptisé des feuilletons prétentieux, boursoufflés et ridiculement écrits sur cette conversion qu'il déflore en la rendant si follement romanesque. Les rédacteurs de *l'Union Catholique* et autres, ont bien pu voir ici une bonne affaire pour attirer les lecteurs et gagner de l'argent ; les hommes bons et sensés les blâmeront d'avoir jeté un digne jeune homme dans une si compromettante publicité.

disait aussi Bourdon de l'Oise, il *christianisa* la révolution pour la rendre impérissable. S'il n'y réussit pas, ce ne fut pas la faute de son zèle.

Dans ces plans de réorganisation entraient naturellement son beau *Discours de l'amélioration de l'agriculture par l'économie rurale et la liberté des cultes;* son *Système de dénomination pour les places, rues, quais, etc., de toutes les communes de la république;* sa *Déclaration du droit des gens;* ses *Rapports sur la nécessité et les moyens d'anéantir les patois et d'universaliser l'usage de la langue française* (1), *sur les Annales du civisme, sur l'état des arts et des lettres en France, sur les encouragements, récompenses et pensions à accorder aux savants, gens de lettres et artistes* (2), *sur la Bibliographie, sur le vandalisme et les moyens de le réprimer, sur l'établissement*

---

(1) « Il est plus important qu'on ne pense, en politique, d'extirper cette diversité d'idiômes grossiers qui prolongent l'enfance de la raison et la vieillesse des préjugés; l'unité de la république commande l'unité d'idiôme. La plupart des états de l'Europe ont une foule de patois ou d'idiômes; l'Italie en abonde; on en a donné des échantillons dans un volume de pièces en vers sur la mort d'un chat; l'Espagne et l'Allemagne, etc., etc. Ces jargons sont une barrière contre la diffusion des lumières. »

(2) « Les moyens d'instruction doivent être disséminés sur la surface de la république comme les réverbères dans une cité. »

d'un Conservatoire des arts et métiers, sur le Sceau de la république, etc., etc., ses *Lettres pastorales,* etc., etc....

Ce conservatoire unique en Europe a rassemblé, dans un magnifique local ouvert au public, les machines et les instruments progressifs de tous les arts et métiers, avec des échantillons produits des manufactures tant nationales qu'étrangères. Grégoire est aussi le créateur du bureau des longitudes, dont l'Angleterre a donné l'exemple. « Lalande, dit-il, imprima dans l'*Histoire de l'astronomie pour l'an II,* que Lakanal avait établi le bureau des longitudes. J'en ai ri, et le nom de Lalande dispense de toute réflexion. »

J'abrège et je répète qu'il me serait impossible d'analyser chacun de ses ouvrages; j'ai à peine le temps d'en indiquer les titres, ce qui suffit du reste pour mettre mon lecteur sur la voie des recherches et de l'examen. Si personne ne conteste au citoyen évêque de Loir-et-Cher, la qualité de savant, je pense qu'il peut aux mêmes titres passer pour l'un des hommes les plus laborieux qui aient existé. Ainsi a-t-il concouru à la création de l'École Polytechnique, à l'institution des Sourds-Muets, au rétablissement des écoles de médecine, à la réformation du calendrier, etc. Que sais-je? Comment fut fondée en

France cette admirable unité monétaire, qui substitua à la vieille arithmétique le calcul décimal? Qui donna naissance à l'École Normale? Qui improvisa, pour ainsi dire, tous ces enseignements des langues, des mathématiques, de la géographie, de la navigation, de toutes les sciences? Si ce ne fut par Grégoire seul, s'il fut aidé de Carnot, de Robert Sinder, de Robespierre et des autres, du moins y prit-il une très grande part; et encore une fois, nulle préoccupation politique, quelque légitime qu'elle fût d'ailleurs, ne peut faire que cela ne soit pas de la vérité.

Nous avons dit quelques mots à peine de son dévouement à la *cause des noirs;* immense question. Jusqu'à son dernier soupir, ce fut en quelque sorte le *Delenda est Carthago* de Grégoire. Ayant obtenu une partie de ce qu'il réclamait pour eux, si les circonstances s'opposèrent à l'achèvement complet de son œuvre, il le poursuivit au moins autant qu'il put. Il envoyait tous les ans aux colonies des caisses pleines de livres que ses correspondants distribuaient selon ses avis, et au moyen desquels il entretenait parmi ces malheureux le goût des *bons principes* (1).

« J'ai eu le plaisir de voir à côté de moi sur le siège

(1) Cette expression est relative, et j'aime toujours à croire qu'on n'aura pas la fantaisie d'y voir ma profession de foi.

législatif, des protestans, des nègres, des sang-mêlés, mais à mon grand regret pas un juif. »

Puisqu'il a été question de sa déclaration du droit des gens, on en lira volontiers le préambule.

1. Les peuples sont entre eux dans l'état de nature. Ils ont pour lien la morale universelle.

2. Les peuples sont respectivement indépendants et souverains, quel que soit le nombre d'individus qui les compose et l'étendue du territoire qu'ils occupent.

3. Un peuple doit agir à l'égard des autres comme il désire qu'on agisse à son égard. Ce qu'un homme doit à un homme, un peuple le doit à un peuple.

4. Les peuples doivent en paix se faire le plus de bien, et en guerre le moins de mal possible.

5. L'intérêt particulier d'un peuple est subordonné à l'intérêt général de la grande famille humaine.

6. Chaque peuple a droit d'organiser et de changer la forme de son gouvernement.

7. Un peuple n'a pas le droit de s'immiscer dans le gouvernement des autres.

8. Il n'y a de gouvernement conforme au droit des peuples que ceux qui sont fondés sur la liberté et l'égalité.

9. Ce qui est d'un usage inépuisable ou innocent

comme la mer, appartient à tout et ne peut être la propriété d'aucun.

10. Chaque peuple est maître de son territoire.

11. La possession immémoriale établit le droit de prescription entre les peuples.

12. Un peuple a droit de refuser l'entrée de son territoire et de renvoyer les étrangers quand sa sûreté l'exige.

13. Les étrangers sont soumis aux lois du pays et punissables par elles.

14. Le bannissement pour crime est une violation indirecte du territoire étranger.

15. Les entreprises contre la liberté d'un peuple sont un attentat contre tous les autres.

16. Les ligues qui ont pour objet une guerre offensive, les traités ou alliances qui peuvent nuire à l'intérêt d'un peuple, sont un attentat contre la famille humaine.

17. Un peuple peut entreprendre la guerre pour défendre sa souveraineté, sa liberté, sa propriété.

18. Les peuples qui sont en guerre doivent laisser un libre cours aux négociations propres à ramener la paix.

19. Les agents publics que les peuples s'envoient sont indépendants des lois du pays où ils sont en-

voyés, dans tout ce qui concerne l'objet de leur mission.

20. Il n'y a pas de préséance entre les agents publics des nations.

21. Les traités entre les peuples sont sacrés et inviolables.

L'abbé de Saint-Pierre n'avait pas rêvé mieux, et c'est le ciel de Swedenborg (1). « Certes, disait-il, on peut se féliciter de vivre à une époque où les rois ont les peuples pour successeurs. »

Nous arrivons au Directoire dont les idées furent bien éloignées de celles-là. Que nous importent les tergiversations des cinq membres qui le composaient, la dictature conventionnelle des anciens et des *cinq cents* (2), etc., etc. ? Ce qui caractérise particulièrement cette période de la révolution, c'est, à part de justes exceptions fort restreintes, la misère d'esprit et la lâcheté.

Grégoire fut donc et devait être oublié. Bien qu'admis à figurer dans la seconde section du Corps législatif, il parut peu à la tribune, et ce fut pour

---

(1) Est-ce pour entrer dans d'aussi sublimes vues que les sociétés constitutionnelles de Londres, Sheffield et Belfort envoyèrent à la Convention un don patriotique de 6,000 paires de souliers ?

(2) C'est Grégoire qui fut chargé de leur trouver un costume ; je crois qu'on pouvait faire quelque chose de mieux.

combattre toutes les corruptions, l'agiotage, les déprédations, *l'impiété*, le despotisme enfin ; car le despotisme se réorganisait plus brutal et plus vivace que jamais. Les *pourris* de Barras avaient trop avancé les choses. Babeuf était mort. Il vit que la république s'aventurait dans une voie de perdition, il se retira pour vaquer exclusivement aux devoirs de sa charge épiscopale.

Il prévit dès lors que cet immense travail de la révolution tomberait aux mains du premier tyran venu.

Bonaparte vient au milieu d'un pays ravagé par les exactions de ses maîtres, par ses revers sur les champs de bataille et par l'anarchie intérieure. Il culbute le Directoire, il se fait nommer premier consul par les constitutionnistes et les diplomates.

Grégoire, membre du Corps législatif, se renferma dans le vote silencieux ; comme président de l'assemblée, il ne fit pas défaut à ses vieilles idées ; député auprès du gouvernement en l'an x, il fut dans son allocution d'une franchise peu commune ; et celui qui jurait naguère dans un banquet d'exterminer quiconque faillirait à sa conscience républicaine, Bonaparte, osa bien prononcer en réponse les paroles suivantes qui suent le mensonge et l'effronterie : « Le peuple français, notre souverain à ous, juge nos travaux. Ceux qui le serviront avec pureté et zèle seront accompagnés dans leur retraite par la considération et l'estime de leurs concitoyens. » Je voudrais savoir si vraiment ce fut la considération du peuple qui l'accompagna sur son rocher de Sainte-Hélène, et ce que signifiaient les réjouissances de 1814 et 1815, lors de son départ.

J'ai souvent repoussé comme absurde l'idée de certaines gens qui veulent que Bonaparte soit le restaurateur de la religion en France. La religion se restaura d'elle-même. Déjà sous les directeurs 32,214 paroisses avaient ouvert leurs églises, 4,571 demandaient l'autorisation d'en faire autant (1). Le concordat ne fut, de la part du premier consul, qu'une infernale machination de despotisme : il y prit la religion *à ses gages*. Grégoire, consulté par lui, ne dissimula pas sa pensée, et il est superflu de l'exprimer ici.

Toutefois le concordat fut résolu ; et, une fois fixé sur cette idée, il ne s'agissait plus que de savoir sur quelles bases il serait établi. « Cette question fut traitée dans plusieurs autres entrevues, et

---

(1) *Essai historique sur les libertés de l'église gallicane*, deuxième édition, page 225.

dans cinq mémoires demandés à l'évêque de Blois dont un avait spécialement pour objet la manière de négocier avec la cour de Rome. Il pouvait d'autant mieux présenter ses vues à cet égard, que récemment il avait compulsé toute la correspondance du cardinal de Bernis, dernier ambassadeur de France, et que, pour le temps écoulé depuis sa mort, il s'était procuré de Rome des renseignements qui mettaient entre ses mains le fil pour se conduire dans le labyrinthe tortueux des négociations. Les mémoires remis alors au gouvernement sont conservés; et, si jamais on les imprime, on y verra que l'auteur, *religieusement dévoué à l'autorité du chef de l'église,* ne le fut pas moins à sa patrie, et qu'en proposant le retour aux règles sacrées de l'antiquité chrétienne, il préparait aux libertés gallicanes un triomphe solennel. » (1)

Tel n'est pas mon avis, et tout en bénissant le résultat de l'entrevue ménagée entre le cardinal Spina et Grégoire par MM. Savoye-Rollin, Lalande et de Gérando, je crois qu'un acte aussi juste et aussi méritoire que cette soumission de beaucoup d'évêques constitutionnels pouvait avoir de meilleures suites.

(1) Grégoire, *ibid.*

Le concordat signé, Grégoire envoya au souverain Pontife sa démission du siège de Blois et à ses diocésains une lettre d'adieu. « Enfin elle est consommée, disait-il, cette démission qui fut l'objet secret de mes vœux ! Que de fois je soupirai dans cette attente, etc., etc. » Il avait occupé ce siège pendant dix ans.

Il a fait plus, il s'est fâché incommensurablement contre l'anglais Holcrof, qui prétendit dans ses *Voyages en France,* « lui avoir trouvé un air de mélancolie résultant sans doute de ce qu'il n'était pas à la tête de son clergé. »

Il entra par la suite dans le Sénat conservateur, ce qui ne s'explique guère, malgré toute la bonne volonté de ses amis en général et de M. Carnot en particulier. Suivant eux, il n'aurait accepté cette distinction comme plus tard celle de comte, il n'aurait toute sa vie montré la plus excessive satisfaction d'être appelé Monsieur le comte et Monseigneur, que pour les trois raisons que voici : 1° se rapprocher par là du pouvoir et le combattre d'autant plus efficacement ; 2° dépiter ceux qui l'eussent voulu effacer à jamais ; 3° sur le dernier point, maintenir la validité de son élection populaire; idées qui sont un peu puériles, mais non pas absolument dénuées de sens.

« Quant à moi, dont la roture remonte probablement jusqu'à Adam, plébeien comme Chevert, André del Sarto, Thomas-Holiday, Lambert de Mulhausen, Dorfling, etc., persuadé, comme le dit un poète, que chacun est le fils de ses œuvres, je ne veux jamais séparer mes affections ni mes intérêts de ceux du peuple. Depuis que je suis sur le théâtre politique, des épitres multipliées m'ont été adressées par les Gregorio d'Italie, les Gregorios d'Espagne, les Gregorius d'Allemagne, les Gregory d'Angleterre et surtout les Grégoire de France, qui pour la plupart voulaient se greffer sur ma famille, quoique je n'aie aucun parent de mon nom; ce sera bien pis quand il sera inscrit dans le nouveau nobiliaire. Allons, Messieurs du conseil du sceau des titres, pâlissez sur les livres inutiles et profonds des Laroque, des Menestrier, pour apprendre qu'en armoirie le *sinople* et le *gueules* signifient le vert et le rouge; puisque malgré moi on me condamne à être comte, blasonnez mon écusson; c'est chose si utile pour hâter les progrès de l'espèce humaine, régénérer les mœurs et faire croître nos moissons! Mais, de grâce, donnez-moi une croix comme chrétien, comme évêque, et parce que vous me la faites porter, ma croix ! »

Lors de la motion de Curé, cinq sénateurs seulement s'élevèrent contre cet acte lamentable de sottise et de servilité ; Grégoire fut un des opposants (1), ainsi que Lanjuinais, son fidèle ami, Garat et deux autres.

Avec la monarchie revinrent les titres et distinctions nobiliaires de toutes sortes; Grégoire s'efforça d'abord de les flétrir, mais s'y laissa prendre ensuite, sans toutefois cesser de faire de l'opposition et par sa parole et par ses écrits; tant il avait su se multiplier. Nous cherchons aujourd'hui ce secret de nos devanciers : comment avaient-ils donc le temps de produire à la fois tant de choses?

Nouvelles productions à citer. Je crains fort que cette notice n'ait l'air d'un catalogue de librairie.

Depuis 1794 Grégoire avait publié des *Mandements ; un Compte-rendu au concile national des travaux des évêques réunis à Paris ; un Compte-rendu aux évêques réunis, de la visite de son diocèse ; Lettre du citoyen Grégoire, évêque de Blois, à Don Ramond José de Arce, archevêque de Burgos et grand inquisiteur d'Espagne ; Traité de*

---

(1) On ne trouverait qu'en nos derniers jours une représentation comme l'était celle du Sénat et du Corps Législatif; Napoléon s'en moquait plus que personne et disait d'eux en ricanant : « J'ai deux *cors* aux pieds qui ne m'empêchent pas de marcher. »

l'uniformité et de l'amélioration de la liturgie un Mémoire sur les moyens d'améliorer le sort des domestiques ; Discours pour l'ouverture du concile national de France, prononcé le 29 juin 1801 dans l'église de Notre-Dame de Paris (1); **Actes du synode diocésain de Blois; Apologie de Barthélemy de Las-Cases, évêque de Chiappa** (2); **Essai sur l'état de l'agriculture en Europe au seizième siècle; Observations nouvelles faites sur les juifs, et spécialement sur ceux d'Allemagne et de Francfort.**

Grégoire était membre de l'Institut, et Français de Nantes l'avait fait conservateur de la bibliothèque de l'Arsenal aux appointements de 4,000 fr.

Il publia, en 1809, les *Ruines de Port-Royal-des-Champs* (3). Il avait composé, dans la maison même de Tillemont, cet ouvrage essentiellement janséniste. L'empereur se crut désigné dans un portrait de Louis XIV que l'auteur évoquait par forme de prosopopée (4). Il se mit en colère et ne

---

(1) Ce discours fut inséré dans les actes du second concile national.

(2) Qu'on accusait d'avoir introduit la traite des noirs pour épargner les Indiens.

(3) Année séculaire de la destruction de ce monastère.

(4) Chose énigmatique s'il en fut jamais ! Grégoire dans cet ouvrage prend la défense des jésuites. — J'ai entendu

parla de rien moins que de le fusiller ou le jeter dans un cul-de-basse-fosse; mais cette colère se dissipa comme elle était venue. Sa Majesté avait des caprices (1).

Grégoire connaissait bien Sa Majesté. Des réunions secrètes se formèrent à Auteuil chez la veuve d'Helvétius à l'effet d'envoyer Sa Majesté satisfaire ses caprices le plus loin possible. Il avait déjà depuis deux ans rédigé un acte de déchéance; plusieurs de ses amis en avaient fait autant; il fut convenu que celui dont la rédaction serait préférée par la majorité se dévouerait et monterait à la tribune. L'invasion étrangère vint arrêter les plans, en chassant elle-même Napoléon.

A la place de celui-ci, ce n'étaient pas les Bourbons que voulait Grégoire. Mais voyant qu'il n'était pas possible de lutter contre la force des circonstances, il essaya du moins de les utiliser, et

soutenir que ses aversions jansénistes n'allaient pas jusqu'à refuser justice à cette admirable société, et qu'il n'avait dirigé en quelques rares occasions ses attaques qu'au chef de deux ou trois individus, sur lesquels il s'abusait, comme il en serait convenu lui-même peu de temps avant sa mort.

(1) Un des caprices de Napoléon fut de forcer ses valets à lui trouver dans les bollandistes un saint Napoléon dont il plaça la fête au lieu et jour de celle de la Sainte Vierge, le 15 août. M. Carnot observe que saint Napoléon perdit sa part de ciel à Waterloo.

demanda qu'avant de se présenter à Louis XVIII, les sénateurs exigeassent la promesse d'une constitution. « Pour empêcher l'adoption précipitée d'une charte sociale, dit-il, j'avais, dans des réunions préliminaires, proposé une mesure qui obviait aux inconvénients redoutés d'un ajournement : c'était de déclarer que la France, maintenue dans l'état monarchique, élirait dans l'ancienne dynastie un chef auquel on présenterait la constitution quand elle serait rédigée; est-il surprenant qu'on n'ait pu obtenir ce délai, quand on s'est refusé même à ce que le projet de constitution fût imprimé et distribué avant la discussion, pour laisser à chacun le temps de le méditer ? Le moindre retard serait, disait-on, le signal de la guerre civile !..... A ces mots dont frémit toute âme honnête, on se hâte de décréter, malgré des observations de tel membre dont on ne suspecte pas la droiture, mais qu'on croit dans l'erreur et dont la voix se perd au milieu des acclamations générales. Quand ensuite il est prescrit à tous de signer l'acte, il signe, parce que, quand un corps dont on fait partie a pris une détermination, tous doivent se soumettre loyalement et par devoir de conscience. Mais obéir n'est pas approuver ; et lorsqu'il était notoire à tout le sénat qu'au moins un membre avait voté contre divers articles, surtout contre le sixième qui a pour objet la composition de ce corps, fallait-il imprimer dans le *Moniteur* du 7 que la charte avait été adoptée à l'unanimité (1) ?

Ceux qui pourront trouver son écrit sur la constitution de 1814 le liront avec beaucoup d'intérêt, ainsi que les réponses de Bergasse qui du reste n'était pas à la taille de sa réputation.

On devine bien que Grégoire n'eût pas été de mise dans la Chambre des pairs; nous le verrons tout-à-l'heure banni de l'Institut, qu'il avait fondé (2). Ne pouvant parler, il écrivit aux *représentants de la nation;* il s'agissait encore de la *traite :* « Tandis qu'ailleurs en parlant d'idées libérales, on partage les peuples comme s'ils étaient de vils troupeaux, tandis que des hommes aveuglés ou corrompus préconisent l'obéissance passive, au nom du christianisme qui les désavoue, tandis que, simulant une tendresse paternelle pour la France, on veut y pénétrer en marchant sur les cadavres de tant de milliers de nos braves et sous l'escorte des

---

(1) Grégoire prisait singulièrement le Sénat. Quelqu'un lui ayant objecté que s'il réussissait à renverser Napoléon, le Sénat ne pourrait pas exister sans tête. « Parbleu, fit-il, voilà bien quatre ans qu'il existe sans cœur ! »

(2) Par une ordonnance contresignée Vaublanc, *le Maupeou de la littérature*, suivant M. Lacretelle aîné.

bayonnettes étrangères, l'acte qui proscrira constitutionnellement un commerce infâme, mettant en harmonie la justice et la politique, retentira dans les deux mondes et préparera les esprits et les cœurs à une réconciliation générale. »

Il fut puni de cette réclamation par la suppression de son traitement de sénateur, et tomba dans un état voisin de la pauvreté, si bien qu'il fut obligé de vendre pour vivre une partie de sa bibliothèque. Plus tard une partie de ce traitement lui fut rendu, et il se retira à Auteuil pour ne plus s'occuper que de ses chères études.

« Avant de me résoudre à ce sacrifice, j'avais interrogé mes bras. Pourraient-ils, me disais-je, cultiver un petit domaine affermé? Rien n'est honteux que le vice. Saint Pierre faisait des filets, et saint Paul faisait des tentes. Mais encore, pour exécuter ce projet, eût-il fallu des avances, que d'ailleurs l'absence de forces corporelles ne pouvait seconder; il fallait surtout, pour ne pas contrister la plus tendre des mères, lui dérober la connaissance de ma détresse et lui procurer le superflu, même en me privant du nécessaire. Eh! que ne puis-je à ce prix la ramener à la vie, et tant que j'existerai dans ce monde, jouir du bonheur de la posséder! »

Cet homme-là n'était pas méchant, je le jure ; et j'en appelle au cœur de tous les fils.

« Je fis une démarche dont toute ma vie j'aurai regret. Je demandai à M... un appartement dans ce Louvre où étaient logés tant de gens de lettres et d'artistes (et plusieurs me devaient cet avantage). On ne répondit pas même à ma demande qui, suivant l'expression du Tasse, se repliant en arrière, vint retentir douloureusement sur mon cœur. »

Il est impossible de consigner chacune de ces actions et de soumettre à l'analyse les paroles qui leur viennent en aide. Je les abandonne à la sagesse publique, comme tout le reste, et je poursuis mon catalogue.

Alors Grégoire mit au jour les ouvrages suivants : *De la littérature des nègres, ou Recherches sur leurs facultés intellectuelles, leurs qualités morales et leur littérature*, Paris, 1818, in-8. — *Observations critiques sur le poëme de M. Joël Barlow, intitulé* The Columbiade, Paris, 1819, in-8 — *Histoire des sectes religieuses*, 2 vol. saisis par la police impériale de Fouché ; elle parut en 2 vol. in-8 d'abord, puis en 6 vol. in-8 (1828) ; 5 vol. seulement ont paru. — *Première et dernière réponses aux libellistes*, 1814. — *De la domesticité chez les peuples anciens et modernes*, 1814. — *Homélie du cardinal Chiaramonti, évêque*

traduit de l'italien, in-8, 1814, réimprimée avec le texte en regard, traduite en allemand à Sulzbach, et en espagnol à Philadelphie, par Roscio, citoyen de Venezuela. — *De la traite et de l'esclavage des noirs et des blancs, par un ami des hommes de toutes les couleurs,* Paris, 1815, in-8. — *Plan d'association générale entre les savants, gens de lettres et artistes, pour accélérer les progrès des bonnes mœurs et des lumières,* Hollande, in-8, sans date. — *Recherches historiques sur les congrégations hospitalières des frères pontifes et conducteurs de ponts,* Paris, 1818, in-8. — *Manuel de piété à l'usage des hommes de couleur et des noirs,* 1818. — *Des garde-malades et de la nécessité d'établir pour elles des cours d'instruction,* Paris, 1819, in-8. — *Lettres adressées, l'une à tous les journalistes, l'autre au duc de Richelieu, précédées et suivies de Considérations sur l'ouvrage de M. Guizot,* intitulé: *du gouvernement de la France depuis la restauration, par B. Laroche,* 1820. — *Notice sur une association de prières le dernier jour de chaque mois,* Paris, 1820, in-8, insérée dans le tome V de la *Chronique religieuse.* — *Oraison funèbre de M. Sermet, évêque de Toulouse,* in-8. — *De l'influence du Christianisme sur la condition des prêtres,* Paris, 1821, in-8. — *Observations criti-*
d'Imola, depuis pape sous le nom de Pie VII,

ques sur l'ouvrage de M. de Maistre, Paris, 1821. — *Considérations sur le mariage et le divorce, adressées aux citoyens d'Haïti*, Paris, 1823, in-12. — *Essai sur la solidarité littéraire entre les savants de tous les pays*, Paris, 1824, in-8. — *De la liberté de conscience et des cultes à Haïti*, Paris, 1824, in-12. — *Histoire des confesseurs des empereurs, des rois et d'autres princes*, Paris, 1824, in-8. — *Histoire du mariage des prêtres*, Paris, 1824. — *De la noblesse de la peau ou du prejugé des blancs contre la couleur des Africains et celle de leurs descendants noirs et sang-mêlés*, 1826.— *Épître à la république d'Haïti*, imprimée par ordre du gouvernement du Port-aux-Princes, 1827, in-8. — *Histoire patriotique des arbres de la liberté*, imprimée en l'an II de la république et réimprimée en 1833 avec un *Essai* fort remarquable de M. Ch. Dugasse sur l'auteur. Ce dernier ouvrage m'a été d'une grande utilité pour ma notice.

La carrière de Grégoire n'était pas finie. Les électeurs de l'Isère l'appelèrent à la Chambre. Il avait plus de soixante-dix ans. La politique fit alors des prodiges de valeur (1). On rappela ce fameux por-

(1) Voyez la brochure de Choppin d'Arnouville : *Quelques faits relatifs à l'élection de M. Grégoire*, et le Journal de l'Isère de décembre 1819.

trait du roi Louis XVI : « L'histoire qui burinera ses crimes pourra le peindre d'un seul trait : Aux Tuileries, des milliers d'hommes étaient égorgés par ses ordres ; il entendait le canon qui vomissait sur les citoyens le carnage et la mort, et là il mangeait, il digérait !... » Sa lettre d'adhésion à la condamnation de Louis XVI fut exhumée avec addition des mots : *la mort*. Que vouliez-vous qu'il fît...? Il avait écrit aux électeurs de l'Isère. « Des feuilles publiques vous ont parlé de démission demandée, de promesses faites à celui qu'on rassasiait d'outrages ; il imprima jadis que l'univers n'était pas assez riche pour acheter le suffrage d'un homme de bien... Une démission ne saurait avoir lieu qu'autant qu'elle serait commandée par l'utilité publique. » Le 6 décembre 1819, eut lieu la séance où il fut exclu. M. le rapporteur termine en proposant à la Chambre de délibérer sur la proposition suivante : — L'élection de M. Grégoire, nommé député par le collège électoral du département de l'Isère, est nulle. — On demande à aller aux voix sans discussion ; un grand nombre de membres s'y opposent ; on demande que l'exclusion soit appuyée sur les motifs de l'*indignité*... La discussion est fermée... M. le président Anglès, doyen d'âge, pose la question de priorité. Il s'élève une discussion qui est terminée par l'observation que fait un membre : qu'il n'y a eu de part et d'autre qu'une proposition, celle de la non admission, et qu'on ne s'est divisé que sur des motifs qui ne doivent pas être des objets de délibérations. — La Chambre se range de cet avis. — En conséquence, la non admission est mise aux voix ; personne ne se lève à la contre-épreuve, la non admission est prononcée.

« Ils m'ont exclu comme indigne, dit Grégoire, en apprenant ce résultat. Ah ! puisse le grand juge au jour où nous paraîtrons tous devant lui, ne pas les juger plus indignes que moi ! et pourtant je prie pour eux et je leur pardonne. »

Il enveloppe dans son pardon MM. Guizot, Keratry, de Pradt et tous ses ennemis. Avait-il médité ces belles paroles de Plutarque : « Les ennemis ont leur utilité ; ils vous montrent vos fautes, ils vous disent des vérités, et sont des maîtres qu'on ne paie pas ? »

Il envoya, peu de temps après, sa démission de commandeur de la Légion-d'Honneur au maréchal Macdonald (1822, 12 novembre). « Repoussé du siège législatif, repoussé de l'Institut, à ces deux exclusions, on permettra sans doute que j'en ajoute moi-même une troisième, et que je me renferme dans le cercle des qualités qui ne peuvent être conférées par brevet ni enlevées par ordonnance. »

Il se retira pour toujours dans sa solitude et il n'en sortit que pour jeter un coup-d'œil d'espérance et de bonheur sur la révolution de Juillet qui *passait*.

« *Qui benè latuit,* disait-il, *benè vixit,* ajoutant à ceci un joli mot de mademoiselle de Sommery : Ce sont des frottements de moins. »

Il publia cependant un dernier ouvrage sur la liste civile, tendant à prouver que la république était le moins cher des gouvernements. On ne l'entendit pas. — .... On ne l'entendit plus.

J'ai laissé à M. Guillon (1) le soin de raconter les derniers instants de Grégoire. On sait qu'après avoir échangé quelques lettres avec M. de Quélen, M. le curé de l'Assomption s'étant présenté, il répondit : « Il est inhumain de tourmenter ainsi un vieillard à son lit de mort. » Bientôt après, le délire s'empara de lui, et il s'éteignit doucement, le 28 mai 1831, à quatre heures du soir. Il avait quatre-vingt-un ans, étant né le 4 décembre 1750.

L'Ami de la Religion, qui pouvait avoir raison dans la circonstance, s'est donné tort comme toujours par l'hypocrite et niaise arrogance de ses sub-

(1) Voir sa notice, 2ᵉ vol., page 97.

tilités : M. de Quélen ne pouvait avoir un défenseur plus ridicule et M. Guillon un plus pauvre adversaire. Qu'on en juge par un seul trait, car je trouverais fort ennuyeux d'en citer d'autres : « M. Guillon, dit l'*Ami de la Religion*, n'était pas forcé par le danger à administrer le malade, puisque *M. Gregoire* se portait parfaitement bien, c'est-à-dire *recevait ses amis.* » — Ceci le 21 mai ; M. Grégoire était mort le 28, comme on vient de le voir.

Je joins à ces détails le récit de M. Baradère : « Atteint d'un sarcocèle carcinomateux qui dévorait lentement un corps bien constitué et plein de vie, en proie à des douleurs incroyables, jamais il n'a fait entendre une plainte qui ne fût une prière ; il fixait ses yeux baignés de larmes sur un crucifix placé contre son lit, et ses souffrances semblaient se passer à l'instant. Les plaintes que les douleurs lui arrachaient, il se les reprochait avec amertume : « Je vous demande comme un gage d'amitié de mettre entre mes mains le crucifix, quand je serai à ma dernière heure. J'aurais voulu rendre le dernier soupir sur la cendre... Ne permettez pas que mon corps soit enseveli par des femmes..... Je veux être enterré dans le cimetière de ma paroisse, que mon convoi soit simple, et qu'on donne aux pauvres ce qu'on

dépenserait, etc., etc. Faites mettre sur ma tombe une simple croix avec ces mots : Mon Dieu, faites-moi miséricorde et pardonnez à mes ennemis..... Ne m'abandonnez pas à mes derniers moments.... »
Après ces dernières paroles, il a perdu connaissance, et pendant trois jours que s'est prolongée son agonie, on n'a pu recueillir que quelques paroles incohérentes ou momentanées... *Jerusalem beata*... etc. — Le 28, anéantissement complet. Sa respiration gênée pressentait une catastrophe qui s'est réalisée le même jour, sans secousse et sans efforts. »

« Conformément à ses intentions, ajoute M. Carnot dans une notice bien écrite mais partiale, le corps de Grégoire, revêtu de ses habits pontificaux, fut exposé la face découverte, dans une chapelle ardente. Une foule silencieuse et triste se porta toute la journée au domicile du défunt ; un vieillard de 75 ans déposa sur le corps un bouquet d'immortelles et se retira en pleurant : tous les assistants furent profondément émus de cette scène.

« La messe fut dite par l'abbé Grien, proscrit de son diocèse sous la restauration pour avoir baptisé un enfant dont Manuel était le parrain. Au sortir de l'église, des jeunes gens dételèrent le char funèbre et le traînèrent à bras jusqu'au cimetière du

Mont-Parnasse; plus de deux mille personnes les suivaient. »

Donc le 31 mai, une foule considérable se pressait aux portes de l'Abbaye-aux-Bois. L'église avait été dépouillée de ses ornements, des scènes affreuses faillirent éclater à ce sujet. Le clergé de Paris refusa son intervention; des prêtres cependant présidèrent au convoi. Le char funèbre fut traîné jusqu'au cimetière du Mont-Parnasse par de jeunes étudiants; suivaient les décorés de juillet, et MM. de Cormenin, Daunou, Baude, Isambert, de Potter, Garat, Merlin de Douay, Thibaudeau, de Bassano et de Valmy, Fabien et Bissette, Baradère et Bouchat, etc., etc., etc.

Thibaudeau, le vieux conventionnel, prononça un discours analogue à la circonstance; d'autres firent de même, et j'ai dit leurs noms.

TESTAMENT DE GRÉGOIRE.

Je.... crois tout ce que l'église croit et enseigne, je condamne tout ce qu'elle condamne; elle est la colonne de la vérité, et je lui fus toujours tendrement attaché ainsi qu'au chef de l'Église, successeur de saint Pierre; mais je ne confonds pas les droits légitimes du premier des pontifes avec les prétentions ambitieuses de la cour de Rome, prétentions qui sont une pierre d'achoppement pour les mauvais chrétiens, les incrédules et les sectes séparées de l'Église.

Les divisions qui ont depuis quatorze ans affligé l'Église gallicane ont aussi affligé mon cœur. J'ai tâché de rendre service à mes frères dissidents. Je leur ouvris toujours les bras de la charité. Mais je frémis de voir que la plupart d'entre eux, surtout parmi les nouveaux évêques, tourmentent ce clergé constitutionnel, toujours attaché à la patrie, et sans les efforts duquel la religion eût été peut-être exilée de la France.

Tout évêque a droit d'avoir chez soi une chapelle. Depuis le concordat, la mienne est le lieu où presque toujours j'ai rempli mes devoirs religieux, et non à Saint-Sulpice, ma paroisse. En voici les raisons : Les évêques démissionnaires, soit constitutionnels, soit dissidents, d'après une circulaire du ministre des cultes, ne sont point admis dans les églises sous le costume qui leur est propre, j'ai cru, non pas par aucun sentiment d'orgueil, mais par respect pour l'épiscopat, qu'il valait mieux ne pas fréquenter habituellement les églises que d'y être, en quelque sorte, confondu avec les laïcs; d'ailleurs, j'avais lieu de douter si les dispositions du clergé de Saint-Sulpice étaient pacifiques et si, dans ma personne, l'épiscopat n'y serait pas exposé à des outrages.

Dans les diverses fonctions que j'ai remplies, comme vicaire, curé, évêque, législateur, sénateur, etc., j'ai tâché d'acquitter mes devoirs; mais je n'ai pas la présomption de croire que je n'y ai pas fait de fautes; je prie Dieu de me les pardonner. Mais quand j'ai prêté le serment exigé des ecclésiastiques, par l'Assemblée constituante, j'ai suivi l'impulsion de ma conscience; je l'ai fait après avoir mûrement examiné la question, et je proteste contre quiconque dirait que je l'ai rétracté. Avec la grâce de Dieu, je mourrai bon catholique et bon républicain.

J'ai en horreur le despotisme; je l'ai combattu de toutes mes forces; je forme des vœux pour la liberté du monde.

J'espère que des écrivains courageux et sensibles livreront de nouvelles attaques à l'inquisition et à l'infâme commerce qui traîne en esclavage les malheureux Africains.

Je désavoue ce qui pourrait être répréhensible dans mes écrits.

Je travaille à l'histoire de l'Église gallicane pendant le cours de la révolution. Cet ouvrage doit être précédé de considérations sur l'état actuel de l'esprit religieux en Europe.

Si je meurs avant que cette entreprise soit achevée, j'espère qu'elle le sera par le révérendissime Moyse, ancien évêque de Saint-Claude, mon ami, qui réside au Gras, près Morteau, département du Doubs. Il m'a promis de me suppléer pour cet objet. Son amour pour la religion et ses talents distingués me sont garants du succès avec lequel il s'en acquittera; en conséquence, je veux qu'on lui remette mes manuscrits, extraits, notes, lettres, actes authentiques, et autres papiers, etc., etc.

Je prie M. Lanjuinais, sénateur, et M. Silvestre de Sacy, membre de l'Institut national, de vouloir bien être mes exécuteurs testamentaires (1804).

Extraits de deux codiciles de M. Grégoire, ancien évêque de Blois. — 1804 à 1831.

Je lègue 12,000 fr. à Vého, où je suis né, et à Embermesnil, où j'ai été curé. Le revenu de ce capital sera employé, à perpétuité, ainsi qu'il suit :

Annuellement il sera célébré, dans l'une et l'autre paroisse, une messe haute suivie du *libera*, pour pour le repos des âmes de mon père et de ma mère. Ces messes seront annoncées au prône le dimanche précédent, en ce qui me concerne sous le titre d'*ancien évêque de Blois ;* si cette clause n'était pas ponctuellement exécutée, mes parents de tous les degrés sont autorisés à revendiquer à leur profit les fonds de la fondation, etc.

Sur le revenu de la fondation, on entretiendra les tombes, croix, inscriptions ou épitaphes de mon père et de ma mère. Le surplus du revenu sera employé, pour payer les mois d'école des enfants pauvres, surtout des écoles où l'on suit la méthode d'enseignement mutuel, contre laquelle des membres du clergé ont des préventions mal fondées, etc.

Je lègue pour les pauvres et pour les écoles des pauvres :

500 fr. à la paroisse de Veho ;
500 fr. à celle d'Embermesnil ;
500 fr. à celle de Vaucourt ;
400 fr. à celle de Marimont ;
500 fr. à celle de Plessis-St-Jean ;
500 fr. à la paroisse où je mourrai.

Je consacre une somme de 4000 fr. à la fondation d'une messe annuelle pour mes calomniateurs et mes ennemis, morts et vivants, etc.

Je veux être enseveli par des hommes et revêtu des insignes de mon ordre, par respect pour le caractère épiscopal dont j'ai l'honneur, quoiqu'indigne, d'être revêtu.

Sur ma tombe on placera une croix de pierre

avec cette inscription: *Mon Dieu, faites-moi miséricorde, et pardonnez à mes ennemis.*

Je laisse à mes amis, aux hommes justes et impartiaux, la défense de ma mémoire.

Je désavoue dans mes ouvrages imprimés et manuscrits, tout ce qui peut être condamnable, inexact et déplacé. Je les soumets au jugement de l'Église catholique, apostolique et romaine, etc.

Je recommande mon âme aux prières de la sainte Vierge, des Saints, de mon ange gardien, et à celles de mes amis.

Il fonda également six prix de mille francs à décerner sur les questions que voici :

1° Prouver par l'Écriture sainte et par la tradition que le despotisme, soit ecclésiastique, soit politique, est contraire au dogme et à la morale de l'église catholique ;

2° Quels seraient les moyens de rendre aux libertés gallicanes leur énergie et leur influence, et de rétablir en entier l'antique discipline ;

3° Quels seraient les moyens d'inspirer aux savants, gens de lettres et artistes, du courage civil, de la dignité ; de prévenir et guérir cette propension qu'ils ont presque tous pour l'adulation et la servitude ;

4° Quels seraient les moyens d'extirper le préjugé injuste et barbare des blancs contre la couleur des noirs et des sangs mêlés ;

5° Des sociétés respectables, en Europe et en Amérique, s'occupent du projet d'empêcher à jamais la guerre et d'exterminer ce fléau. A leurs vœux je joins les miens, quoique l'espérance du succès n'égale pas l'étendue des désirs. Parmi les moyens préparatoires à la réussite, on pourrait, ce me semble, avoir un bon ouvrage sur le sujet suivant, mis au concours : « Les militaires, assouplis par l'obéissance passive et par l'emploi de la force physique, ont une tendance à fouler aux pieds les devoirs des citoyens ; quels seraient les moyens d'empêcher qu'ils ne les oublient et de les porter à les accomplir ? »

6° Les nations avancent beaucoup plus en lumières et en connaissances qu'en morale pratique ; rechercher les causes et les remèdes de ces inégalités dans leurs progrès... Je regrette que ma fortune ne me permette pas d'y attribuer des sommes plus considérables.

Grégoire avait été vicaire et curé d'Embermesnil, évêque de Blois, membre de la Constituante, de la Convention nationale, du Conseil des Cinq-Cents, du Corps législatif, puis sénateur, l'un des commandants de la Légion-d'Honneur, membre de l'Institut national, des sociétés d'agriculture de Paris, d'encouragement, de philosophie chrétienne, des Académies et Sociétés savantes de Gœttingue, Iéna, Mecklembourg, Turin, Marseille, Perpignan, Besançon, Vesoul, Nancy, Strasbourg, Mayence, Anvers, Cambrai, etc., etc.

Quelle sera donc l'opinion de la postérité? Sans aller bien avant au fond des choses, on peut le prévoir; en ce qui touche sa résistance aux jugements du chef de l'Église, on ne saurait assez vivement et assez longtemps la déplorer; quoi qu'en dise son testament, il n'est pas mort catholique, s'il n'a rétracté en confession ou par un dernier acte de contrition parfaite ses idées sur ce point, ses rancunes ardentes (1), son obstiné jansénisme, etc. Comme homme politique, je crois qu'il fut consciencieux, mais entraîné hors des bornes par une imagination fougueuse et superbe. Il a fait et dit des choses qui, étant mal comprises par les peu-

---

(1) Grégoire avait du fiel; il est impossible de plus maltraiter les gens qu'il n'a fait de MM. Baruel, Milner, *l'abbé Picot*, Gusta et d'Hesming Dauribeau, ancien grand-vicaire de Valence, auteur de beaucoup d'ouvrages, entr'autres des *Mémoires pour servir à l'Histoire de la révolution française.* — Voir 2ᵉ vol. de ses Mémoires, pages 48, où il prédit que M. Picot fera sa notice dans la *Biographie universelle.* Ce qui a eu lieu.—Voir ses réflexions sur les évêques *dissidents.*

ples, leur causeraient des maux incalculables et jettent pour cela même dans l'épouvante ceux qui en sentent la portée; il est pourtant moins redoutable que Siéyès, — mais je ne veux pas sortir, en finissant, des limites de neutralité où je me suis placé d'abord, et je me tais.

20 Avril 1842.

Biographie du Clergé Contemporain.

M. FRASEY.

A. Appert. Edit. Passage du Caire, 54

A.Appert Edit, Passage du Caire, 54

M. FRASEY.

> Et cognovi quòd non esset melius nisi lætari et facere benè in vitâ suâ.
> ECCL. 3-12.
>
> Il faut mériter les louanges et les fuir. FÉNÉLON.
>
> Un curé de paroisse vaut mieux pour le bon ordre qu'une compagnie de grenadiers. P....

M. Frasey est le doyen des curés de Paris; et ce n'est pas seulement à ce titre, déjà si recommandable, que sa notice vient ici.

M. Frasey a parcouru dignement et fructueusement sa longue carrière sacerdotale. Il a donné, en quelques circonstances difficiles, des preuves de courage que revendiquerait l'histoire, si elle prisait autre chose que des allées et venues d'hommes qui s'entr'égorgent symétriquement. Il a fondé, comme par miracle, des établissements d'une haute importance qui resteront aussi longtemps qu'il y aura sur la terre le sens du bien. En passant par des fonctions diverses, à Saint-Gervais surtout et à Saint-Nicolas-des-Champs, ses deux paroisses bien-aimées, il a laissé des souvenirs ou réalisé des espérances qui font battre le cœur du pauvre. Les jeunes ecclésiastiques dont il a dirigé les premiers pas dans le sanctuaire, soit comme vicaires et administrateurs, soit comme élèves destinés au séminaire diocésain, ceux qui furent ou qui sont ses collègues et ses supérieurs, tous ceux enfin qui l'ont connu professent, ou doivent avoir, pour sa personne une affection, une estime, une vénération, je dirais presque un enthousiasme sans bornes.

Au reste, je laisse aux faits eux-mêmes le soin de prouver ces assertions, et j'évite les grands préliminaires avec les prétentions de style dont je me sens atteint depuis quelque temps.

Jean-Baptiste Frasey naquit à la Charité-sur-Loire, le 16 mai 1765. Son père était maître de forges et fourneaux ; il fut aussi maire d'Imphy, près Nevers, membre du conseil-général, député à l'assemblée législative, fort considéré et fort digne de l'être.

Ces antécédents de famille, la perspective d'une

jolie fortune, ses avantages personnels, tout lui promettait ce qu'on appelle du succès dans le monde ; il avait trop d'esprit seulement pour ne pas voir que les illusions finissent vite et qu'au fond de certains plaisirs comme de beaucoup d'honneurs il y a la réalité, c'est-à-dire le mépris et le dégoût. Il voulut trouver ailleurs où poser le pied ; ce fut bien fait à lui.

<small>Sperne voluptates, nocet empta dolore voluptas. (1)</small>

Donc, dès un âge tendre, M. Frasey donna des signes non équivoques de vocation ecclésiastique. Ses parents eussent désiré autre chose ; les meilleurs se laissent guider trop souvent par des raisons profanes ; et de là sont venus dans le temple beaucoup d'intrus, de là aussi résulte que bon nombre de gens prévariquent ou végètent du moins dans des fonctions civiles, lorsqu'ils auraient pu devenir d'excellents et saints prêtres.

J'ai dit que les parents de M. Frasey n'étaient pas de son avis, j'ajoute que pourtant ils ne contrarièrent pas les vues de Dieu sur lui et qu'une fois sa vocation prouvée autant qu'elle pouvait l'être, ils la secondèrent au contraire de toutes leurs forces.

Préparé par les doux enseignements de sa mère,

---

(1) Horat.

il entra d'abord dans une institution renommée de la Nièvre. Comme tous ceux dont j'écris les notices, l'enfant reçut en abondance des images d'abord, signe infaillible de sagesse, et ensuite des lauriers qui témoignaient de son zèle et de son savoir. On n'a pas oublié le mot du grand Condé à ce sujet.

En 1782, après avoir terminé ses études élémentaires, Jean-Baptiste Frasey partit pour Paris et fut admis au séminaire *des trente-trois* (1) rue de la Montagne-Sainte-Geneviève. M. Champion de Cicé (2) qui joua un rôle important dans les assemblées du clergé, lui vouait une affection toute particulière ; et c'est sur le conseil de cet excellent prélat qu'on fit choix pour lui de la maison désignée ci-dessus. Ses succès y furent les mêmes qu'au pensionnat de Nevers.

Il suivit ensuite au collège de Navarre des cours de philosophie et de mathématiques.

En ce temps là, M. Tinthoin et M. Asseline (3) professaient la théologie en Sorbonne, et c'était le bon temps, bien qu'il ne fût point encore question des remaniements de M. Affre. A part leur gallica-

(1) Ou de la Sainte-Famille.
(2) Évêque d'Auxerre. — La Charité faisait alors partie de ce diocèse ; elle appartient maintenant à celui de Nevers.
(3) Ce dernier fut évêque de Boulogne-sur-Mer.

nisme devenu parlementaire et cette implacable manie de censurer à tort et à travers, ou, en d'autres termes, de signaler à l'attention et au goût publics maintes productions défuntes avant que de naître, exception faite de quelques misères encore, la Sorbonne était une admirable institution, toujours conforme aux règles de son pieux fondateur qu'elle avait même élargies, consacrée par les suffrages des souverains pontifes et par les spirituelles bêtises de Voltaire. Alors ses leçons étaient recherchées et l'on s'étonnait aussi peu de l'affluence des auditeurs qu'on s'étonne peu maintenant du vide qui poudroie sur ses bancs. M. Frasey sait combien cela est vrai, s'il a entendu par hazard les successeurs de MM. Tinthoin et Asseline. Je me trompe, il a pu voir qu'un jeune docteur du plus grand mérite, nommé récemment à la chaire de dogme, M. l'abbé Maret, s'efforce avec bonheur de réveiller les pures traditions et de rendre à la Faculté son ancien lustre avec son importance scientifique. Par malheur, le besoin d'auxiliaires se fait trop sentir. Ce n'est pas que l'autorité manque de sujets : il en est une foule que l'on pourrait nommer, à Paris et dans la province; qui doute de la capacité de M. l'abbé Sionnet, de MM. Orsini, Pelier-de-la-Croix, Badiche, Gerbet, Valgalier, de Salinis, Bautain, Sibour, etc., etc.? qui empêcherait que, sous la direction d'un homme d'expérience et de talent comme M. Fayet ou comme M. Gousset ou comme M. Affre lui-même, toutes ces intelligences réunies et appliquées selon leurs natures diverses aux diverses parties de l'enseignement ne vinssent à constituer de rechef la société ecclésiastique, ce véritable clergé de France, si vivace, si puissant et si magnifique autrefois, et qui maintenant, quoi qu'on veuille dire, n'existe pas du tout ? Bien savoir n'est pas très loin de bien faire ; par la voie d'une instruction forte on arriverait aisément et infailliblement à de grandes réformes ; la sainte et primitive discipline est à nos portes et ne demande qu'à entrer. Nous aurions bientôt d'excellents choix d'évêques à la place de ceux qu'on nous fait et qui parfois ne sont que bons ; entre les pasteurs du premier ordre et les autres pasteurs, les droits plus nettement définis produiraient l'union et la paix par l'irrésistible légalité du commandement et la douce impossibilité de désobéir. Les Officialités renaîtraient d'elles mêmes, et tous ceux qui ont des yeux pour voir, comprendraient que leur anéantissement fut la plus grande plaie de l'Eglise contemporaine.

Eh, afin de revenir à mon sujet dont ces utiles

observations m'ont un peu écarté, qu'il me soit permis d'exprimer un regret! Tout en admirant l'immense bien que peuvent faire les ecclésiastiques dont j'ai parlé, je trouve en eux la preuve du peu de soin qu'on apporte généralement à classer les individus selon leur valeur et le genre particulier de leur esprit. De ce que celui-ci porte bien la mître, et celui-là le poids des fonctions curiales, on en conclut que l'un et l'autre sont à leur place, et l'on se trompe dangereusement, s'il est vrai que dans un poste différent ils eussent rendu des services mille fois plus éminents encore. M. Frasey se trouvait positivement dans cette catégorie, et revêtu qu'il était d'ailleurs de *titres* peu communs aujourd'hui, je crois qu'on aurait dû l'utiliser depuis longtemps déjà pour l'œuvre en question. Il eût rappelé là tous ses souvenirs si précieux, indiqué et copié les modèles qu'il a vus et connus, précisé les abus pour qu'on n'y revînt pas, fait rejaillir les bonnes sources, et renversé d'un souffle cette espèce de château de cartes, vrai simulacre badigeonné de la grande Sorbonne, que des hommes de bonne volonté, mais peureux et faibles, voudraient éterniser tel qu'ils l'ont bâti. Mieux vaudraient ne rien faire, ce serait encore un genre de sagesse :

*Virtus est vitium fugere; et sapientia prima
Stultitiâ caruisse.* Horat.

En effet, M. Frasey avait naturellement mission pour une réorganisation pareille. Après des études brillantes, il fit partie de la dernière licence et fut successivement maître de conférence de philosophie et de théologie.

Au reste, il avait fait ses preuves de plus d'une manière.

Dès 1785, M. Antheaume, curé de Saint-Jacques-du-Haut-Pas, l'avait chargé des cathéchismes de sa paroisse, et il serait bien à désirer qu'il eût légué sa méthode aux jeunes séminaristes d'à présent. Je doute qu'en la suivant l'idée leur vînt, par exemple, de vouloir prouver mathématiquement et physiquement à de pauvres petites créatures nées d'hier que Marie a pu enfanter sans détriment de sa virginité. Qu'on me pardonne ces paroles un peu voisines du blasphême; je raconte ce que j'ai entendu.

Certes, M. Frasey ne pensait pas, comme beaucoup d'autres, que la vérité eût horreur du jour; au contraire, il suffit de la voir pour la connaître et l'aimer; mais son bon sens lui persuadait qu'il faut en proportionner l'expression à la capacité de tous; il avait assez lu l'Ecriture sainte pour savoir combien de fois Dieu lui-même l'appelle un *pain*, une *nourriture*, une *viande*, et compare précisément les docteurs à la mère de famille qui étudie le tempérament, les besoins et les goûts de ses enfants avant de leur distribuer les aliments nécessaires à la vie. C'est en procédant d'après cette donnée qu'il fit encore du bien lorsqu'on lui confia l'instruction et la conduite religieuse des domestiques du séminaire des Trente-Trois, lorsqu'ensuite il fut nommé par M. de Juigné directeur des collèges de Navarre et d'Harcourt, et enfin depuis cette époque jusqu'à l'heure qu'il est.

M. de Quélen était en 1787, ainsi que M. de Hercé, l'évêque de Nantes, élève du collège de Navarre. Le 6 juin 1839, cette circonstance fut rappelée de la manière la plus touchante par M. l'archevêque de Paris. *Revêtu de ses ornements sacerdotaux*, comme dit prodigieusement un biographe, *le curé de Saint-Nicolas-des-Champs allait officier pour célébrer la cinquantième année de sa promotion au sacerdoce. L'autel était paré comme pour la réception d'un jeune prêtre ;* M. Olivier, curé de Saint-Roch *et* orateur plein de talent *se surpassa dans l'éloge de* M. Frasey *qu'il prononça du haut de la chaire.* Le même M. Olivier lut *aussi en chaire* la lettre suivante :

Paris, le 27 mai 1839.

« M. le curé, je regrette beaucoup que ma santé qui, dit-on, s'améliore, ne m'ait pas permis de vous recevoir lorsque vous avez pris la peine de passer chez moi. La grande faiblesse qui me reste ne m'empêchera pas cependant de répondre à votre édifiante lettre que reçois aujourd'hui.

« Je souhaite à tous les prêtres que j'ai ordonnés de faire la cinquantaine de leur prêtrise avec autant de foi et de ferveur *que celle que* vous vous proposez de célébrer le 6 juin prochain (1); je me joindrai à vos estimables confrères et aux pieux fidèles de votre paroisse, pour remercier Dieu des bénédictions qu'il a répandues sur cette carrière du sacerdoce que vous avez parcourue avec tant de fidélité; Je vous bénis moi-même *ainsi qu'eux*.

« Ce jour, 6 juin, sera aussi pour moi un anniversaire, celui de ma première communion à ce collège de Navare où, jeune prêtre encore, *vous nous donniez vos soins*. Je célèbre chaque année cet aimable et délicieux jour. Vous prierez *pour moi* plus spécialement et vous demanderez *pour moi*

---

(1) Bien que cette phrase ne soit pas française, le lecteur comprendra ce que veut dire M. de Quélen, qui, pourtant, écrivait si bien et si purement sa langue. Je n'ose croire que le biographe ci-dessus ait retouché cette lettre.

comme *pour vous gaudium cum pace... perseverantiam in bonis operibus, atque felicem vitæ consummationem.*

Recevez, etc.

« HYACINTHE, archevêque de Paris. »

Quel fut le discours de M. Olivier ? Évidemment la matière ne manquait pas ; et, pour le bien faire, il suffisait de constater une par une les nobles actions de ce curé vénérable qui, *revêtu de ses ornements sacerdotaux, officiait pour dire la messe.* M. Olivier s'y prit comme moi, mais avec un peu plus beau style ; ce qu'on vient de lire, il le disait ; et il disait encore ce que maintenant il faut ajouter (1).

Cette époque de la vie de M. Frasey, dit M. P., se trouve mêlée à la tourmente révolutionnaire ; aussi, pour la mettre dans son vrai jour, est-il nécessaire de bien *poser* (définir) la situation du clergé *dans ces jours de persécution.* Nous jetterons en même temps un coup-d'œil rapide sur l'état et la division des paroisses en 1790.

Jusqu'en 1790, il y avait à Paris 51 paroisses, savoir : 8 dans la cité, 16 dans la ville, 9 en l'uni-

(1) Il y a, en ce moment, une ligue acharnée des journaux de l'*opposition* contre M. Olivier, et ceci prouve deux choses : 1° l'intolérance radicale de ce qui s'appelle le libéralisme, 2° le zèle illimité de M. Olivier ; mais ceci ne prouve pas qu'il ait tort de remplir infatigablement son premier devoir d'évêque : la *prédication.*

versité, 12 dans les faubourgs, 6 exemptes de l'ordinaire.

Paris s'étant agrandi successivement et d'une façon assez irrégulière, il n'y avait pas de circonscription proprement dite de paroisses ; une même maison était de deux paroisses.... des localités appartenaient à des paroisses très-éloignées ; ainsi l'enclos des Chartreux relevait de Saint-Severin, le collège d'Harcourt, aujourd'hui Saint-Louis, dépendait de la petite paroisse de Saint-Hilaire, rue des Sept-Voies ; un moulin de la plaine de Vaugirard relevait de Saint-Etienne-du-Mont, etc., etc.

Mais la sanction des siècles existait ; les actes civils se faisaient par paroisse, et non par arrondissement ou canton ; personne ne s'y méprenait....

Au commencement de 1791, le *bouleversement* fut occasionné par le serment exigé pour la constitution civile du clergé....

L'autorité réduisit le nombre des paroisses à trente-trois. Il avait été tracé des circonscriptions qui, sous le rapport territorial et appréciatif de la valeur intrinsèque des populations, sont réellement une œuvre aussi parfaite que possible en ce genre... Voici les noms. (Je les renvoie aux notes (1)).

(1) Notre-Dame, Saint-Sulpice, Saint-Germain-des-Prés,

Sous la plume du biographe précité, il était nécessaire que ces détails fussent incohérents et assaisonnés de fantaisies. Voyez-vous un *bouleversement qui est une œuvre aussi parfaite que possible?* etc. Toutefois il était bon, non pas seulement pour la présente notice, mais pour ma biographie entière, de *poser* une fois ces faits, et je continue.

M. Frasey était vicaire de Saint-Jacques-l'Hôpital, rues Mauconseil et Saint-Denis, le 6 janvier 1791, jour désigné pour *l'assermentation*. Des gardes se présentèrent chez lui le 5, et firent des prouesses pour l'intimider : ils n'osaient lui garantir sa vie, s'il se maintenait parmi les réfractaires. Une

---

Saint-Thomas-d'Aquin, le couvent des Dominicains, l'abbaye Saint-Germain-des-Prés, Saint-Germain-l'Auxerrois, Saint-Eustache, Saint-Roch, Saint-Augustin ou les Petits-Pères, place des Victoires; la Madeleine, Ville-l'Evêque ; Saint-Philippe-du-Roule, Saint-Pierre-de-Chaillot, Notre-Dame-de-Lorette, église qui n'avait pas été paroissiale; Saint-Laurent, Saint-Sauveur, Saint-Leu, Saint-Jacques-le-Majeur ou la Boucherie, Saint-Merry, Saint-Nicolas-des-Champs, Saint-François-d'Assise, église des capucins du Marais; Saint-Gervais, Saint-Paul, Sainte-Marguerite, Saint-Antoine, église de l'abbaye de filles; Saint-Ambroise, église des Annonciades; Saint-André-des-Arts, Saint-Séverin, Saint-Nicolas-du-Chardonnet; Saint-Victor, église de l'Abbaye; Saint-Médard, Saint-Marcel, église du chapitre de ce nom; Sainte-Geneviève, même église que Saint-Etienne-du-Mont ; Saint-Jacques-du-Haut-Pas et le Gros-Caillou.

seule réponse leur fut donnée; elle était digne et naturelle chez un homme de ce caractère : « *Je sais que vous pouvez être assassins ;* » En rapprochant cette réponse de la suivante qui fut faite par un vieux prêtre : « je prêterai le serment parcequ'il faut vivre, » on attribue à M. Frasey cette répartie qui ne m'étonne pas : « *A votre âge, Monsieur, il faut songer, non pas à vivre, mais à mourir ;* » ce qui est beau comme du spartiate. (1)

Qu'il ait éprouvé des rigueurs, que le gouvernement d'alors l'ait mis au ban de la société qui se formait, rien de plus vraisemblable, et c'est ce qui arriva. Il fit alors comme tous les prêtres catholiques, qui se retiraient dans les couvents ou autres établissements religieux encore subsistants. Il se rendit auprès du curé de Saint-Sulpice M. de Pancemont, chez les religieuses du Saint-Sacrement, rue Cassette, vis-à-vis la cellule du Solitaire. Il y resta jusqu'au 16 août 1792 ; alors il fut forcé de se cacher tout-à-fait pour échapper à la prison et aux massacres du 2 septembre. La rue Cassette

---

(1) Ces deux traits, assez remarquables par eux-mêmes, mais qui n'étaient pas du tout isolés à cette époque, se trouvent consignés dans un ouvrage de 1791, où sont rangés par ordre alphabétique les noms des assermentés et non assermentés, et consignés les motifs ou prétextes de leur conduite.

aboutit à la rue Vaugirard, et l'angle des deux rues est formé par une muraille des Carmes, hormis la maison de M. de Salvandy (1).

A cette date revient une simple réflexion de mon biographe.

Déjà, dit-il, par une loi du 24 septembre 1792, l'état civil pour naissances, mariages, décès, avait été retiré au clergé ; dès le lendemain, on eut la faculté de se rendre à la commune pour l'enregistrement de ces actes. On usa peu de cette licence ; les registres furent laissés aux églises jusqu'au 31 décembre 1792 ; mais le nouvel ordre pour l'état des citoyens devint indispensable au 1ᵉʳ janvier 1793. On dirait ces notes écrites par M. Frasey lui-même.

M. Frasey, en fuyant, portait tout avec lui, comme le Simonide antique, c'est-à-dire qu'avec son talent et sa réputation de vertu, précieuse aux

---

(1) Une espèce nouvelle d'historiens s'est montrée de nos jours, qui fait consister le mérite de ses investigations à démentir l'histoire tout entière. Point d'écrivain, suivant eux, qui ne soit un fourbe ; les chroniques sont des apologues, et la tradition n'est qu'une burlesque série de fadaises, transmises d'âge en âge, grossies par le temps, qui se détruisent enfin par leur énormité même. Et cette coupe-réglée, le croirait-on ? s'étend jusqu'aux faits les plus récents, parmi lesquels vous trouverez les massacres de septembre ; ces recépisseurs d'histoire ont dit que le nombre avait été exagéré, que le massacre n'avait pas eu lieu du tout ; que n'ont-ils pas dit encore ?...

yeux des honnêtes gens, funeste vis-à-vis du commun des français, il n'avait pas l'ombre d'une obole. M. Tinthoin, dont le nom nous est déjà connu, lui conseilla d'entrer, comme précepteur, dans la maison des comtes de Merle, rue Cassette. Il accepta donc l'éducation de trois enfants, et devint par l'estime l'ami d'une excellente famille.

Or, MM. de Merle avaient une maison de campagne à Chartrettes, près Melun, commune assez considérable dont M. Cahouet était curé depuis plus de trente ans. Cet ecclésiastique étant tombé malade voulut, qu'à l'exclusion de tout autre s'il était possible, M. Frasey l'assistât dans ses derniers instants. C'était une permission de la Providence. M. Frasey se dévoua en effet à lui, entendit sa confession, l'administra; et ce qui porte à croire, indépendamment de cette démarche de la part d'un prêtre si orthodoxe, que M. Cahouet, constitutionnel-jureur, mourut dans le sein de la vraie église, c'est une allocution franchement catholique et pleine de repentir que, de son lit de douleurs, il fit entendre à ses paroissiens et aux autorités locales surtout. M. Frasey célébra les obsèques, mais à la condition de rester indépendant et libre de toute sorte de serment.

Ainsi s'explique comment le district lui offrit de

succéder à M. Cahouet, pourquoi il refusa, et ce qui lui attira l'animadversion des autorités constituées.

Il fut effectivement arrêté le 22 septembre 1793 par ordre du représentant Dubouchet, admirablement peint, si je ne me trompe, dans le roman de M. Paul de Kock : *les Trois Culottes.* Il avait commis le crime d'être *suspect.* De Melun on le transféra bientôt à Fontainebleau où il subit une détention de quatorze mois.

Là, tous les moyens exprimés par le *nihil non moliri* de Cicéron furent employés pour le corrompre. Les membres du comité révolutionnaire se mirent en quête de ses lettres de prêtrise, ils voulurent même avoir son extrait de baptême, et descendirent pour cela aux dernières sollicitations. M. Frasey, ennuyé et fatigué de tant d'horribles bassesses, posa un jour ses titres sacrés sur son cœur et dit à ces dignes magistrats : *prenez-les au bout de vos piques, ou vous ne les aurez pas;* et il continua la lecture de son bréviaire ; *jacta super Dominum curam tuam, et ipse te enutriet; non dabit in æternum fluctuationem justo.* (1) Il réussit.

Ceci révèle son caractère tout entier. M. Frasey

(1) Ps. 54.

est un homme d'imagination ardente, et sa foi n'est pas moins vive que son imagination ; le courage vient de lui-même à la suite. Une fois sa conscience pénétrée d'un objet, il s'en passionne, il se le poétise, et s'élève contre tous les obstacles à la hauteur de l'homme fort d'Horace. Dans l'ordre politique ou ecclésiastique, dans sa vie extérieure comme dans sa vie privée, il est immuable sur ce point. Je ne sais s'il s'est fait des ennemis ; certes je m'étonnerais qu'il en fût autrement, car la majeure partie des hommes ne conçoit pas la justice, *omnis homo mendax ;* mais je suis sûr qu'il n'en a jamais eu de tenace. Une fois connu, on l'aime, et on le connaît plus ou moins vite selon qu'au fond du cœur on a plus ou moins l'instinct du bien et de la vérité. Ainsi, j'ai entendu des gens du peuple qui l'appelaient le *bourru bienfaisant ;* et, bien que je n'aie pas encore à ce sujet une expérience personnelle, témoin seulement comme je le suis du bien qu'il fait, sans savoir exactement la position qu'il prend pour le faire, j'inclinerais fort à croire que les indigents ont deviné juste ; voici, à mon sens, comment s'explique ceci : tous les mendiants ne sont pas de bonne foi, ou certains prennent trop souvent pour de l'impossibilité ce qui n'est que de la paresse ; cependant il y a des hommes véritablement malheureux qu'il faut soulager. Que faire alors? ce qu'il fait; et je me dispense, pour cause d'inutilité, d'en dire davantage; le lecteur peut étendre de lui-même la réponse.

C'est le 17 avril 1794 que M. Frasey prononça les paroles citées tout-à-l'heure; les membres du comité, chose énorme, les comprirent et s'écrièrent: *tu es un honnête homme!* Un vaudevilliste réussirait avec cette fin de comédie; M. Olivier, dans son sermon du 6 juin 1839 l'a citée; mais ce n'est ni sa faute ni celle de M. Frasey, si ces misérables jouaient alors avec les mots les plus sacrés et les plus inviolables du vocabulaire français.

Néanmoins, M. Frasey recouvra sa liberté le 17 novembre de cette même année, et M. Béchet, administrateur du diocèse de Sens, lui confia une mission singulièrement délicate: c'était de ménager des voies de réconciliation entre l'église et d'infortunés ecclésiastiques longtemps séparés d'elle qui souhaitaient et demandaient de rentrer dans son sein.

A cet effet, M. Frasey ouvrit à Fontainebleau, rue des Sablons, hôtel Chevrier, un oratoire devenu célèbre. Après avoir rempli selon ses vœux et même au-delà de ses espérances, le mandat de M. Béchet, il revint à Paris, pour assister à la révolution du 9 thermidor an II, et profiter du décret que Grégoire fit rendre par la Convention le 3 ventôse an III, décret en vertu duquel était consacrée la liberté des cultes, décret qui bien heureusement fut élargi par une ordonnance ampliative du 11 prairial suivant.

Alors, au lieu de cette loi tout-à-fait illusoire, qui autorisait les fidèles à professer leur religion, mais sans leur accorder à cet effet des lieux de réunion et les fonds qui leur étaient nécessaires, qui même, à tout bien prendre, leur appartenaient, on leur rendit quinze églises (1), avec permission d'en louer d'autres, moyennant déclaration par devant les autorités communales ; ainsi furent louées les églises de Bonne-Nouvelle, de Saint-Chaumont, des Filles-Dieu, de Saint-Leu, et la salle d'exposition des tableaux de M. Lebrun, rue de Cléry. Le 19 de mars 1795, M. Frasey fut chargé avec M. Bucé jeune de bénir ce dernier oratoire, et d'y installer M. Clavelot en qualité de desservant. Lui-même desservit l'oratoire de l'hôtel Cerilly, rue

---

(1) Saint-Thomas-d'Aquin, Saint-Sulpice, St-Jacques-du-Haut-Pas, Saint-Etienne-du-Mont, Notre-Dame, Saint-Médard, Saint-Roch, Saint-Eustache, Saint-Germain-l'Auxerrois, Saint-Merry, Saint-Nicolas-des-Champs, St-Gervais, Saint-Philippe-du-Roule, Saint-Laurent et Sainte-Marguerite.

Vieille-du-Temple, secondé par M. de Cagny, d'héroïque et sainte mémoire, puis celui des Filles-du-Calvaire et l'église des Minimes de la place Royale (1), avec le concours de deux autres saints prêtres, MM. Dubois et Hardi; M. Dubois, qui fut plus tard déporté à la Guyane; M. Hardi, ancien curé, qui fut nommé *chef* en 1797, et supplia M. Frasey de rester auprès de lui.

Bien que les autorités civiles n'eussent pas tout-à-fait renoncé à donner leurs parades dans les églises, dans celles même que l'arrêté du 20 prairial an III, et le décret du 11 prairial an II, accordait aux catholiques, elles avaient néanmoins adouci leurs prétentions, si bien qu'elles firent savoir que la *constitution du clergé* n'était plus loi de la république; on sent toute l'importance d'une pareille déclaration. Il y a plus : sans autoriser positivement les oratoires qui s'établissaient de toutes parts, elles les toléraient, et l'Église commençait à se consoler dans ce nouvel état de choses. Mais, en mai 1798, le bureau central de police fit fermer tous les oratoires, et M. Frasey fut obligé de quitter sa chère église des Minimes, qui fut vendue sous condition expresse de la démolir. Il se retira jusqu'au 18 bru-

(1) Magnifique monument, œuvre de Mansart.

maire dans une institution de la rue Chaussée-des-Minimes, et ensuite rue du Grand-Chantier. Il trouva moyen d'y faire encore beaucoup de bien. « Le courage, dit Vauvenargues, est la lumière de l'adversité. »

Quelque temps après la révolution du 18 brumaire, nous le trouvons dans le faubourg Saint-Antoine, travaillant, par ordre formel de M. de Juigné, au rétablissement du culte catholique. Il avait loué de ses deniers l'église des Quinze-Vingts; il acheta de même tous les objets nécessaires au culte; et avec le concours de cinq ou six autres ecclésiastiques, il commença son œuvre et fit face à tous les obstacles qui se multipliaient, soit qu'ils vinssent des populations ou du clergé constitutionnel; il obtint encore des résultats aussi admirables qu'inespérés.

A la tête de ces *constitutionnels* se trouvait alors l'évêque de Paris, M. Royer, successeur du métropolitain M. Gobert. Le fait suivant montre tout à la fois et le courage de M. Frasey et quelle était sa manière d'agir à leur égard. M. Royer venait de publier un mandement où M. de Juigné était fort maltraité; M. Frasey monta en chaire, lut le mandement qu'il réfuta de point en point, et après avoir énergiquement vengé le prélat des attaques dirigées contre lui, annonça que le jour de saint Antoine, patron de M. de Juigné, un office solennel serait célébré aux Quinze-Vingts. En effet l'office eut lieu ; des tracasseries s'en suivirent ; on parla encore de prison ; mais sur des explications satisfaisantes, les autorités se calmèrent ; et l'infatigable apôtre dirigeait ses efforts sur une autre partie.

J'ai peine à croire qu'on n'ait pas calomnié Haüy, lorsqu'on a écrit qu'il s'efforçait d'élever dans l'athéisme les jeunes aveugles confiés à sa direction. L'athéisme n'est pas possible ; et s'il était permis de supposer qu'un homme soit quelquefois tombé dans cet abîme de monstruosité stupide et de corruption dégoûtante, jamais, non jamais il n'est arrivé, jamais il n'arrivera que, saisi de je ne sais quelle horrible fureur de prosélytisme, ce malheureux s'impose le devoir de vomir sur autrui, et à plus forte raison sur de pauvres enfants abandonnés, le poison qui le dévorerait. Haüy n'était pas un bon chrétien ; il est plus que probable qu'il ne faisait pas le catéchisme à ses élèves, et que l'Évangile était la moindre des choses dont il les entretenait, ce qui ne fait pas son éloge ; mais évitons d'aller plus loin, et pour l'honneur de l'espèce humaine comme par conscience de nos propres faiblesses, ne soyons pas si impatients de trouver partout des infamies ; c'est d'ailleurs le moyen de les multiplier.

Donc, M. Haüy ne s'attendait pas aux changements qui survinrent. Il avait été envoyé récemment aux Quinze-Vingts avec ses aveugles. Un jour, il entra par hasard dans l'église durant un prône où M. Frasey développait ces paroles : *hic est filius meus, ipsum audite*. Le lendemain, il vint trouver l'ecclésiastique pour le prier de donner lui-même aux élèves l'instruction religieuse. « J'ai bien compris, lui dit-il, ce que vous m'adressiez. » Il le pria encore de baptiser son enfant, et, dans la suite, il lui fut d'une très grande utilité pour le bien de son ministère.

Au mois d'avril 1802, M. Frasey fut appelé à gouverner une paroisse considérable, que sa modestie ne lui permit pas d'accepter. Il demanda pour toute faveur d'aller à Sainte-Marguerite comme vicaire de M. Dubois, son ami ; et il l'obtint (1).

---

(1) Il existe à Sainte-Marguerite quelque chose de fort curieux ; ce sont des annotations de M. Frasey sur les registres de l'église. Le courageux vicaire avait coutume d'y consigner jour par jour, à la suite des baptêmes, enterrements, etc., etc, les évènements principaux de l'époque. L'histoire y trouveras on compte.

Onze ans plus tard, c'est-à-dire le 13 octobre 1813, ses supérieurs lui imposèrent la cure de Saint-Gervais.

En avril 1823, il était transféré par M. de Quélen à Saint-Nicolas-des-Champs, cure de première classe.

Dans ses positions diverses, M. Frasey se fit constamment chérir des fidèles, ainsi que je l'ai dit en commençant. Son zèle est aujourd'hui ce qu'il était au jour de sa première messe. C'est là une de ces natures heureuses qui ne s'usent pas. S'il était, à une autre époque, un prédicateur intrépide et fort répandu, aujourd'hui ses prônes sont encore recherchés, et se font avec une régularité qui n'est pas commune. J'aime à dire en passant qu'il excelle dans le développement des paraboles de l'Évangile. J'ai entendu de lui surtout une paraphrase de celle de l'Enfant Prodigue, qui m'a causé autant d'édification que d'enchantement. Celui qui, à vingt-cinq ans, improvisait des autels au milieu des plus effroyables persécutions et avec la presque certitude d'en être puni par la mort, c'est celui-là même que ses soixante-dix-huit ans n'empêchent pas de gravir jusqu'au comble des plus hautes maisons de Paris pour y découvrir les pauvres honteux, et leur porter, avec la parole consolante du Ciel, les soulagements de la vie terrestre. Le prêtre des Quinze-Vingts et le curé de St.-Nicolas ne diffèrent que par le fait des circonstances extérieures, et, si j'ose le dire, par la couleur des cheveux. Dans les plus intimes détails d'existence, ce sont les mêmes rapports, c'est la même unité de dévouement et de science apostolique, le même calme dans les difficultés, la même force, la même foi, la même aptitude à se faire tout à tous, et aussi la même inflexibilité sur les questions de droit, de discipline, de probité sacerdotale.

Dirai-je qu'il conserve à l'autel ce recueillement profond, cette ferveur, cette attitude pleine de respect, de frayeur et d'amour, toutes ces angéliques dispositions si faciles à perdre et que nous admirons souvent dans le jeune prêtre admis pour la première fois à célébrer les saints mystères? Avant d'être le chef du clergé de sa paroisse, M. Frasey en est le modèle accompli; nul n'observe plus ponctuellement les cérémonies du rituel parce qu'il n'est personne qui les connaisse mieux; nul n'assiste aux offices avec une plus parfaite régularité.

Et puisque l'occasion s'en présente, il faut visiter Saint-Nicolas-des-Champs un jour de dimanche ou de fête. C'est M. le curé qui célèbre la messe. Le voyez-vous? Bien qu'il ne soit pas d'une taille élevée, comme il porte majestueusement sa belle chasuble pastorale ! Légèrement incliné par l'âge, il y a dans cet affaissement même un cachet de dignité vénérable qui ajoute encore à la noblesse de son extérieur. Que j'aime cette longue chevelure blanche, ce diadème de la vieillesse, comme dit M. de Chateaubriand ! Dans son admirable roman de Télémaque, Fénélon nous donne le portrait de Termosiris ; c'est, à peu d'exception près, celui de M. Frasey.

J'ai bonne envie d'ajouter une chose, mais à condition de ne fâcher personne : les yeux de M. Frasey, en même temps qu'ils brillent d'esprit et de finesse, ne laissent pas non plus d'avoir une expression fort remarquable de mutinerie et de penchant à la colère. Si c'est une erreur de ma part, qu'on me la fasse voir, et je me rétracte. Or, sans pousser la physiognomonie jusqu'aux dernières conséquences de Lavater, j'ai foi en son témoignage. Le comble de la vertu c'est de dominer les passions les plus enracinées et les plus fortes ; à un tel point de vue, signaler cet accident de nature chez M. Frasey, c'est faire son éloge, car il a bien des fois prouvé quel empire il exerçait sur lui-même en ceci, et qu'on peut, par une excellente direction, métamorphoser en modération les instincts les plus développés de la disposition contraire à cette vertu ; soit dit indépendamment de ses démêlés avec l'éditeur de cette notice, également honorables et pour la sagesse de ce dernier et pour la bonne foi du prêtre qui, se croyant calomnié, réclama d'abord violemment, mais s'empressa de céder lorsqu'il reconnut son erreur.

Dans son presbytère, M. Frasey vit simplement et toujours d'une manière fructueuse pour l'Église. S'il en est qui s'offensent et se scandalisent de trouver chez certains curés un luxe ridicule à force d'être éblouissant, ils aimeront comme nous l'intérieur de ce presbytère. Il n'y a rien là qui mette le pauvre en colère. Le dernier bourgeois de la rue Saint-Martin peut avoir une aussi belle chambre à coucher que celle de son curé. C'est là du reste, la véritable maison commune, où viennent les riches pour apprendre comment on fait l'aumône, les autres pour la recevoir, les prêtres pour s'éclairer sur les embarras de leur ministère, tous ceux qui veulent avoir de bons conseils et du soulagement à leurs peines, ou goûter, comme je l'ai dit plus haut, les charmes d'une pure intimité.

Les riches prétendent qu'il est impossible de résister, quand M. le curé tend la main, et que souvent, sur son avis, il leur arrive de croire s'enrichir en se dépossédant.

Écoutez les indigents, ils vous diront qu'à le voir lui-même rompre son pain en deux, pour leur donner leur part, on le prendrait pour l'obligé, et que leur reconnaissance souffre quelquefois de ce rôle inouï de bienfaiteurs qu'il leur impose.

Les âmes affligées se demandent comment il peut s'identifier tellement à leurs souffrances qu'il les endure plus qu'elles-mêmes par un sublime prodige de commisération chrétienne.

Il est le confident, le bon ami, le père, le frère de ses prêtres; j'oserais dire qu'il leur porte l'affection d'une mère. Que l'injustice s'exerce sur l'un d'eux comme sur tant d'autres, rien ne saurait exprimer ses alarmes, ses efforts pour éloigner le mal, toutes les ingénieuses ressources de sa sollicitude. Qu'ils puisent dans les trésors de son expérience d'abondantes lumières et du courage, on le conçoit. Sur les difficultés théologiques d'un ordre supérieur, il est d'une rectitude de jugement et d'une précision rares.

C'est bien à lui qu'il faut donner le nom de *bon pasteur*. Comme tous les hommes essentiellement vertueux, il est d'une charité sans bornes. La brebis égarée n'est pas pour lui la brebis perdue; au contraire, il pense que s'il parvient à la retrouver dans les sentiers mauvais et à la ramener ensuite au bercail, la joie sera plus grande que pour quatre-vingt dix-neuf autres qui jamais ne s'étaient écartées. Non que cette mansuétude ne soit tempérée par la prudence ; nous avons vu qu'il savait au besoin se montrer inflexible, mais c'est que les puissants, à ses yeux comme aux nôtres, pèchent plus souvent du côté de la rigueur qu'autrement, et qu'on risque moins à tomber dans l'excès de la douceur que dans une extrême sévérité.

« *Laissez venir à moi ces petits enfants.* » Jésus-Christ parlait ainsi ; M. Frasey est de l'avis du Sauveur des hommes. Il les environne de soins et de tendresse ; il assiste souvent aux instructions qui leur sont faites par ses coopérateurs (1). Aussi, comme ils sont joyeux, ces petits enfants, lorsque M. le curé paraît au milieu d'eux, à l'église, à l'école, sur la voie publique, en quelque lieu que ce soit ! il les connaît presque tous par leurs noms, ces chères brebis, *vocat eas nominatim ;* il leur adresse des entretiens proportionnés à la faiblesse de leur âge, et leurs cœurs entrent si bien dans l'intelli-

----

(1) Il est une foule d'expressions qui, par l'usage, ne s'appliquent que dans certaines circonstances et selon certaines positions données ; lorsque je ne vois pas la raison logique ou canonique de ces attributions limitées de langage, je les emploie indifféremment, et les hommes de bons sens seront d'avis que je n'ai pas tort.

gence du sien ! *Væ eis qui cum parvulis humiliare se dedignantur* (1). Une seule chose est à déplorer ici, c'est qu'avec ceux-là qui forment seulement une partie de la jeune population, d'autres ne soient pas dirigés par leurs parents vers des fins aussi précieuses pour eux-mêmes et pour la société; mais dans un quartier de vendeurs et d'acheteurs, c'est déjà une merveille que M. Frasey ait pu faire ce qu'il a fait.

Il y a aussi des autorités parmi les paroissiens de Saint-Nicolas, autre classe infiniment rétive, mais qui n'a pas su résister à la délicatesse de ses procédés ni à ses douces prévenances; il y a des hérétiques, et il n'a pas crié sur les toits que ces gens-là méritaient sac et pendaison; il s'est contenté de travailler à les convertir; il n'a pas ruiné leur réputation pour en faire forcément des catholiques; il n'a pas dit : « Faites périr leur commerce ou tomber leurs maisons sur eux, je suis le ministre du Dieu vengeur; » eux, comme les choses qui étaient d'eux, il les a respectés; ils sont, eux aussi, créés à l'image du Très-Haut, et la grâce conserve et embellit ce qu'elle touche pour le présenter à son auteur; *si occurreris bovi inimici tui aut asino er-*

---

(1) *Imit.*

ranti, reduc ad eum; sauf l'étrangeté de la comparaison.

« *Comment, lui disait un jeune prêtre, vous faites l'aumône à un protestant?* » — « *Eh bien, mon ami,* répondit-il, *parce qu'il est protestant, en est-il moins homme et moins malheureux? Que Dieu daigne le bénir!* » et il donna au protestant une somme double de celle qu'il avait dans la main.

Or, à côté de la vertu, il faut toujours placer l'autre vertu corrélative que Pascal appelle contraire, et sans laquelle, suivant ce grand homme, la première n'est rien. M. Frasey a combattu vaillamment pour la foi catholique contre les dissidents de toute nature; et M. de Quélen n'a pas oublié de l'en féliciter. Il a même exagéré, comme cela devait être chez un homme de cette sorte, et comme le font presque toujours les hommes excellents, je pense même qu'il est tombé à ce propos dans l'inconvénient des préoccupations maladives, mais il ne faut pas nommer M. de La Mennais, crainte de devenir sombre. Duclos veut que les préjugés soient traités avec circonspection.

Qu'il suffise de rapporter, pour résumer cette question des hérétiques, ou de ceux que M. Frasey regardait comme tels, ses magnifiques paroles : « *Si, pour les ramener, il ne faut que mon sang, je suis tout prêt à le répandre avec joie.* » *Non enim veni vocare justos sed peccatores*, dit Jésus-Christ lui-même. Il n'en fallait pas tant.

Aux époques de vertige politique, lorsqu'à la suite de la liberté, la licence et la débauche parcouraient les rues de la capitale en cherchant à se faire confondre avec elle, M. Frasey fut d'un calme inaltérable et se mit en mesure de recommencer son rôle d'autrefois. On sait comment finirent ces dernières échauffourées; on fut Gros-Jean comme devant, cela est incontestable; mais le Clergé en fut quitte pour la peur, du moins en ce qui concernait son existence..... Le principal était de protéger les objets du culte contre des atteintes sacrilèges. Habitué qu'il était aux mœurs de la populace, M. Frasey sut fort bien comment traiter avec elle; il fit respecter son église, et les églises voisines se ressentirent de son patronage. Cette fois la modération fut, chez le vénérable curé, sans aucun mélange de bouillante vivacité.

Il faut finir. On dit que dans les conférences ecclésiastiques du diocèse de Paris, qui, hélas!... baissent aussi, M. Frasey se fait remarquer par son assiduité et la profonde sagacité de ses raisonnements. — On dit qu'il préside avec une grâce particulière les solennités des écoles de sa paroisse, qu'il y prononce de charmantes allocutions qui ne sont qu'à lui, et que généralement il peut être regardé comme un des hommes les plus capables de diriger ces sortes d'établissements. — On dit qu'il a fait élever à ses frais dans le séminaire de Messieurs de Saint-Sulpice (1) un certain nombre de sujets qui rendent aujourd'hui des services à l'Église. — On dit, et les faits l'ont assez bien montré, qu'il joint à sa franchise de Spartiate une modestie de jeune fille, et on lui applique cette remarquable maxime : *Ad regimen quæratur cogendus ; rogatus recedat ; invitatus fugiat*, car ce fut toujours à son corps défendant qu'il accepta les honneurs. — On dit qu'il est immensément ami du travail, qu'il augmente de jour en jour son trésor de connaissances, comme faisait Caton, et qu'il a la conversation non-seulement la plus attrayante mais encore la plus instructive et la plus nourrie. — On dit qu'il a en horreur les tripotages de sacristie, si fort opposés à l'esprit de l'Église, et que les bons prêtres font disparaître le plus possible de jour en jour. —

(1) Ceci me donne occasion de jeter une larme sur la tombe de M. Boyer, l'un des directeurs de cette maison, homme excellent malgré ses amusantes singularités et savant malgré ses préventions théologiques. Les Sulpiciens n'ont pas tous les jours des hommes pareils. — Je conçois qu'ils portent le deuil de M. Boyer.

On dit même que sa rude et sainte franchise n'a pas toujours été du goût de tous ses confrères, ce qui est infiniment croyable (1), etc., etc.

On dit encore, et je le savais déjà, qu'il a excel-

(1) Et, à ce propos, qu'il me soit permis d'émettre un avis sur ce qui me regarde personnellement, en renvoyant mon lecteur au prospectus des œuvres de Georges Sand, que vient de publier l'éditeur Perrotin. Je le trouve par hasard sous ma main ; c'est une bonne fortune. Quelle que soit la valeur morale et philosophique des écrits de cette femme célèbre, ce qu'elle dit de la critique me semble d'une parfaite vérité; et, sans avoir la prétention ridicule d'établir entre son génie et ma faiblesse aucune comparaison, j'ose m'appliquer certains passages de cette spirituelle déclaration : « J'ai adressé aux hommes de mon temps une suite d'interrogations très sincères, écrit-elle, auxquelles la critique n'a encore rien trouvé à répondre, sinon que j'étais bien indiscret de vouloir m'informer auprès d'elle de la vérité................. que j'étais un questionneur bien dangereux, que j'étais un esprit pervers, un caractère odieux, que j'en voulais trop savoir, que j'étais le courtisan de la populace, le séide d'un certain.......... et de plusieurs autres raisonneurs très scélérats que la justice des siècles et l'intérêt de tous les gouvernements avaient envoyés à la potence... Cependant, je ne demeurai pas convaincu que les Pères de l'Église, dont j'avais la tête remplie, m'eussent inspiré la pensée d'un livre abominable..... J'avoue que ces docteurs m'ont appris du moins une chose... Si les questions sont des crimes, il y a moyen de les faire cesser, c'est d'y répondre ; et je demande aux gens que ma curiosité scandalise de me mettre une bonne fois l'esprit en repos en me prouvant que tout va bien. Mais jusqu'ici, hélas! ils ne m'ont fait d'autre réponse que celle du roi Dagobert, ce grand politique des temps passés, s'il faut en croire la légende :

« Apprends, lui dit le Roi,
« Que je n'aime pas les *pourquoi*. »

lemment l'esprit de son âge, et c'est une précieuse chose, car Voltaire écrit avec vérité :

> Qui n'a pas l'esprit de son âge
> De son âge a tout le malheur.

— Enfin mon biographe lui fait hommage de la citation suivante pour dépeindre son affabilité, son égalité d'humeur (sauf l'occasion) sa douce et sage bonhomie, son dévouement à l'égard de tous, et c'est par là aussi que j'achève ma notice : *Omnium horarum homo.* — Dans son passage sur la terre, M. Frasey aura vécu deux fois, car la Providence, après bientôt un siècle tout rempli d'aventures extraordinaires et de bonnes œuvres, lui a donné de s'arrêter au terme de la route et de jeter sur son passé un regard qui doit réjouir sa vieillesse.

Hoc est
Vivere bis, vitâ posse priore frui. (1)

(1) Martial.

15 Mai 1842.

Paris.—Imprimerie de A. APPERT, passage du Caire, 54.

Biographie du Clergé Contemporain.

M. CHATEL

...

> ...
> ... que ...
> ... malheureux, écoutez ...
> ceci, je vous ...
> GÉR...
> Oui.
> SGANARELLE
> Ont une certaine ... ...
> et causte.... soyez attentif,
> vous plaît.
> Molière, *Le Médecin ...*

M. Chatel a fait ses études théologiques dans le ...

M. Chatel ... ... dans ...
Dictionnaire ... philosophique de Voltaire qui est ...
auteur ...

Soyez donc ... ... il vous plaît.

Il y a, dans la rue du faubourg Saint-Martin,
n° 59, une grande ... ...
est ado... ... ... à ... ...
de ses mem... ... ...

...

M. CHATEL.

—

> SGANARELLE.
> ... Et parce que... ont une certaine malignité... écoutez bien ceci, je vous conjure.
> GÉRONTE.
> Oui.
> SGANARELLE.
> Ont une certaine malignité qui est causée.... soyez attentif, s'il vous plait.
> MOLIÈRE. *Le Médecin malgré lui.*

M. Chatel a fait ses études théologiques sous les Sulpiciens.

M. Chatel a pris sa religion tout entière dans le *Dictionnaire philosophique* de Voltaire, qui est son auteur favori.

Soyez donc attentif, s'il vous plait.

Il y a, dans la rue du faubourg Saint-Martin, N° 59, une grande maison de roulage dont la porte est surmontée du drapeau tricolore d'à présent et de ces mots : *Eglise catholique-française.*

CATHOLIQUE-FRANÇAISE! — Au fond de la cour, à gauche, M. Chatel fait ses offices.

L'extérieur de son temple présente l'apparence d'une écurie; et ce n'est pas moi qui m'en plaindrai.

Un tableau placé à l'entrée donne le détail des exercices du jour. Voici la *fête de la jeunesse* ou *du grand Napoléon;* voilà un *discours contre le célibat des prêtres*, un *éloge de Vincent de Paul* ou *de Jésus-Christ*, etc., etc. Voilà encore une espèce de *virago* costumée en tourière de couvent et qui donne tous les détails qu'on veut, *cum quibusdam aliis*.

L'intérieur est, à beaucoup d'égards, aussi simple que l'extérieur. Point de pavés; vous marchez sur la terre nue. De larges traverses de bois disposées à distance et sans façon, forment la voûte de l'édifice.

Comme parmi nous, les chaises sont alignées sur deux plans et surmontées à gauche par une chaire de figure commune. Le sanctuaire, l'autel, les cierges, le tabernacle, les vêtements des ministres, toutes ces choses conservent chez M. Chatel la forme catholique.

M. Chatel porte habituellement au chœur une soutane d'un rouge-violet avec mozette de même couleur, et un rochet-à-manches garni d'élégantes dentelles; il porte aussi la croix pectorale, et occupe un siège d'honneur au milieu de ses vicaires-primatiaux costumés à peu près comme lui. Le salut donné à nos prélats par tout individu, laïc ou prêtre, qui passe devant eux, M. Chatel le reçoit des siens; il a la crosse et l'anneau, il lui manque la mître (1).

Suivons les cérémonies.

Une forte et magnifique voix s'élève dans l'enceinte: M. Chatel entonne un cantique; les chœurs qui se composent de jeunes hommes et de jeunes filles groupés autour de l'orgue et du chantre principal, récitent ces bribes mesurées en vers français.

Les chants finis, c'est le tour de la messe; laissez-moi cette expression.

---

(1) On dit qu'il eut au commencement la crosse et la mître de Grégoire; je ne sais comment cela se fit. Grégoire, sollicité par M. Chatel de donner son adhésion à la *réforme*, lui fit un accueil fort peu gracieux, comme on sait, — plus gracieux cependant que M. de Pradt. « L'ancien archevêque de Malines, dit *l'Ami de la religion* du 8 mars 1831, a bourré l'autre jour comme il faut *ce pauvre misérable d'abbé Chatel*, qui était allé chez lui.... Avant de le mettre à la porte, il le réprimanda sévèrement.... et lui fit sentir que, s'il cherchait des approbateurs de sa sottise, il avait très mal choisi son homme. » (Style de l'*Ami*.) M. Chatel eut aussi des conférences, dès les jours de 1830, avec MM. Luscombe et Wilks.

M. Chatel, tout en imitant alors la liturgie catholique, n'a d'autre prétention que celle d'offrir à Dieu le pain qui vient de Dieu; et mon rôle, à moi, n'est pas de discuter cette chose indiscutable.

Après l'évangile, on prêche.

J'ai entendu dernièrement une conférence qui eut lieu entre M. Châtel et M. Bandelier, l'un de ses jeunes-vicaires primatiaux. Il s'agissait tout simplement de la divinité de Jésus-Christ. M. Bandelier combattait le dogme en question; M. Châtel réfutait ses arguments. Inutile d'ajouter que celui-ci n'usait pas d'armes fort redoutables. Comme M. de Ravignan avait prêché le dimanche précédent sur le même sujet, et que peut-être M. Chatel l'avait entendu, que faisait-il? prenant çà et là quelques passages du discours de Notre-Dame, il les reproduisait à sa manière, et tellement que M. Bandelier n'avait plus qu'à les dénoncer comme niais et ridicules, etc. etc.

Que ne puis-je en apporter la preuve, et citer de point en point cette conférence? Oh! si M. de Ravignan avait été là! que de tirades contre l'ambition et la rapacité du clergé romain! Comme on écoutait le réformateur en chef lorsqu'il disait que les théâtres, jusque sous le règne de Louis XIV et presque de Louis XV, avaient des prêtres pour directeurs; qu'à une époque toute récente, ce privilège leur ayant été enlevé, ils avaient imaginé, par esprit de vengeance, d'en défendre la fréquentation sous peine de péché, etc. ! et tout ceci à propos de la question de savoir si *Christ* était Dieu ou non ! Plus exact et plus logique, bien qu'en réalité ses déplorables préoccupations le privent parfois du sens commun, sinon d'une délicatesse de conscience qui paraît lui être naturelle, M. Bandelier ne s'adonnait pas à ces digressions malheureuses ; il échafaudait avec plus ou moins de régularité des syllogismes peu solides du reste ; et il n'était pas difficile d'apercevoir derrière tous ces efforts une conviction étranglée. — Allons, M. Bandelier, rappelez-vous que, si l'Arianisme occupa jamais le tiers du globe habitable, ce n'est point, comme vous l'avez dit, par le témoignage de Tertullien que nous pourrions nous en assurer, attendu que nul n'a coutume de vivre deux cents ans après sa mort (*lapsus linguæ*).

A l'occasion de M. Bandelier, et sans m'inquiéter beaucoup de l'ordre de ma rédaction, je devrais faire mention du troisième adjoint de M. Chatel, c'est-à-dire de M. de Tascher aîné, autre jeune homme et orateur d'une capacité intellectuelle qui ne donnera pas matière à controverse. Je ne sais s'il écrit lui-même ses discours ; mais si ce n'est un mauvais tour qu'on lui joue, c'en est un qu'il se joue à lui-même. A la différence de ses collègues, M. de Tascher n'était pas *prêtre* avant d'entrer dans la nouvelle Église; il a reçu l'*ordination* des mains du Primat. Lorsqu'il prêche, on l'écoute peu, tant à cause de son organe disgracieux que par égard pour son talent. Du reste, son extérieur le rend digne de commisération, d'autant qu'étant éminemment marqué au coin de l'esprit, il paraît avoir tous les désagréments de cette position exceptionnelle sans en avoir les avantages ordinaires. Mon premier professeur et Scarron, deux hommes connus dans leur endroit par une foule de saillies et de fines malices, lui ressemblaient beaucoup par derrière, de même que M. Bandelier, pris à l'inverse, est le plus étonnant portrait qui soit de M. Bénech, le supérieur du séminaire d'Orléans.

Donc, moyennant le concours de ces trois personnages, les affaires marchent ainsi que nous l'avons vu et comme nous l'allons voir.

Quand ce n'est pas lui qui prêche, M. Chatel, quelques moments avant la péroraison, se lève, saisit de la main gauche sa soutane et son surplis, comme les femmes font de leurs robes pour éviter la boue, prend de l'autre une bourse élégante, et, suivi d'un bedeau non moins laid que les nôtres, précédé d'un suisse large, haut, fier de ses mollets, délicat et rusé au commun *prorata*, il parcourt la nef en faisant la quête. On m'avait dit que, pour discréditer nos hommes d'église, les *rénovateurs* les accusaient d'agir en tout par un motif d'argent : ainsi, la taxe des enterrements et mariages, le prix des chaises, les aumônes, etc., etc. etc. Ma surprise fut grande en voyant ce qui se passait, et surtout que, pour le cas de surabondance des offrandes, l'un des deux acolytes s'était muni d'un énorme sac.

Après la quête, M. Chatel se rend à la sacristie, verse sa récolte, et revient prendre sa place. Le discours se termine ; de nouveaux cantiques sont récités ; puis le salut, et la bénédiction ainsi conçue :

    Que du Dieu tout-puissant la bénédiction
    De vos cœurs écartant la sombre affliction,
    A chaque instant du jour, sur vos fils et vos filles,
    Vos frères, vos amis, vos parents, vos familles,
    Descende, en répandant ses célestes bienfaits,
    Et, pour votre bonheur, y demeure à jamais !

M. Jules Janin a fait jadis un feuilleton sur l'Église française (1); lisez-le. « *Et parce que..... ont une certaine malignité qui est causée..... Écoutez-bien ceci, je vous conjure.* »

Ferdinand-François Chatel naquit à Gannat en

---

(1) *Journal des Débats.* — *Cent-et-un.*

Bourbonnais, le 9 janvier 1795, de François Chatel, dit Charroux, propriétaire cultivateur, et de Marie Mosnier. Le 11 du même mois, il était baptisé dans une chambre par un ecclésiastique nommé M. Laurent. A l'ouverture des églises, il fut baptisé de nouveau *sub conditione* par M. l'abbé Fargeon, curé de Sainte-Croix, sa paroisse.

M. Chatel eut un frère et une sœur qui moururent fort jeunes.

Ses parents, qui n'avaient absolument aucune fortune, s'imposèrent des sacrifices de plus d'une sorte pour lui faire donner un peu d'instruction. Ils le placèrent d'abord chez une bonne fille du pays, la demoiselle Lallemand, qui lui apprit à lire; puis, pour le perfectionner sur ce point et commencer l'écriture, chez divers maîtres d'école dont un heureux hasard me fait connaître les noms, MM. Seguy, Moreau et Rigaud. — Les connaissez-vous, hélas, et vivent-ils encore?

Le jeune François se distinguait alors par sa pénétration d'esprit, son air prématurément réfléchi, et même par sa piété; M. le curé l'avait admis comme enfant de chœur dans son église et se félicitait avec raison de son choix. Sa mère, qui fut toujours un modèle de vertus chrétiennes, cette bonne et tendre mère, que Dieu réservait à des épreuves si cruelles (1), n'osait s'avouer à elle-même les désirs de son cœur. Quel bonheur c'eût été pour elle de voir son fils prêtre! Mais elle était pauvre et n'aurait pu subvenir par elle-même aux frais de son éducation. François Chatel, l'inventeur futur de l'Église-catholique-française-primatiale, entra donc, comme apprenti tailleur, chez une personne de sa famille, et ensuite chez le nommé Guyot, le Humann de Gannat.

Mais depuis longtemps un vicaire de Sainte-Croix, M. l'abbé Chantegret, l'avait remarqué. Voyant qu'il persévérait dans ses édifiantes dispositions d'enfance, qu'il assistait toujours aux offices avec une régularité exemplaire, et qu'il aimait à s'occuper de bonnes lectures, il conçut la pensée de faire du jeune Chatel un ouvrier pour la vigne du Seigneur; et lorsqu'il sut, de manière à n'en pouvoir douter, que les inclinations de l'enfant répondaient à ses désirs, il le mit à ses frais au petit séminaire de Montferrand, dirigé par M. Ojardias. On dit qu'il y fut l'objet d'une sollicitude toute particulière de la part de ses maîtres qui aimaient son

---

(1) Elle est morte en 1835, âgée de 88 ans.—Son père est mort en 1825, à 95 ans.

caractère facile et doux, et d'une salutaire émulation pour ses condisciples qui le voyaient souvent à leur tête sans cesser de le rechercher comme un bon camarade.

Il suivit, comme élève-externe, les classes du petit séminaire jusqu'à sa cinquième, qu'il fit sous M. Sagnole; et ensuite, jusqu'à la seconde, celles du lycée de Montferrand où il eut successivement pour maîtres MM. Chirac, Marmontel et Rabany-Vigier (1). M. Durel, actuellement vicaire-général de Clermont, fut son professeur de rhétorique, et M. Croizet son professeur de philosophie. Il passa ensuite au grand séminaire que gouvernaient les Sulpiciens : M. Bouliot, *professeur*, M. Royer, *directeur*, M. Donadei, aujourd'hui vicaire-général de Langres, *enseignant le dogme*, et M. Bonnet *la morale* (2).

Sur les bancs de théologie, le jeune Chatel fit preuve d'une imagination vive et quelque peu impatiente du joug, mais aussi d'un jugement peu sûr; sa conduite, de l'aveu de tous, fut constamment irréprochable.

Après avoir reçu de M. de Dampierre la tonsure

---

(1) MM. Chirac et Rabany-Vigier étaient deux prêtres.
(2) L'économe était M. Chabrier, devenu depuis curé d'une des paroisses de Riom.

à vingt ans, les mineurs six mois après, le sous-diaconat l'année suivante, et, en 1818, la prêtrise, il occupa successivement des positions importantes. Nommé d'abord vicaire de Notre-Dame de Moulins, son talent pour la prédication se fit jour aussitôt, et ses instructions étaient fort suivies. M. Chatel s'exprime avec facilité; il a un bel organe, l'un des plus sonores et des plus nettement accentués que je connaisse. — Il chante bien.

Il fut deux ans vicaire. On l'appela ensuite à la cure de Monétay-sur-Loire; il n'y resta que six mois, et entra dans le 20e régiment de ligne comme aumônier, puis au même titre dans le 2e régiment des grenadiers à cheval de la garde royale.

Durant qu'il était vicaire, M. le comte de Castellane, colonel du 5e hussards, en garnison à Moulins, l'avait plusieurs fois prié de dire la messe pour son régiment; M. Chatel avait fait plus; et, dans des allocutions d'une forme vive et originale, mais courtes surtout, il s'était rendu singulièrement agréable aux soldats. M. de Rabusson, colonel du 2e des grenadiers à cheval de la garde, sachant d'autre part que le jeune ecclésiastique accepterait volontiers une place d'aumônier, et voulant le servir, profita de l'occasion pour mettre M. de Castellane dans ses intérêts; il fit venir M. Chatel à

Paris, le présenta à M. Feutrier, vicaire-général de la grande aumônerie, qui l'accueillit fort bien et l'envoya peu de temps après dans le 20ᵉ de ligne à Lyon (1). Il suivit ce régiment à Périgueux, Pau, Bayonne, Cambo, Laressore, et en Espagne pour la guerre de 1823. Mais au passage de la Bidassoa, lui arriva sa nomination d'aumônier des grenadiers à cheval. Il rejoignit son nouveau régiment à Paris où il occupa successivement l'Ecole militaire et les Célestins, et, dans les environs, Versailles, Beauvais, etc., etc., jusqu'en 1830.

Depuis 1823, il avait soutenu et augmenté sa réputation de prédicateur, sans atteindre cependant à la hauteur des premières célébrités.

A l'heure de la révolution de juillet, M. Chatel avait prêché dans les églises de l'Assomption, Saint-Jean-Saint-François, Saint-Etienne-du-Mont, Saint-Germain-des-Prés, Saint-Paul-Saint-Louis, Saint-Thomas-d'Aquin, Saint-Germain-l'Auxerrois, Sainte-Valère, les Quinze-Vingts, Saint-Nicolas-du-Chardonnet, etc., etc.

« Alors, dit un biographe (2), que la congrégation jésuitique avait jeté son immense réseau sur la France, M. Chatel s'était soustrait à cette domi-

(1) M. de Montcalm était colonel du 20ᵉ de ligne.
(2) Biographie de MM. Sarrut et Saint-Edme.

nation, et en présence de MM. de Montrouge et de la grande aumônerie, il osa, sous le règne de Charles X, proclamer du haut de la chaire.... LA LIBERTÉ RELIGIEUSE (1). » C'était trancher vaillamment une question non-définie. Car enfin, qu'est-ce que *la liberté religieuse*. Qu'est-ce même que LA LIBERTÉ? où sont ses limites? Il faut qu'elle en ait. Qui la défendra des atteintes de la licence? M. Chatel entendait-il bien ce qu'il demandait? S'il en était ainsi, je souscrirais à ses désirs; mais c'est le cas précisément où *MM. de Montrouge* sont plus larges que M. Chatel lui-même, et je conçois peu qu'il ait eu besoin d'un grand courage pour échapper à leur *immense réseau*. D'autres que M. Chatel ont appelé de leurs vœux la liberté religieuse et l'appellent encore; ceux-là n'ont pas abandonné le bercail; au contraire, ils prétendent, et avec raison, que la vérité, pour se défendre des erreurs ou les dissiper, n'a pas besoin d'un secours étranger, qu'elle domine par sa

---

(1) A l'église de l'Assomption. Un individu dont j'ignore le nom l'attendit à la descente de chaire, et, se précipitant sur lui, le saisit dans ses bras : « Vous avez été sublime, s'écria l'individu. » — Rentré à la sacristie, M. Chatel ne fut pas complimenté de même. M. Frayssinous et M. de Quélen étaient là : « M. l'abbé, lui dit M. Frayssinous, vous nous avez *humiliés!* » Reste à s'expliquer ce dernier mot.

propre force, que c'est l'outrager enfin de supposer qu'elle puisse rien craindre d'une lutte avec ce qui n'est pas elle ; et c'est parce qu'ils étaient *catholiques-romains* qu'ils aimaient cette liberté.

En pareil cas, M. l'abbé Chatel ne s'engageait donc nullement, s'il était sage, à se retrancher du corps de l'église qui eût applaudi à sa pensée.

Des articles qu'il publia dans un mauvais petit journal nommé *le Réformateur, écho de la religion et du siècle,* firent douter plus encore de ses principes de littérature et de raisonnement que de son exactitude théologique. Qui n'a barbouillé un peu de papier dans sa vie? Qui n'a pas commis un péché de langage? Qui n'a perdu instantanément l'équilibre de sa tête ? Voilà toute la faute et toutes les excuses peut-être de M. Chatel, dans la circonstance.

Mais à ces fantaisies presque pardonnables, se joignit un gigantesque rêve. Il lui sembla beau de s'intituler fondateur de religion, chef de schisme, hérésiarque, etc., et d'inscrire son nom au front des âges sous les noms d'Eutychès, de Photius ou de Luther. Les circonstances, plus que jamais, étaient propices : par suite de la révolution, les esprits agités et travaillés comme toujours d'un immense besoin de repos, cherchaient à se fixer et à s'abriter, sans perdre pourtant la défiance que leur inspirait le passé. Le clergé faisait partie de ce passé là ; il était détesté et fui ou poursuivi. Flatter les passions, écarter les rigueurs de la règle, adoucir en toutes façons la discipline, faire de riches promesses, marier, pour ainsi dire, l'évangile dépouillé de ses dogmes avec l'insurrection, c'était un moyen de réussite. Il fallait de plus un accident, de la hardiesse et du génie.

Voyons jusqu'à quel point M. Chatel réunissait toutes ces conditions-là. M. l'évêque de Versailles, après l'avoir invité à prêcher dans sa cathédrale la fête de Saint-Louis, le contremanda tout-à-coup par le motif précisément de sa collaboration au *Réformateur* (1). C'est une mesure qui se conçoit ; le jeune prêtre y fut sensible ; il s'insurgea ; sa résolution était prise ; il venait de refuser la place d'aumônier de Saint-Cyr qui lui était offerte ; il fit aussitôt un appel aux prêtres mécontents, en réunit plusieurs chez lui rue des Sept-Voies, n° 18,

(1) M. Chatel, qui, jusqu'alors, avait signé ses articles : *par un prêtre exerçant le ministère,* mit bas l'anonyme en affichant aux coins des rues de Paris une proclamation révolutionnaire, le 28 juillet 1830. Le 1er numéro avait paru en juin 1830. — C'est M. Blanquart de Bailleul, alors vicaire-général de Versailles, qui lui porta cette nouvelle, rue des Sept-Voies.

et forma le noyau de son Eglise. Six mois passés, comme le nombre de ses prosélytes s'accroissait, il prit un local plus commode dans la rue de la Sourdière, près Saint-Roch ; puis, au mois de juin 1831, dans la salle Lebrun, rue de Cléry, dont il a été parlé page 164 du quatrième volume ; et enfin au mois de novembre suivant, rue du faubourg Saint-Martin où il est encore.

Nous savons déjà qu'il s'était adjoint des coopérateurs; on avait marché dans le principe au jour le jour; « mais bientôt le besoin d'une hiérarchie se fit sentir, dit M. Chatel; et, par voie d'élection, le *peuple et le clergé réunis* le nommèrent évêque-primat. La consécration était nécessaire; » on chercha un homme de bonne volonté qui fut, s'il faut en croire les *on dit,* le trop renommé Poulard, évêque jureur (1). Plus tard le Maître des Templiers, Bernard-Raymond (ou Fabré-Palaprat), recommença la consécration (2). Mars 1831.

(1) Pour savoir s'il pourrait entrer dans la nouvelle Église sans perdre les 3,000 fr. de rentes que le gouvernement lui allouait comme ancien évêque constitutionnel de Saone-et-Loire, Poulard fut trouver M. de Montalivet et lui demanda son avis. « Je ne réponds de rien », dit le ministre. Poulard préféra ses 3,000 francs à la réforme.

(2) Fabré prétendait avoir été consacré lui-même par l'ancien évêque de Saint-Domingue. (*Rit Joannite.*)

Or, l'Église française se compose :

1° D'un évêque-primat chef de l'église ; 2° D'évêques-coadjuteurs du primat; 3° De vicaires-primatiaux ; 4° De vicaires-généraux ; 5° De chefs-d'église ou curés ; 6° De prêtres ; 7° De vicaires ; 8° De sous-diacres ; 9° De minorés ; 10° De tonsurés.

« Conformément à la discipline établie par les apôtres, dit encore M. Chatel, le primat et les évêques reçoivent leur consécration des prêtres de l'Église primatiale ou épiscopale qui leur imposent les mains.

Si donc M. Chatel fut réellement fait évêque, sa consécration, quoiqu'elle fût illicite, est cependant valide; mais les ordres qu'il confère ne sont pas des *ordres*, parce qu'ils sont donnés sans les formes nécessaires.

Établir une liste hiérarchique dans le personnel de son église n'était pas assez, il fallait aussi formuler un symbole pour les adeptes ; la chose fut faite.

Il est à propos de copier textuellement ici le *credo* de l'Église-catholique-française :

1° Je crois en un seul Dieu, tout puissant, esprit éternel, indépendant, immuable et infini, qui a fait toutes choses et qui les gouverne toutes.

2° Je crois que Dieu est infiniment bon et infiniment juste, que par conséquent il récompense la vertu *et punit le crime.*

3° Je crois qu'il récompense éternellement, mais je ne crois pas qu'il punisse de même, attendu qu'il ne répugne point à ma raison que Dieu me rende éternellement heureux, puisqu'il est souverainement bon, tandis qu'elle se refuse à croire qu'il doive me punir éternellement, *puisqu'il n'est pas souverainement méchant* (1), ce que supposeraient des supplices sans fin.

4° Je crois que l'homme est fait à l'image de Dieu, et qu'il est doué d'une émanation de l'essence divine ; cette émanation est son âme immortelle, qui rentrera dans le sein de l'Éternel, suivant la volonté de ce Dieu tout puissant, et lorsqu'elle en sera digne (2).

5° Je crois que Dieu nous a donné la force de faire le bien ; que quand nous faisons le mal, cela ne vient ni du fait ni de la *permission* de Dieu (3), mais bien de notre propre volonté et de l'abus que nous faisons de notre libre arbitre.

6° Je crois qu'il n'y a de religion vraie, comme utile, digne de Dieu et inspirée par lui, que celle qui est gravée dans le cœur de tous les hommes, c'est-à-dire la religion naturelle dont Jésus-Christ a si admirablement développé les principes, *les dogmes* (4), et la morale dans l'évangile.

(1) De sorte qu'en punissant le crime *passagèrement*, Dieu est *passagèrement* méchant. J'aime autant l'individu qui inventa les faubourgs de l'Enfer.

(2) Singulier mélange que cette croyance aux peines du péché et les idées panthéistiques que voici.

(3) *Permission!* Ce mot ne s'explique pas de lui-même.

(4) Je voudrais connaître les dogmes de M. Chatel ; et,

7° Je crois que la morale de Jésus-Christ est si sage, que sa vie a été si pure et son zèle si ardent pour le bonheur des hommes, que *ce grand personnage doit être regardé comme un modèle de vertu* (1) et honoré comme un homme prodigieux.

8° Je crois qu'on peut faire son salut dans toutes les religions et y plaire à Dieu, *pourvu qu'on soit de bonne foi dans sa croyance* (2).

9° Je crois que tout le fond de la morale et de la religion consiste dans ces deux préceptes du Christ : Faites aux autres ce que vous voudriez qu'ils vous fissent à vous-mêmes ; rendez à César ce qui est à César, et à Dieu ce qui est à Dieu (3).

10° Je crois que les fautes ne peuvent être expiées que par de bonnes œuvres, qu'on ne peut les racheter ni par les macérations du corps, qui sont des folies, ni par les abstinences (4) de certains mets qui sont contraires à l'es-

---

s'il en a, pourquoi, rejetant les uns, il admet les autres. «Si quelque société littéraire veut entreprendre le Dictionnaire des contradictions, dit Voltaire, je souscris pour vingt volumes in-folio.»

(1) Il est évident qu'avec une vie si pure et un zèle.....
.... Jésus-Christ méritait au moins d'être regardé comme tel. Les trois premiers mots soulignés me paraissent comiques.

(2) Les catholiques l'ont dit avant vous, et aussi bien que vous.

(3) Le pape n'en disconvient pas ; et vous faites là une guerre de don Quichotte.

(4) Comment expliquerez-vous, je ne dis pas une infinité de textes de l'évangile, des épîtres, etc., etc., mais le jeûne de quarante jours, etc., etc., de ce *grand personnage* que

prit comme à la *lettre* de l'Évangile, et que le mal qu'on a fait ne peut être effacé que par une réparation convenable.

11° Je crois que la confession auriculaire n'est pas de précepte divin (1), que *par conséquent* elle n'est pas obligatoire et qu'elle ne peut être agréable à Dieu que lorsqu'elle est faite librement et de confiance à un prêtre qu'on consulte comme un ami et comme un médecin spirituel.

12° Je crois enfin que la prière peut nous donner des inspirations *divines*, ouvrir notre intelligence, fortifier notre courage, et que nous devons offrir nos vœux et nos adorations au grand Dieu vivant, éternel, immuable, surtout dans la réunion de ses enfants, *dirigés par les commandements et les règlements de l'Église* (2), lesquels sont établies pour la régularité et la pureté des mœurs.

M. Chatel explique lui-même, d'après ce symbole, les points principaux de dissidence de l'église française avec l'église catholique.

1° « *La loi naturelle, dit-il, toute la loi naturelle, rien que la loi naturelle;* » tel est le résumé des doctrines catholiques-françaises.

La révélation, toute la révélation, rien que la

---

vous regardez comme un modèle de vertu? — Hoc genus dæmoniorum non ejicitur nisi in oratione et jejunio.

(1) Sauf à rayer des textes formels et mille fois ressassés : *Tout ce que vous délierez*, etc., etc. ; sauf à démentir la tradition, etc., etc., et la nature même, comme vous êtes forcé d'en convenir dans les lignes suivantes.

(2) Ceci est obscur, et je ne crois pas qu'il fût possible à M. Chatel d'en donner un commentaire bien sincère et bien exact.

révélation ; tels sont les lois et les prophètes de l'église latine. (1)

2° La réforme catholique française croit à l'unité de Dieu dans toute la force et l'acception du mot.

L'église latine croit à un Dieu en trois personnes.

3° L'église française ne rejette point cependant la trinité platonicienne, c'est-à-dire la trinité d'attributs.

L'église romaine repousse une telle trinité pour admettre un Dieu triple en personnes.

3° L'église française honore Jésus-Christ comme *un homme prodigieux*, comme Verbe de Dieu, comme fils de Dieu d'une manière plus excellente que nous, à raison de la sublimité de sa doctrine et de sa morale ; elle ne le reconnaît point comme Dieu.

L'église romaine fait de J.-C. une seconde personne de la Trinité, et par conséquent une seconde personne divine.

5° L'église française croit à une détérioration de l'espèce humaine, et, selon elle, c'est là le véritable péché originel ; péché dont les résultats funestes ont été l'ignorance, la superstition et les épaisses

(3) Faux.

ténèbres dans lesquelles a été enseveli longtemps le genre humain. Jésus-Christ a été notre rédempteur, parce qu'il a soulevé le voile qui nous cachait la vérité, et non sous le rapport qu'il nous a rachetés des peines d'un enfer éternel.

L'église romaine veut que la rédemption de Christ soit un mystère inextricable qui nous a rachetés des peines éternelles.

6° Les sacrements pour l'église française sont des signes ou symboles.

L'église romaine en fait autant de mystères dont il n'est permis à personne de pénétrer le sens.

7° La pénitence pour l'église française consiste dans la multiplicité des bonnes œuvres et dans la répression des passions.

L'église romaine la place avant tout dans les jeûnes, les abstinences et les macérations du corps (1).

8° L'église française ne croyant pas à la présence réelle, l'eucharistie pour elle est simplement la commémoration de la cène que Jésus-Christ fit avec ses apôtres.

Pour l'église romaine, c'est le corps, le sang,

---

(1) Faux.—Je reviendrai sur cette notice, car je sens que, faute d'espace, il me faut tronquer bien des choses.

l'âme et la divinité de Jésus-Christ sous les espèces du pain et du vin (1).

9° L'église française nie l'infaillibilité du Pape ; elle ne reconnaît d'infaillible que Dieu (2).

L'église romaine regarde les décisions du Pape comme venant immédiatement de Dieu et par conséquent comme irréfragables.

10° Le droit divin pour l'église romaine, c'est le droit des rois et des prêtres (3).

Pour l'église française, c'est le droit des peuples, selon cette maxime : *la voix du peuple, c'est la voix de Dieu.*

Là ne se borne pas la dissidence de l'église française avec l'église romaine ; elle porte encore sur divers points de discipline.

1° L'église romaine parle aux peuples un langage que tous ne comprennent pas.

L'église française célèbre en langue *vulgaire*, conformément aux règlements de Saint-Paul (4).

---

(1) Hoc est corpus meum... Hæc quotiescumque feceritis, in meî memoriam facietis.

(2) En logique même, ceci est absurde.

(3) Voilà une phrase du vieux *Constitutionnel* : faites à l'Église catholique la grâce de croire qu'elle n'est ni aussi stupide ni aussi vile.

(4) Où sont ces *règlements* ?

2° L'église romaine prescrit comme pénitence le maigre et l'abstinence.

L'église française la supprime, d'après ces paroles de Saint-Paul et de l'évangile : « *Ne faites point de différence entre nourriture et nourriture, ... mangez de tout ce qui se vend à la boucherie ; ce n'est point ce qui entre dans le corps qui souille l'âme.* » (1)

Les dispenses de temps et de parenté pour les mariages sont abolies. Pour se marier à l'église française il suffit de présenter le certificat constatant le mariage civil.

L'église française ne se reconnaissant pas le droit d'excommunier, donne la sépulture ecclésiastique à tous ceux dont les dépouilles mortelles lui sont présentées.

3° L'église romaine défend le mariage à ses prêtres.

L'église française leur permet de se marier, comme aux siècles de la primitive église (2).

D'où vient donc que, durant un certain temps, les gens du peuple se sont portés d'enthousiasme vers le réformateur ? c'est que généralement, et je

---

(1) On a mille fois expliqué ceci.
(2) Voilà le grand secret !

ne blâme ici que la société si peu soucieuse de former ses enfants, les gens du peuple ne voient des objets que la superficie matérielle, que ce qui frappe leurs plus brutales sensations, et caresse leurs préjugés les plus grossiers. Au fait, la grande raison, la voici : c'est que M. Chatel baptisait, mariait et enterrait pour rien ; ou du moins c'est qu'il avait adroitement éludé la question sur ces différents chapitres ; car, ainsi que je l'ai dit ci-dessus, l'argent des fidèles n'est pas non plus dédaigné par les ministres si désintéressés de l'Église française. M. Chatel annonçait que tout individu qui se présenterait sans possibilité de payer les *droits* pour recevoir un service de lui, serait traité gratuitement ; mais il se réservait d'assujétir les riches à un tarif. Les gens du peuple n'ont pas vu que les *prêtres romains* agissaient précisément de la même manière.

J'omets d'autres raisons que je n'aurais ni le temps ni l'envie de discuter ici, et qui d'ailleurs étaient infiniment secondaires dans l'occasion : la sépulture donnée à tous sans distinction de croyances, l'exemption d'abstinence, le goût inné chez l'homme de la nouveauté, etc., etc. Nous reviendrons sur ce dernier point.

M. Chatel dut éprouver un moment d'ivresse

bienheureuse et de fierté ; il se crut en possession du globe, à l'aspect de cette foule d'épiciers béats qui faisaient le dimanche avec leurs dignes épouses et les héritiers de leurs noms, dans son église française primatiale. Qui sait s'il n'écrivit pas à quelques-uns des siens comme ce modeste Cicéron à son ami : Mandez - moi à qui vous voulez que je fasse donner les Gaules?

Son clergé grossissait en proportion. A Paris, c'étaient MM. Normant, vicaire primatial, Robert, prêtre, et le nommé Bonnet, lévite ; puis plus tard, Laverdet, ce fringant bouquiniste des Batignoles, devenu prêtre lui-même en s'éveillant un beau matin, etc., etc. Il y avait des temples place Sorbonne, à Montrouge, etc., etc. — A Nantes, c'étaient MM. Lerousseau, vicaire-général (1), et Sandron, prêtres; — à Lannecorbin, Sinzos et Lhèz, MM. Trescazes, vicaire-général, et Rousselin, prêtre; — à Roches-sur-Rognon et Bettaincourt M. Marche, vicaire-général; — à Villefavard et Lastour, près Limoges, M. Papon, vicaire-général (tous étaient prêtres); — à Pouillé, M. Guicheteau, le même qui est en instance depuis quelques mois

---

(1) C'est maintenant M. Bonnet, nommé plus haut. M. Lerousseau, ayant fait un honnête héritage, a abdiqué son titre et est devenu l'un des rédacteurs de *la Phalange*.

pour obtenir d'épouser la fille du maire de sa commune ; — ceux enfin de Saint-Prix et Ermont, près Montmorency ; de Clichy-la-Garenne ; de Chatenay-Voltaire, près Sceaux ; de la Selle-sur-Bied, dans le département du Loiret ; de Senneville, près Mantes ; d'Agy, près Bayeux ; etc., etc., sans compter Chaumont, Epernay, Haudan, Gournay, Bray, Rennes et Rouen, qui, selon M. Chatel, demandaient des administrateurs et n'en pouvaient obtenir, faute de sujets (1).

Mais, comme l'a dit un poète, les choses humaines ne sont immobiles que dans leur mobilité même. Ces brillants débuts n'eurent pas les suites que M. Chatel en attendait ; bon nombre de ses confrères firent désertion, les uns pour rentrer dans leur devoir, les autres par de vils motifs, quelques-uns parce qu'ils trouvèrent occasion de faire d'un schisme deux schismes. Parmi ces derniers, le plus connu est M. Auzou qui s'établit entre les deux portes Saint-Denis et Saint-Martin, sur le bas côté du boulevard, lutta quelques mois contre les prêtres romains, M. Chatel et ses créanciers, déménagea pour céder la place à un courtaud de

(1) Il y avait, dans la rue Saint-Honoré, une *Église* qui fut fermée par suite de la subite disparition d'un M. Dufour, l'administrateur.

boutique, écrivit à M. de Quélen une solennelle rétractation, et obtint de se retirer à la Trappe, où il se trouva trop peu à l'aise, puis fut placé je ne sais en quel lieu, et finalement devint je ne sais quoi (1).

Alors, une voix se fit entendre, douce, calme et maternelle comme la voix de la charité. M. de Quélen envoya d'abord à M. Chatel M. Lombois, aujourd'hui curé de Belleville; (il était vicaire de Bonne-Nouvelle). Le 14 août 1833, il se présenta lui-même chez le malheureux prêtre, à dix heures du soir, et ne l'ayant pas trouvé, il lui laissa cette lettre :

Monsieur,

Un sentiment de confiance plus vif qu'à l'ordinaire en la puissante intercession de la très sainte Vierge dont nous allons célébrer le triomphe, me presse aujourd'hui de vous écrire et de vous appeler aux pieds du trône de la Mère de miséricorde pour obtenir par elle la grâce de votre retour à l'unité catholique. Si la douce pensée de Marie n'est point entièrement effacée de votre souvenir, un regard, un soupir vers elle, peuvent en un instant briser les liens funestes qui vous retiennent. Vous avez sans doute appris, dès votre jeunesse, vous avez plus d'une fois prêché que ce n'est jamais en vain que l'on invoque celle que l'Église catholique, apos-

---

(1) On vient de m'apprendre qu'il est employé dans une Poste-aux-lettres, près de Châlons-sur-Marne

tolique et romaine nomme avec tant de consolations le refuge des pêcheurs. Serviteur de cette reine auguste, fils de cette tendre mère, je n'ai pas besoin de vous dire avec quelle joie je presserais contre mon cœur l'enfant prodigue qu'elle aurait ramené des routes lointaines qui conduisent à l'éternel abîme.

Quelle que soit l'issue de cette démarche, Monsieur, croyez du moins que vous ne serez jamais étranger à la sollicitude du pasteur, et que le bercail de Jésus-Christ est ouvert à toute heure pour recevoir la brebis égarée qui veut sincèrement y rentrer.

† HYACINTHE,
Archevêque de Paris.

M. Chatel fit une visite à M. de Quelen. Nul ne sait maintenant, excepté le Primat, ce qui se passa entre eux (1). Ce qu'il y a de certain, c'est qu'à peu de jours de là, cette lettre fut publiée dans les journaux par celui qui l'avait reçue, comme garantie de sa persistance dans le schisme. Le biographe que j'ai cité prétend que M. l'archevêque de Paris spéculait alors sur la position critique et tant soit peu calamiteuse de M. Chatel, pour l'amener par la nécessité à suivre ses vues. Je ne veux pas réfuter cette charitable supposition.

---

(1) Je sais pourtant que, suivant l'expression de M. Chatel lui-même, M. de Quélen fut admirable. — M. Chatel dit plus : il prétend avoir été un *enfant gâté* du clergé romain.

Depuis cette époque, les défections se sont multipliées dans une proportion toujours croissante de la part des prêtres; les laïcs eux-mêmes se sont refroidis ou éclairés; les provinces ne connaissent presque plus que de souvenir la religion nouvelle; et comme j'assistais ce soir même, 15 mai, sur les huit heures, à la *Communion fraternelle,* j'ai vu que les fidèles se pressaient fort peu pour aller prendre le morceau de pain de boulanger qui figure cette communion. Il faut tout dire pourtant; M. Chatel portait une longue tunique de soie rouge, ramenée en arrière par deux glands d'or élégamment noués; et sur ce décor inusité brillait une superbe étole d'un effet éblouissant; sa crosse, façonnée (toujours) comme celles du commun des évêques, était négligemment posée contre un mur, entre son fauteuil et la personne de M. de Tascher... et, à propos, M. de Tascher s'est fait aussi habiller à neuf; sa tunique, si je ne me trompe, est d'un fond bleu et de la même forme que celle du maître; mais j'avoue que, par un effet singulier d'optique, je crus au premier abord qu'il avait pris pour mozette la pelisse de sa servante (1). M. Bandelier n'avait encore absolument rien de neuf, pas même en fait

---

(1) Ces tuniques ou pelisses sont un cadeau que M. de Tascher lui-même a fait à l'Eglise française.

d'objections contre la transsubstantiation qu'il combattait en chaire.

« Dieu, s'écriait-il, ne peut pas plus obéir à un homme qu'un père à son enfant, donc il ne doit pas descendre sur l'autel à la voix d'un prêtre. — Les anthropophages sont des hommes qui se mangent mutuellement, ce qui est immoral et antisocial, donc les prêtres veulent, *de nous,* faire des monstres, puisqu'ils nous donnent à manger Jésus-Christ, Dieu et homme tout ensemble. — Dieu ne peut se soumettre aux inconvénients de nos éventualités digestives. — Étant partout, comment s'expliquer qu'il *vienne là où il est.*—La partie ne peut renfermer le tout, donc un pain *à chanter* de trois lignes et moins, ne saurait contenir le corps du Sauveur qui avait au moins cinq pieds. — Le tout mêlé des grands mots : *concomitance d'existence, infinité, logique, Mingrat, Delacollonge, athéo* ou *théo-antropophagie*, etc., etc. » (1).

Le lecteur peut s'exercer à répondre.

L'autel était aussi plus beau que de coutume. Sur le tabernacle se développait avec grâce une magnifique pièce d'étoffe à franges d'argent; et il y avait parmi les candelabres, des touffes de fleurs. Le ta-

(1) **Autant parler latin, convenez-en.**

bleau du fond qu'il est difficile de distinguer à la seule clarté du jour ou à la lueur des bougies des fêtes simples, resplendissait en quelque sorte derrière les flammes scintillantes de six ou huit grands cierges; et je sais à présent quel en est le sujet: une créature accablée sous le faix d'une croix qu'elle tient à la main; des pauvres diables qui hurlent, qui grincent des dents et se tordent à ses pieds; l'Église française peut-être qui leur tend la main du haut d'un nuage, et leur montre la voie du ciel.—Il est à regretter que la créature ait trop l'air d'un porte-enseigne de garde nationale qui tombe sur son séant, l'Église française de mademoiselle Flore dans la *Fille de Robert-Macaire*, et les figures inférieures de ne savoir que faire.

La communion fut administrée par M. le Primat, après une courte allocution du même en style très éminemment maçonnique. Il avait à son côté droit le cher M. de Tascher aîné (1), et à sa gauche deux lévites ingénus. Sur un plan moins éloigné se raidissaient deux suisses chargés de régulariser l'allée et la venue des communiants, et le bedeau toujours chargé, lui, de son grand sac.

Hommes, femmes, enfants, de tout âge, de

---

(1) Élevé à Bonn, autrefois marié, et qu'on dit être de la famille de l'impératrice Joséphine.

toutes religions, et de toutes conditions, s'approchent et prennent avec leur main dans celle du Primat le morceau qu'ils portent incontinent à leur bouche; mais ils ne doivent pas oublier de verser dans le sac du bedeau la petite pièce sympathique.

J'ai, par une forme de transition tant soit peu anormale, passé capricieusement à travers mille sujets disparates; c'était le seul moyen qui me restât de tout dire en quelques mots. Les cinq ou six pages qui précèdent montrent dans ses détails la position actuelle de l'Église française; nous avons vu ce qu'elle était d'abord; comparons, et tirons nos inductions pour l'avenir.

Mon avis est que cette église n'a pas de longs jours à vivre. Que M. Chatel ne s'abuse pas, la plus grande partie de ceux qui fréquentent les offices sont des curieux et non des fidèles; et s'il retranche du reste ses employés avec leurs familles et quelques mécontents qu'un sourire de prêtre romain suffirait à calmer, où est son église? Lui-même, que je n'oserais poliment accuser de mauvaise foi actuelle, mais qui, par des causes quelconques, s'est fait momentanément une bonne-foi artificielle, lui-même ne parle pas et n'agit pas comme les hommes irrévocablement déterminés, quoi qu'il en ait dit. Je voudrais qu'il lui fût possible d'avouer ce qu'il sent à certaines heures du jour et de la nuit surtout ; le remords n'est pas inconnu à son âme ; la grâce n'est pas inactive pour lui. M. de Quélen avait raison : les premiers enseignements de l'enfance ne se perdent jamais entièrement, et la douce voix de celle qui nous les donna résonne longtemps au cœur. Après un moment, ou même de longs jours d'erreur, on est rappelé naturellement par elle à la vertu ; et le moyen de lui désobéir ?

La mère de M. Chatel avait la même foi que les catholiques romains. Elle a pleuré bien amèrement sur lui (1). C'est elle qui mit, pour ainsi dire, sur ses lèvres naissantes, le nom de Jésus ; et il ne l'accusera pas d'avoir voulu se jouer de son fils, lorsqu'elle lui faisait faire le signe de la croix au nom du Père, et du Fils et du Saint-Esprit, ou répéter le symbole des apôtres. Où était donc alors le *Code de l'humanité ?*

Cette foi maternelle, il l'a professée lui-même jusqu'en 1830 ; il l'a prêchée, comme le disait encore, et non sans un sens profond, le pieux archevêque de Paris ; serait-ce qu'il se moquait et d'au-

(1) Je sais que, jusqu'à sa mort, cette excellente femme ne cessa d'écrire à M. Chatel, le suppliant et le conjurant, pour ramener à Dieu ce fils de sa douleur.

trui et de lui-même alors? non, il croyait ce qu'il disait. Qu'il pèse maintenant, avec les raisons de sa défection, celles de sa conduite de trente-cinq années, et il verra ; et je le défie, au nom de sa douce et sainte mère, de ne pas verser une larme, que dis-je? de ne pas se jeter pour jamais dans les bras de l'Église catholique-apostolique-romaine.

Je trouve dans le caractère même de M. Chatel une raison puissante d'espérer. On le dit généreux et calme par nature, compâtissant et simple; c'est plus qu'il ne faut pour le disposer à un retour. Avec une nature ainsi faite, on se laisse aborder, on peut raisonner doucement, on écoute, on évite la morgue, cette grande peste de la logique; le cœur est de la partie, l'esprit lui vient en aide; les passions se taisent ; on doit réussir.

Il y aura de plus des exemples d'une force irrésistible. Ce qui l'entoure le délaissera. M. Bandelier, une fois son humeur rassise, rentrera dans son genre, c'est-à-dire que, faisant trêve à des raisonnements *ab irato* qui, malgré son talent, deviennent des divagations incroyables, il appliquera l'intelligence qui lui fut donnée de Dieu à des objets de sérieuse métaphysique. Il peut mieux faire que ses sermons et surtout que sa très faible *Revue : la Religion naturelle*. Il n'est pas là dans son rôle ; il s'y débat évidemment comme une âme en peine(1). Il est enthousiaste par essence ; et que dirait-il, si je venais lui prédire qu'un jour, lui qui débite contre tous les moines possibles des catilinaires de petit genre, il sera moine lui-même, et moine intolérant, excentrique..... Etrange prédiction ! mais la bonté de Dieu est bien grande et l'homme bien énigmatique !

Nous verrons aussi ce pauvre M. de Tascher rentrer dans sa sphère naturelle. Il m'a semblé très propre à faire un bon ébéniste ; rien n'empêcherait qu'en travaillant comme apprenti dans un atelier du faubourg Saint-Antoine, il ne conservât ses *favoris* et ses capacités oratoires ; tout le monde en porte de ce côté là. Si jamais l'église française ne se reposait plus de ses destinées que sur ses épaules, il dirait assurément qu'il ne veut pas augmenter son fardeau ; et il aurait parfaitement raison. (2)

---

(1) Molière a dit en riant un mot d'une profondeur inouïe : « La chaleur du sang fait cela dans les jeunes esprits. »
(*Sgan.* act. III, sc. VII.)
(2) J'oubliais d'ajouter que M. Bandelier est un jeune suisse réfugié du canton de Sion où il a exercé durant deux ans les fonctions de vicaire. Il a 40 ans.
— La notice de M. Auzou complétera celle-ci.

1er Juin 1842.

Biographie du Clergé Contemporain.

M. C...

J. Appert Edit. Passage du Caire, 34

M. CLAUSEL DE MONTALS,

ÉVÊQUE DE CHARTRES.

> « ... ...
> pourrons-nous dire que vos... os bâtimes puissent
> ... y semer, con... ... ... nuestros
> ... ... »
> (Sermon... ... ...
> ... ... Cortès.)

Une grande question s'agite aujourd'hui par le monde : « Faut-il que l'État... conserve le monopole de l'enseignement ? »

Ceux qui soutiennent l'affirmative ont pour eux... ... ... tion de trente ou quarante ans et beaucoup d'autres raisons. Les pères de famille, disent-ils, n'ont pas toujours ... ... sous du ... ... et, s'ils deviennent ... ... de confier... qu'on leur soustraie l'éducation de leurs enfants. D'ailleurs... ... ...
... ...
plusieurs fois le front ... résisté ... majorité sec... ... car les ... ... etc., ou tiers,
...

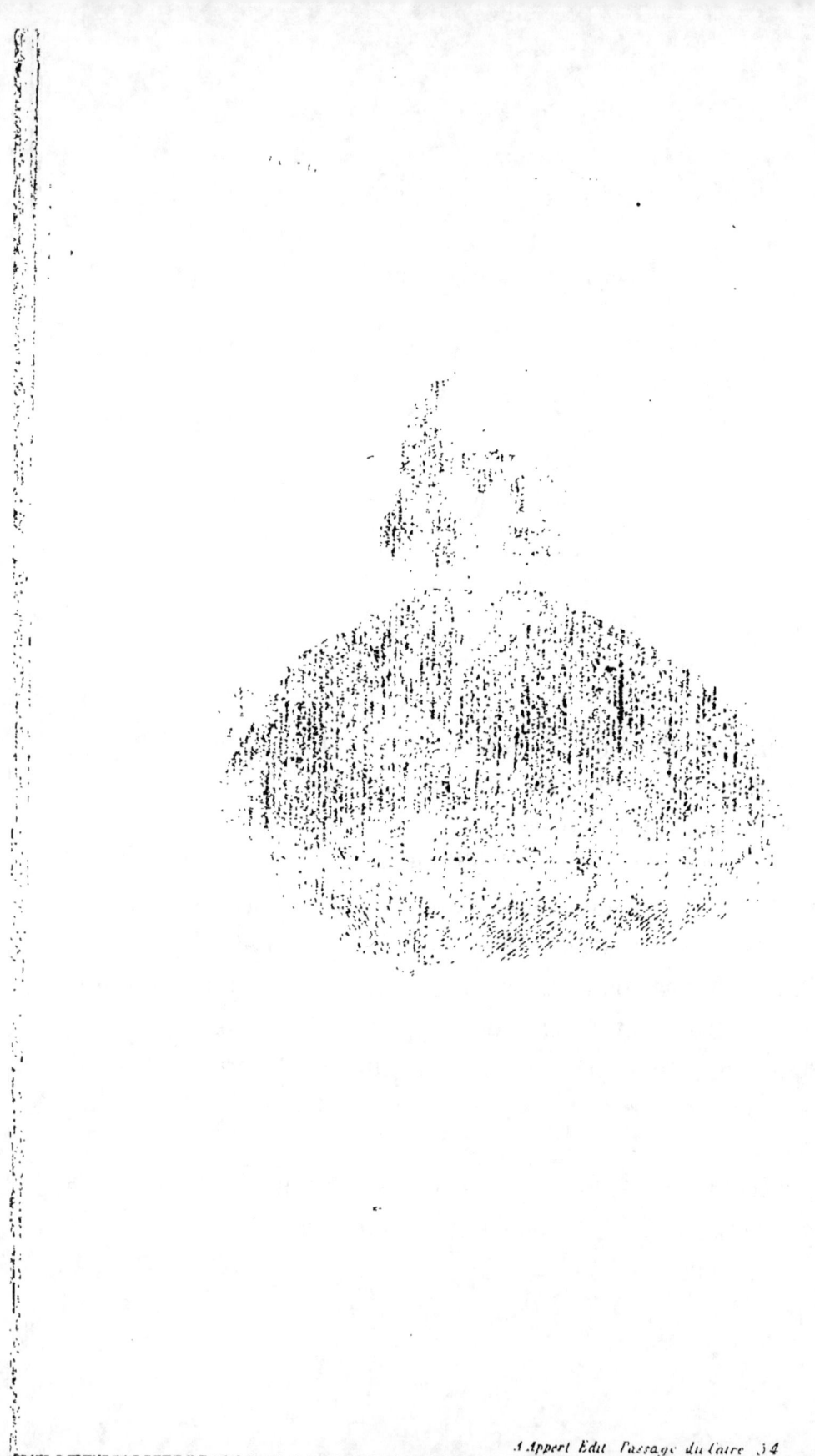

M. CLAUSEL de MONTALS,

ÉVÊQUE DE CHARTRES.

> Nos que valemos tanto como vos, y que podemos mas que vos, os hacemos nuestro rey y senor, con tal que guardeis nuestros fueros; si no, no.
> (*Serment du justicier d'Aragon au roi et aux Cortés.*)

Une grande question s'agite aujourd'hui par le monde : « Faut-il que l'Université conserve le monopole de l'enseignement? »

Ceux qui soutiennent l'affirmative ont pour eux une prescription de trente ou quarante ans et beaucoup d'autres raisons. Les pères de famille, disent-ils, n'ont pas toujours l'intelligence au niveau du cœur; et, s'ils deviennent libres de confier à qui bon leur semblera l'éducation de leurs enfants, l'intrigue, la fourberie, l'incapacité, l'immoralité se dresseront autour d'eux pour les circonvenir; posé que plusieurs aient la force de résister, la majorité succombera, car *les sots depuis Adam*, etc., etc. Alors, quels inconvénients! quelles calamités et quelle dissolution! La jeunesse est l'espérance de la société; la vie de l'avenir est là; de quel intérêt n'est-il pas pour la société que la jeunesse soit saine et intacte! quelle n'est pas, pour les gouvernants, défenseurs-nés des intérêts communs, l'obligation d'exercer une rigoureuse vigilance, en suppléant à l'incapacité possible et probable des pères de famille? Pourquoi réclamer, en ce qui touche la présente question, des franchises qu'on trouverait exorbitantes et déraisonnables là où il s'agirait d'autres matières sociales? comme s'il y avait ici plus que là de l'importance, du danger, une nécessité morale, un droit acquis! Et enfin, est-ce au profit de la nation que l'on tente d'abolir ce monopole? Puisqu'on est forcé d'avouer qu'en tout état de cause, une direction supérieure devrait être établie, qui donc nommerez-vous, pour qu'il en soit plus digne que les hommes d'aujourd'hui? Signalez des épreuves légitimes et sévères qu'ils n'aient point subies; mettez au jour leur conduite publique et privée, et faites voir qu'ils n'offrent pas les garanties désirables (1).

(1) Cas de suspension ou de destitution :
397. Tout professeur, tout aggrégé qui, dans ses discours, dans ses leçons et dans ses actes, s'écarterait du respect dû à la **religion**, aux mœurs ou au gouvernement, ou qui compro-

Comparez ce que fut la population avant le décret de Napoléon, constitutif d'un corps légal enseignant, à ce que fut depuis cette même population. Voyez l'état des collèges, qui n'atteignent pas sans doute un degré de perfection idéale, mais où règne le bon ordre, avec tous les avantages d'une éducation aussi complète et infaillible que le permettent les pauvretés de cette fragile nature humaine. D'où sont sorties les sommités intellectuelles de l'époque ? ceux qui, par la seule force de leur mérite, se sont fait un passage parmi elles, pour occuper les plus éminentes positions et rendre à l'état des services immenses, d'où viennent-il ? ceux qui attaquent l'Université, qui les a élevés ? qui leur a donné ces ressources d'esprit et de style, cette vivacité de logique, et ces moyens extérieurs dont ils se font aujourd'hui des armes contre elle, si ce n'est l'Université elle-même ? Naguère encore, lorsque les rédacteurs de l'*Avenir*, sous la conduite d'un homme de génie, réclamaient à grands cris la li-

---

mettrait son caractère ou l'honneur de la faculté par une conduite notoirement scandaleuse, sera déféré par le doyen du conseil académique qui, selon la nature des faits, provoquera sa suspension ou sa destitution, conformément aux statuts de l'université.

Code universitaire, p. 104.

berté d'enseignement, qui fit pleuvoir sur eux les foudres de l'Église? Étrange contradiction, et qui ne s'expliquerait, à tout bien prendre, que par une perfidie ! C'est apparemment que les adversaires spéculent sur une équivoque : M. de La Mennais voulait que *la liberté d'enseignement* fît *l'enseignement libre ;* et l'on veut aujourd'hui que la *liberté d'enseignement* mette l'enseignement à la merci des évêques qui la confisqueraient pour eux seuls. Or, ajoute-t-on, placez en regard des professeurs de l'Université, si profondément instruits et éprouvés, si essentiellement révocables pour le cas échéant d'indignité, si peu à même d'exploiter leurs leçons et leurs exigeances au profit d'une énorme puissance qu'ils n'ont pas, placez vis-à-vis d'eux le corps épiscopal, recommandable par ses vertus sans doute, mais, de l'aveu de tous, aussi médiocre sous le rapport des lumières qu'il a d'influence par son autorité (1) ; et prononcez ensuite. — A l'appui de ces objections contre la compétence du haut clergé, les opposants signalent ses efforts pour sortir de sa bienheureuse inaction politique et faire invasion dans les affaires, la violence même de ses attaques et la har-

---

(1) N'oublions pas, de grâce, qu'il s'agit ici d'une objection, bien que mon avis, à certaines exceptions près, ne diffère pas absolument de l'opinion que je signale.

diesse de ses prétentions si nettement exprimées en des circonstances solennelles; puis, en résumé, on observe que la guerre s'élève uniquement de son sein, et que les parties intéressées, c'est-à-dire les pères de famille, se taisent. Inutile de dire quelles conséquences l'on tire de là. (V. *le National.*) *In var.*

A ces raisons, M. Clausel, M. l'archevêque actuel de Toulouse, et d'autres répondent par des Mandements ou des lettres; les journaux qui s'intitulent religieux (1) réchauffent avec une hypocrite maladresse les arguments de M. de La Mennais en les dépouillant de leur caractère absolu (2).

« Non, s'écrient les deux prélats, notre intention n'est pas de confisquer l'enseignement au bénéfice de l'autorité ecclésiastique; nous réclamons seulement pour celle-ci le droit d'y participer sans entraves; nous prétendons que l'Université est immorale dans ses doctrines et dans les membres qui la composent, nous le démontrons; et, au nom même de la dignité humaine comme de l'honneur national, nous exigeons que ceux qui sont effrayés de tant de corruption, ne soient pas obligés de les subir, mais

---

(1) Ou qui, se prétendant tels, ont la lâcheté de répudier cette qualification, pour transiger avec les écus des abonnés voltairiens, comme fait l'*Univers*.

(2) Et surtout de l'admirable expression que savait leur donner ce grand homme, dont ils ont causé la chute.

puissent légalement chercher parmi nous un air meilleur à respirer. Qu'on nous laisse admettre qui nous voulons, et en nombre illimité, sous le toit de nos séminaires. Qu'il suffise à l'étudiant qui se présente devant vos comités d'examen, de prouver sa capacité, sans justifier d'études faites dans les collèges, pour obtenir un diplôme de bachelier. Eh! quel dommage qu'un homme *choisi* par le Gouvernement pour diriger un diocèse fût également reconnu capable de prononcer sur le plus ou le moins d'aptitude grammaticale d'un enfant! Vous objectez les erreurs possibles des pères de famille; mais outre que les instincts de la nature sont souverains en pareille matière et, pour ainsi dire, infaillibles, ne sommes-nous pas là pour les garder de ces pièges funestes? Quoi qu'on en dise, le genre humain valait quelque chose avant la naissance de Bonaparte et des décrets impériaux; et cette réflexion, si démesurément naïve qu'elle soit, l'est moins encore que les mots ronflants qui y donnent lieu. Puisqu'on a parlé d'obsessions et d'intrigues, il serait bon de savoir où en est, à cet égard, le corps même que nous attaquons: quels sont, par exemple, les hommes cupides, ambitieux, inquiets, agitateurs des révolutions qui portent profit? on nomme ceux qui, des chaires de la Sorbonne et du collège de France, se sont lancés dans les hasards électoraux pour devenir députés (et telle est l'histoire de presque tous); on sait qu'ils ont fait et exploité (d'autres disent *perdu*) la révolution de Juillet, pour saisir des portefeuilles de ministres, et cumuler les emplois les plus lucratifs dont ils palpent les émoluments sans en remplir les charges; descendez jusqu'aux moindres officiers et jusqu'aux répétiteurs des collèges dont les scandaleuses spéculations viennent épouvanter chaque jour l'honnêteté publique. Aux uns nous demandons de quelle monnaie se paient les suffrages des électeurs, et s'ils auraient bien la force de n'incliner jamais leurs principes devant une chance contestée; aux autres quel fond nous devons faire sur des industriels de misérable espèce, qui passent leur vie à dénaturer les anciens livres classiques pour les réimprimer, obtenir le droit exclusif de les vendre et de les imposer aux classes, et arrondir ainsi leurs revenus, etc. Que s'il en est qui s'abstiennent de ces actes honteux, où sont ceux qui, pour passer d'un poste inférieur dans une condition préférable, ne seraient prêts à se concilier des protections par des moyens quelconques? Il y a plus; alors même que la généralité ne mériterait pas ces reproches, à défaut de l'existence réelle des faits, ce serait assez de leur possibilité pour rétorquer contre vous avec avantage la présente objection. Certes, nous pensons nous-mêmes que le gouvernement, intéressé au bien-être comme à la bonne conduite du peuple, doit conserver son droit de surveillance sur l'éducation ; mais c'est précisément afin de seconder ses vues salutaires et sous sa direction, que nous voulons agir ; et d'ailleurs, en dépit de vos assertions, nulle partie de l'administration sociale qui soit aussi despotiquement acquise à une corporation ; nulle qui soit plus mal gérée, etc., etc. ; en voici la preuve :

(Voir les trois lettres de M. Clausel dans les numéros 3568, 3569 et 3571 de l'*Ami de la Religion*, et les Mandements de M. d'Astros.)

M. d'Astros, comme je l'ai dit, avait protesté de son côté contre les doctrines de M. Gatien-Arnoult, professeur de philosophie à Toulouse (1) ; M. Gatien-Arnoult fut destitué. Il y eut des plaintes d'autre part : M. Ferrary, professeur de philosophie à la faculté de Strasbourg, fut à peu près destitué ; M. Edgard Quinet, professeur au collège de France, fut dénoncé à l'opinion publique par *l'Univers* et *l'Union catholique*, mais il dénonça lui-même ces deux journaux comme ayant dénaturé ses paroles

---

(1) M. Gatien-Arnoult est un élève du séminaire d'Orléans (du temps de M. Mérault, *v. ci-après*); mais il est né, je crois, à Vendôme.

pour lui prêter de honteuses pensées; tactique habituelle, il faut bien en convenir, de ces indigents publicistes. M. Cousin, celui des universitaires qui avait essuyé le plus de coups, resta silencieux et immobile. Deux camps étaient en présence; on attendait de part et d'autre avec une anxiété profonde.

Mais qu'en sort-il.....

M. Villemain, grand-maître, et ministre de l'instruction publique, après avoir accordé, on ne sait plus comment ni pourquoi, les immolations que nous avons vues, continua sa route; et rien n'annonce qu'il veuille céder davantage aux dénonciations.

L'université ne mourra pas cette fois..

Cent lignes ne suffisent pas, je le sais de reste, pour bien exposer les éléments de cet immense procès, qui ferait aisément la matière d'un in-folio; mais il fallait en donner une idée dans la notice du prélat qui, le premier, l'a renouvelé et le plus énergiquement soutenu; je l'ai fait selon mon pouvoir, et sans donner mes conclusions.

Déjà, dans plusieurs circonstances, M. Clausel avait fait preuve de courage et de talent; il fut ici supérieur à lui-même. C'était au sortir d'une lutte avec le *Journal des Débats*, que les tours de force de MM. Sylvestre de Sacy et Cuvillier-Fleury, non plus que de hauts patronages, son crédit incomparable et sa grande publicité ne purent défendre d'une complète déconfiture. Au risque de consolider la réputation de *mauvaise tête* ou de *mauvais coucheur* que lui faisaient certaines gens, le voilà en campagne ; il n'a pas compté l'armée ennemie, le nombre n'est rien, son bon droit lui suffit. Quelle vigueur de dialectique ! quelle souplesse de style ! que de pensées profondes et d'érudition ! On n'écrit plus guère maintenant avec cette éloquence et cette pureté ; les belles formes littéraires sont oubliées pour les gros vocables grimaçants qui s'accouplent contre nature et crèvent à la peine. Nul ne s'est avisé de répondre à ces admirables manifestes ; je n'y vois pas de réfutation possible : les définitions étant claires comme le soleil ne donnent point de prise à l'équivoque ; il faut ou les nier absolument ou les admettre de même ; point de milieu. A l'appui des affirmations viennent les preuves, d'autant plus irrésistibles qu'elles se réduisent à des citations formelles, à des faits remarquablement précisés. Il y a, dans l'épiscopat français, un homme aussi rigoureux dans ses déductions logiques que M. Clausel, et un autre homme dont la plume plus élégante se laisse même aller quelquefois à de naïves exubérances ; M. Clausel, dans sa brillante individualité, réunit ces deux avantages, plus ou moins modifiés ; aussi exact que M. Gousset et presque aussi riche que M. Giraud, il est doué d'une vigueur d'éloquence qui leur manque. Parmi les prêtres, M. Fayet, curé de Saint-Roch, est le seul qu'on pût lui comparer, positivement.

Donc, dans ses productions antérieures, plus considérables par l'étendue et plus vantées peut-être que ne le seront jamais ses lettres, M. Clausel ne s'était pas élevé à cette hauteur ; c'est une opinion que je crois générale. A des idées du premier ordre, il mêlait quelquefois des sophismes qui, pour être honorables dans leur but, n'en blessaient pas moins les esprits droits et amoureux du vrai ; ici, sauf quelques digressions, il n'est pas un mot que ne fût prêt à signer le plus chatouilleux logicien du monde.

J'avais bien à ce propos quelque intention d'analyser immédiatement tous les ouvrages de M. Clausel, et d'établir ainsi la justesse de mes appréciations, s'il était possible. J'aurais dit avant tout, pour terminer le chapitre des fameuses Lettres, qu'en un seul point l'auteur s'était abandonné à la manie sophistique dont nous nous occupions tout-à-l'heure ; c'est en parlant de la grande révolution, lorsque pour faire justice de certains enthousiasmes, fort stupides en effet et fort à la mode, il tombe dans la partialité et soutient que les hommes de la Convention, comme Robespierre, Danton et les autres, n'étaient que de *vils rhéteurs*, etc.;... mais je sens qu'il vaut mieux renvoyer à sa date biographique cet examen si intéressant d'ailleurs, et, pour obvier aux inconvénients de la monotonie, fixer l'attention sur autre chose (1).

Claude-Hippolyte Clausel de Montals, naquit à Coussergues (2), dans le Rouergue, vers 1769.

Il est rare qu'un homme de talent ou de fortune ne tire pas son origine du Languedoc, de la Provence, ou, mieux encore, de la Gascogne. Henri IV le pensait comme moi.

Jean-Claude Clausel de Coussergues, si connu pour ses équipées gallicanes et l'accusation qu'il dirigea contre M. Decazes à l'occasion de l'assassinat du duc

---

(1) L'homme est naturellement enclin à l'exagération, lorsqu'il est convaincu surtout. Alors il se passionne si bien pour l'objet de sa croyance qu'il s'identifie à lui, et que, le voyant de trop près, il le voit infiniment mal. Que d'exemples je pourrais citer ici! Rappelons-nous l'enthousiasme touchant et les gigantesques prétentions de ces excellents carmes (V. p. 427, 1er vol.); et lisons quelques chapitres du *Dictionnaire des ordres religieux*. (Amsterdam, 1769 et 1751.)

(2) Coussergues, nom d'un petit village et d'une terre. Montals était, dit-on, un clos faisant partie de cette propriété. C'est M. l'abbé Clausel à qui M. Pelier disait: *Quousquè tandem abutère, C....., patientiâ nostrâ?*

de Berry, était frère de M. l'évêque de Chartres.

On a dit, mais à tort, que le maréchal Clausel, tout récemment mort, appartenait à cette même famille; en tout cas, ni l'un ni l'autre n'y perdrait assurément: *nihil est quòd hoc nomine confundaris, nam et hic Alexander est* (1).

Les premières années de M. de Montals s'écoulèrent dans la paisible obscurité du foyer paternel, au milieu des plus touchants exemples de vertu chrétienne, et sans aucun événement extraordinaire.

Il entra de bonne heure au collège de Rodez pour commencer ses études. Ce collège était alors très florissant et comptait parmi ses professeurs l'excellent abbé Girard, auteur d'une *Rhétorique* estimée. Il s'y fit aussitôt remarquer par une vivacité d'imagination peu commune et par ses heureuses inclinations de toutes sortes. Ses maîtres, dont il était chéri et qu'il aimait lui-même singulièrement, ressentirent une vive douleur lorsqu'à treize ans sa famille le fit partir pour la capitale, et le plaça au collège du Plessis.

Le nom de cet établissement, si célèbre à divers titres, se trouve assez souvent répété dans la Bio-

---

(1) Velleius patercul. lib. 1.

graphie pour que j'omette d'en parler au long.
Le jeune Hippolyte y fit sa rhétorique sous M. Binet, le flegmatique traducteur de Virgile et d'Horace ; et il est à présumer que ce professeur augura très mal de son avenir intellectuel, *attendu que le jeune homme était tout imagination mais sans jugement et sans goût*. On sait assez qu'en ceci l'avis de M. Binet n'eût pas été le mien ; c'est d'ailleurs une pure supposition ; j'ai voulu dire que nombre de gens se méprennent ainsi fâcheusement et niaisement sur les enfants qu'ils dirigent.

Après de brillantes études, M. Clausel entra au séminaire de Saint-Sulpice. Ses goûts pour l'état ecclésiastique, nés avec lui, ne s'étaient pas démentis un instant. Là, il étudia plus particulièrement sa vocation, se livra de toute son âme à la prière comme à ses livres de théologie ; et, l'heure étant arrivée, il crut agir selon le cœur de Dieu en se consacrant au service des autels.

Mais la Bastille était prise, et il fallait évacuer les séminaires ; c'est la logique des populaces. Donc M. Clausel sortit en grande hâte de sa cellule et se réfugia chez son père, en Rouergue. Il y attendit le dernier mot des événements qui se préparaient : lorsqu'il le sut, il n'était plus temps d'agir en conséquence. Deux de ses frères faisaient partie de l'émigration générale ; on lui demanda compte de leur absence ; il eut les honneurs de la proscription, et fut jeté dans un cachot ; s'il eût été prêtre, c'en était fait de lui tout naturellement.

A cette époque, je le perds de vue pour ne plus le retrouver qu'à Paris du temps de Napoléon. Il occupait alors avec beaucoup de distinction les chaires de la capitale.

A la cour de Louis XVIII, il prêcha la Cène, puis un Avent, et enfin le sermon de la Pentecôte.

Comme orateur, M. Clausel pouvait marcher l'égal des premiers sujets. Doué de tous ces avantages extérieurs qui sont d'un effet puissant sur un auditoire, il possédait d'ailleurs ce qui constitue le suprême mérite du genre : une grande solidité de principes, de fortes études, l'art d'exposer avec netteté les choses les plus difficultueuses par elles-mêmes, une vie pure comme le ciel, une foi d'apôtre.

En parlant des avantages de l'extérieur, si fort prisés par les maîtres de l'éloquence, j'ai cru deviner un sourire sur les lèvres de mon lecteur ; c'est que M. Clausel est d'une assez petite taille et d'une ampleur qui fait songer à M. Garibaldi, l'internonce. Soit. Mais voyez cette noble physionomie si animée, si ouverte, si gracieuse même ; ce front superbe, ce coup-d'œil d'aigle, cette coupe de visage si énergique et d'une si haute distinction. Écoutez sa parole; il y a tant de douceur, de limpidité et d'harmonie dans les accents de cette voix! elle persuaderait, indépendamment des vérités qu'elle exprime, et le cœur s'y laisse aller comme à une séduction. Je n'imagine pas une déclamation plus naturelle et plus saisissante; je cherche un prédicateur qui se fasse au même dégré chérir et obéir tout à la fois, et s'il en est quelques-uns, je ne les crois pas nombreux.

Au reste, M. Clausel porte dans le commerce de la vie privée tout le charme de son éloquence facile et communicative. Il cause à ravir. Rarement il arrive qu'étant appelé à donner son avis sur un sujet quelconque, ses informations ne se trouvent pas positives et plus que satisfaisantes; il est un des hommes de l'époque qui savent le plus et le mieux. Que dirai-je donc de la douceur et de l'aménité de son caractère? Cette question sera traitée à la fin.

En 1819, M. Clausel fut nommé aumônier de madame la duchesse d'Angoulême, et en 1824, promu à l'évêché de Chartres (1). Il était déjà cha-

___

(1) Érigé au IIe siècle. Nicole est né à Chartres.

noine-honoraire de la cathédrale d'Amiens (1).

Il avait publié les ouvrages cités ci-dessous (2).

Le but qu'il se proposait dans la première de ces productions (décembre 1816), est assez clairement exprimé par le titre même : c'était « de montrer que la révolution française qui semblait devoir être le tombeau du christianisme, n'a servi qu'à faire mieux éclater sa beauté inaltérable et sa force divine. » M. Clausel défendait le christianisme en général : « la dispute, dit-il, n'est pas aujourd'hui

---

(1) Son second frère, M. l'abbé Clausel de Coussergues, celui dont j'ai voulu parler à la page 228 (note 2), était vicaire-général d'Amiens et administrateur du diocèse de Bauvais, qui, alors, n'avait pas d'évêque. Quand j'ai mis sur le compte de son frère aîné certaines *équipées gallicanes*, j'ai fait erreur ; c'est lui qui fut le grand agitateur dans toutes ces guerres. Il devint conseiller du conseil royal de l'instruction publique, et est mort depuis 1830. — Il faut aussi relever d'autres inexactitudes : au lieu de *destitué*, lisez, page 224, ligne 17, *admonesté*; comme au lieu de *Carnutes*, page 246, il faudra lire *Chartrains*.

(2) *La Religion prouvée par la Révolution* ; *Réclamation en faveur de l'Eglise de France* ; *Questions importantes sur les OEuvres de Voltaire*; *le Concordat justifié*; *Examen des Réclamations contenues dans quelques écrits publiés contre le Concordat*, 1818, in-8°; *Coup-d'œil sur l'Eglise de France* même année; *Réponse aux Quatre-Concordats de M. de Pradt*, 1819, in-8°; *Eloge funèbre de S. A. R. Mgr. le duc de Berry*, 1820.

Il publia plus tard : *Lettres sur l'écrit de M. de la Mennais, De la Religion considérée*, etc., etc. ; *Lettre à M. de Vatimesnil*, 15 juillet 1828 ; et sa magnifique *Lettre à M. Villemain*, dans des circonstances récentes.

entre les catholiques et les autres communions; c'est la foi chrétienne prise dans toute son étendue qu'on veut anéantir; il s'agit de savoir laquelle, de l'incrédulité ou de la religion, a le plus de titres à l'acquiescement de la raison, et le plus de moyens d'assurer le bonheur public. »

Il fait d'abord remarquer dans la révolution « certaines circonstances frappantes qui, par leur singularité inattendue, ou par les vertus extraordinaires qu'elles ont fait éclore, sont propres à persuader que le christianisme est l'ouvrage de celui qui peut donner à la faiblesse même une force invincible. Le christianisme triomphe de la double persécution de la force et du pouvoir, qui pensaient, comme Dioclétien, n'avoir plus qu'à faire écrire partout ces mots : *superstitione Christi ubique deletâ;* il a triomphé même du principe fondamental de la révolution en s'appuyant sur les vertus admirables et le courage des vrais chrétiens. » A cette occasion, M. Clausel expose ses théories sur la souveraineté du peuple; et ses arguments ne me semblent pas du tout irréfutables, mais je dois ici m'abstenir de discussions. Suit un *Coup-d'œil* sur la fameuse *guerre d'Espagne,* où il montre que le christianisme est patriotique par nature, et que l'irréligion, quoi qu'elle en dise, éteint dans le cœur de l'homme cet instinct plus ou moins sacré. Puis c'est une preuve tirée de l'héroïsme de Louis XVI, de la Reine Marie-Antoinette et de madame Elisabeth. « Où puisaient-ils cette sublime résignation et ce calme céleste qui sont plus que de la force d'âme ? » Il ajoute que le christianisme a conservé la foi de la providence, et que, « s'il a un endroit faible, on a dû le trouver dans la révolution. » Il poursuit son œuvre en examinant l'*Origine des cultes* de Dupuis, toutes les objections faites contre les livres saints; et il conclut en somme que « c'est un grand triomphe pour les chrétiens que les ennemis de la foi soient forcés de recourir à des extravagances aussi outrées et aussi palpables que celles-là. » Il passe en revue les diverses questions du zodiaque d'Égypte, de géologie, de galvanisme, de fantasmagorie, de magnétisme animal ; et il tire de là les mêmes conséquences. Il se demande alors si l'on doit des ménagements particuliers aux novateurs du dix-huitième siècle, cause principale de la révolution : à Voltaire, par exemple, dont il conteste « la supériorité de talent en quelque genre que ce soit, » et dont les vertus n'ont pas jeté un tel éclat qu'on doive le croire sur parole; à Rousseau, qu'il trouve, encore avec raison, plus réellement homme de génie que Voltaire (1), mais qui « n'est qu'un concubinaire effronté, un valet fripon, un ami sans cœur, un père dénaturé; » à Montesquieu, « dont l'*Esprit des lois* n'est pas, suivant lui, d'une beauté pure et irréprochable, et dont l'autorité est surtout fort suspecte en matière de religion. » — « Ces incrédules fameux n'ont point eu les caractères d'un zèle pur et utile aux hommes; ceux d'entre eux qui ont vu la révolution ont détesté les suites de leurs principes. » M. Clausel applique aux suites de la révolution des raisonnements identiques, et il se résume.

Ce livre est sans contredit le meilleur qu'on ait fait sur un sujet pareil; les divisions en sont régulières, le plan parfait; les textes donnent à réfléchir, et chaque chapitre répond directement aux idées qu'il annonce. Toutes ces qualités n'empêchent pas qu'il y manque des développements essentiels, et que souvent ces lacunes ne soient comblées par des inutilités de plus d'une sorte; je me trompe, ces choses qui maintenant nous paraissent être des lieux communs étaient à l'ordre du jour sous la

---

(1) Une chose frappante, c'est que Rousseau n'a jamais parlé des jésuites ni en bien ni en mal, même à propos de son *Traité d'Education;* cette idée me survient, et il faut qu'elle se place ici avec raison ou non.

Restauration ; pour peu qu'on ait étudié la littérature de cette époque, on s'en apercevra bien ; et c'est là une des causes qui réduisent à néant la moitié des livres qu'elle nous a laissés. En tous cas, M. Clausel est un des écrivains qui ont évité le mieux cette pierre d'achoppement.

J'en dirai autant de la brochure qui a pour titre : *Réclamation en faveur de l'Église de France*, et des *Questions importantes sur les OEuvres de Voltaire*. En opposant au despotisme athée des arguments vigoureux, et à l'inepte engouement des raisonneurs campagnards, victimes de M. Touquet et compagnie, les simples observations du bon sens et de l'honneur, M. Clausel s'est trouvé quelquefois entraîné par sa facilité d'écrire; l'imagination, comme dit le prince de Ligne, a mis à son fond de preuves des franges trop longues. Qu'il eût pris un cadre considérable (et la matière ne faisait pas défaut), ce luxe conviendrait pour jeter quelque variété sur l'ouvrage ; mais voulant abréger et presque tronquer son sujet en le rétrécissant dans d'étroites bornes, lorsqu'il étend d'ailleurs les accessoires avec complaisance, il imite un peu le personnage de la comédie italienne qui demande deux boucliers d'Achille pour en faire des boutons à sa veste.

Aux éloges que mérite le *Concordat justifié*, je

crois qu'il faut apporter plus de restrictions encore ; si ce n'est sous le rapport du talent, car M. Clausel n'avait encore été ni si nerveux, ni si riche, ni si admirable par toutes les ressources de l'esprit et de la science, c'est en raison des efforts qu'il fait pour défendre une cause malheureuse ; expliquons-nous.

Plus que personne, je suis éloigné de toute pensée de résistance aux ordres du chef suprême de l'Église ; or, il est évident que le Concordat fut consenti extérieurement par Pie VII ; cependant, je ne crois pas que cette transaction fût une bonne chose, et en voyant quelles en ont été les suites funestes, j'en déplore les causes et l'exécution.

C'est qu'il y a ici deux questions dans une.

1° Le Saint-Père pouvait-il faire ce qu'il a fait ? le Concordat étant signé et maintenu par lui, est-il permis de se soustraire de son propre chef aux obligations qu'il implique ?

2° Que penser de ceux qui le regardent comme un *factum* hérétique ?

Dans les circonstances prodigieusement difficiles où il se trouvait, Pie VII a déclaré lui-même que la violence avait été plus forte que sa volonté (1). Avant tout, ce qu'il y avait de certain, c'est qu'au-

---

(1) Voir une des précédentes notices.

cun des articles qui lui étaient proposés ne blessait la pure foi dont Jésus-Christ l'a constitué l'organe et le dépositaire. Il ne s'agissait donc plus que de placer dans la balance, d'un côté les inconvénients probables d'un refus, de l'autre ceux d'une acceptation. Il se prononça comme on sait; et l'univers catholique se soumit; l'épiscopat français donna un exemple sublime de dévouement et d'obéissance; ceux qui s'insurgèrent furent des maladroits ou des coupables.

Mais les motifs mêmes de cette détermination capitale porteront l'homme judicieux à croire que le pape n'entendait pas s'engager par des liens irrévocables. Les temps sont changés; l'empire a passé, puis la restauration, puis bien d'autres choses encore; le Concordat reste seul debout et immobile au milieu de toutes ces révolutions; s'il est toujours obligatoire parce qu'il n'aurait pas été officiellement révoqué, ne puis-je du moins, sans sortir du devoir de la soumission catholique, former des vœux pour le voir aboli, c'est-à-dire pour que le Souverain Pontife soit délivré des entraves qui l'empêchent d'arriver à ce but où il aspire évidemment? certes, si je ne m'abuse, la très grande majorité des vrais fidèles est de mon avis.

Pour avoir confondu ces deux termes bien distincts, on a fait la guerre; et j'ose dire qu'on a eu tort; rappelons-nous seulement les noms de MM. de Pradt, archevêque de Malines (1), de Thémines, évêque de Blois, Aude, etc., etc.

M. Clausel, sans se méprendre tout-à-fait comme eux, donna pourtant un peu dans cette erreur; il y donna même si bien qu'emporté par son zèle, fort louable du reste, pour la défense de l'autorité pontificale, il mit en œuvre tous ses immenses moyens d'intelligence pour justifier la lettre même du Concordat; et je ne puis cacher le mécontentement qu'il me cause alors; de là peut-être la mauvaise humeur dont je vais faire preuve.

M. F. de La Mennais fut autrefois l'intime ami de M. Clausel. Avec une âme aussi belle et aussi bonne que la sienne, avec son esprit éclairé, pénétrant et bien fait, M. l'évêque de Chartres nous donnait droit d'espérer qu'il dédaignerait de faire *chorus* parmi les petites gens qui ont amené la chute de cet homme illustre. Toutefois, lorsque parut le *Mémorial catholique*, M. Clausel de Montals et son frère, M. Clausel de Coussergues, descendirent en champ-clos; les premiers coups furent dignement portés et

(1) J'aurai bientôt à examiner les Quatre Concordats de M. de Pradt.

parés de même. Jusque là, rien de plus naturel. Mais bientôt l'aigreur se mit de la partie; il y eut rupture entre les amis; et l'on ne s'envoyait que des traits à distance; on n'évitait qu'à peine les personnalités; M. Clausel, selon la méthode commune, fit usage de très noires prédictions; M. de La Mennais en ressentit une amertume fatale, et bien qu'il eût, d'un bond de son génie, terrassé toutes les oppositions, il fut moins fort contre un autre genre d'attaques: les murmures dans l'ombre, les airs de défiance, l'isolement où ses adversaires voulaient le plonger. Il dirigea d'un autre côté ses vues et son cœur; il a marché à pas de géant, et Dieu sait où il en est précisément aujourd'hui.

Exposer le sujet des discussions qui nous occupent serait superflu; nul ne l'ignore. Donner mon opinion sur le fond du procès ne serait guère moins inutile.

Ceci se passait en 1826, deux ans après l'arrivée de M. Clausel à Chartres. On a pensé qu'il était redevable de la mître à madame la duchesse de Berry, parce qu'il avait prononcé, en 1820, l'éloge funèbre du malheureux prince assassiné; ce qui est à l'honneur de cette héroïque femme. Quoi qu'il en soit, M. Clausel a suffisamment prouvé, ce me semble, qu'on ne pouvait faire un meilleur choix.

A peine eut-il posé le pied dans sa maison épiscopale, que de toutes parts on s'aperçut de sa présence pour la bénir. Par des causes qu'il ne m'appartient pas de juger, l'administration demandait une main forte qui la réorganisât ; il fallait un homme supérieur. M. Clausel fut cet homme-là.

Il visita son diocèse ; il n'eut pas de peine à gagner d'abord l'affectueuse confiance de tous les prêtres, et celle des simples fidèles. Il voulut que, dans les circonstances les plus graves comme dans les moins importantes, nulle résolution ne fût prise sans son concours ou sans son ordre ; il se montra toujours et partout accessible, et donna dans sa vie publique l'exemple avant le commandement.

Dès-lors on citait son assiduité aux offices, son zèle et son application pieuse à remplir exactement les cérémonies de l'Église, sa rigoureuse fidélité à toutes les observances canoniques, son dévouement de tous les jours aux malheureux, et bien des traits de son ingénieuse charité pour les pauvres. On ne saurait assez dire qu'un des premiers devoirs d'un évêque, est la prédication ; bien que souvent on agisse aujourd'hui comme si c'était une obligation pour lui de s'en abstenir. M. Clausel saisissait avec bonheur toutes les occasions de prêcher ; et rappelons-nous qu'il le fait fort bien. Rien n'égalait sa sollicitude paternelle pour ses chers séminaires...... c'est une des particularités les plus connues de son histoire.

Que si maintenant nous le suivons dans son intérieur, on ne s'attendra pas à des magnificences plus qu'asiatiques : un boudoir convient peu au représentant du Dieu-homme qui n'avait pas où poser sa tête (1) ; un prie-dieu décoré de velours et d'or se remplace dignement par quelques lits donnés aux pauvres malades ; que de pains on achèterait pour ceux qui n'en ont pas, avec les inutiles pierreries d'une crosse ou d'une mitre, et les profanes diamants qui brillent aux doigts ! M. Clausel, qui le sait, s'en tient strictement pour sa personne à la représentation nécessaire, et donne le reste à qui de droit, c'est-à-dire aux membres les plus souffrants de Notre Seigneur Jésus-Christ. Peu lui importe l'ingratitude du grand nombre ; qu'une fois sur mille son aumône porte profit à l'Église, son ambition sera satisfaite ; Sénèque a dit une belle parole : « *Multa (beneficia) perdenda sunt, ut semel ponas benè.* »

Les délicatesses de la rhétorique ne m'empêcheront pas d'entrer ici dans quelques petits détails. Ainsi, M. l'évêque de Chartres fait-il ses repas à la manière des étudiants, ou, si voulez, comme l'hum-

(1) Voir la notice Morlot, page 142, 3ᵉ vol. et le *Journal du Loiret*, du 8 juin 1842.

ble Solitaire qui écrit ces lignes : on lui apporte d'un restaurant les deux maigres plats qui font sa nourriture de chaque jour ; et, s'il survient un prêtre, quel qu'il soit, ordre est donné tout simplement au fournisseur pour qu'il double la portion d'usage.

Et cependant, que dis-je ? à cause de cela même, M. Clausel est d'une aménité charmante, d'une noble et franche gaité, d'un abandon délicieux ; on est émerveillé ; on n'avait pas vu encore tant d'aisance et de finesse d'observation ; quelles vives réparties ! combien il sait de choses ! et quelle patriarcale simplicité ! Heureux ceux qui approchent de lui ! eh comment la passion du vrai ou de ce qui semble l'être, a-t-elle pu envenimer un moment cette belle âme ! — Me suis-je trompé ? ai-je mal connu la nature de ses rapports avec M. de La Mennais ? il y a là nécessairement quelque chose que je n'ai pas deviné.

Et de fait, bien qu'il soit incapable de transiger en matière de devoir, M. Clausel n'a rien d'un homme intolérant. Il distingue la personne de l'erreur et sait au besoin s'entendre avec le cœur pour convaincre l'esprit de ceux qui s'égarent. Douceur intelligente et profondément évangélique ! Il serait possible d'en apporter ici plus d'un exemple vivant ; car M. Clausel a eu sa part de nos douleurs humaines. « *Nulla tam modesta felicitas est*, dit Florus, *quæ malignitatis dentes vitare possit.* »

Lorsqu'en 1833 (1), un prêtre de l'*Église française* ouvrit une succursale de M. Chatel à la porte de Chartres, les premières démarches du prélat furent inspirées par ce même sentiment de mansuétude et de tendresse pastorales. Elles restèrent inutiles. Il insista; ce fut vainement encore. Le 28 avril, la populace ameutée se ruait sur l'évêché qu'elle saccageait; on vint à la cathédrale le supplier de quitter le chœur et de sauver sa vie : « N'ayez pas peur, » dit-il; et il continua la lecture de son bréviaire. Après l'office, il prit tout naturellement le chemin de son palais; les émeutiers avaient fait retraite; on lui annonça que les Autorités de Lèves (2) étaient dans l'intention de se présenter à lui : « Qu'elles viennent, répondit-il », et il les accueillit gracieusement. On devine bien que les Autorités restèrent à peu près muettes en sa présence; il sortit ensuite pour se montrer à la populace, qui rentra d'elle-même dans le silence, et se retira toute confuse.

(1) M. Clausel avait alors pour secrétaire M. Massiot, l'un des ecclésiastiques les plus distingués du clergé de St-Roch.
(2) Le curé de cette paroisse ayant été ou interdit ou envoyé par M. Clausel dans une autre localité, s'obstina à rester, et ses paroissiens soutinrent sa résistance. M. Auzou vint alors pour lui prêter main-forte.

Les Carnutes ont gagné ceci à la révolution de Juillet, que leur évêque ne leur a pas été enlevé. Les Bourbons l'auraient indubitablement appelé à un siège supérieur; le gouvernement actuel ne peut avoir les mêmes vues, et le trouve déjà suffisamment incommode à la place qu'il occupe. M. Clausel ne se cache pas de ses opinions légitimistes, bien qu'il use cependant, sur le chapitre politique, d'une prudence rare. Plus d'une fois cependant les ministres de Louis-Philippe ont voulu tenter fortune auprès de lui; on en vint un jour à ce point de lui faire passer la croix de la Légion-d'Honneur; fort poliment, il la retourna en disant : « Je n'ai rien fait pour la mériter; » ce qui était plus modeste et plus malicieux que vrai (1). Non qu'il soit ce qu'on appelle un fanatique de son opinion, car, je l'ai dit, la politique n'a d'intérêt à ses yeux qu'autant qu'elle se rattache au service de la religion ; il ne blesse et n'irrite personne; il vit en fort bonne intelligence avec les gens du pouvoir et se fait aussi bien estimer qu'aimer dans ses rapports nécessaires ou spontanés avec eux. Cent mille flatteurs ne valent pas pour un roi quelconque un ennemi de cette sorte.

(1) C'était de plus une leçon pour beaucoup d'autres, car les mendiants d'honneurs ne sont pas plus rares aujourd'hui que les mendiants d'argent et d'or.

Hors de son diocèse, indépendamment de la juste célébrité que lui ont faite ses ouvrages, M. Clausel est environné d'une considération sans bornes. Les évêques, ses collègues, le consultent, et sont toujours heureux de suivre ses avis, comme ils se trouvent toujours bien d'imiter sa conduite. Il donne un conseil avec cette gracieuse et naïve politesse qui en double le prix, et rend la reconnaissance infiniment douce. « *O donum inclytæ vocis danti pariter atque accipienti speciosum !* » (1)

Je possède l'autographe d'une lettre qu'il écrivit à M. Mérault, sur un ouvrage de ce dernier; je me réjouis de pouvoir la reproduire; elle fait l'éloge de celui qui l'a écrite, comme de celui qui l'a reçue; et tout ce qui concerne ces deux hommes éminents ne saurait être que d'un intérêt suprême pour nous.

« Monsieur,

« Aussitôt que votre livre m'a été remis, je l'ai parcouru avec une avidité qui s'est portée sans suite et sans règle sur ce qu'il a de plus intéressant. C'est vous dire que j'ai lu d'abord l'avant-propos et la méthode exposée page 427; ces deux morceaux portent l'empreinte du talent qu'on vous connaît.

(1) Flor.

On y remarque ce que Quintilien appelle *lacteam ubertatem*, une abondance pleine d'agrément et de douceur. Les idées piquantes, les exemples bien choisis, les conseils sages présentés sous une forme attrayante, invitent à les lire et assurent le fruit de cette lecture.

« Quant aux mandements (1), vous m'avez fait ouvrir la marche, sans doute comme on met les enfants et les gens de peu de conséquence à la tête de nos processions. La place que vous m'assignez ne pouvait me convenir qu'à ce titre. J'ai jeté les yeux sur les autres pièces du même genre que vous avez recueillies ; j'ai vu des choses admirables. Mais aussi quels noms ! Bossuet, le P. Brydaine, Boulogne ! ce dernier, surtout, après que vous avez adouci son âpreté, est un orateur d'un mérite bien rare (2) ; quelle logique ! quel sel ! quelles peintures de mœurs dont la vérité frappe et réjouit ! Il ne manquait à cet homme célèbre, que j'ai beaucoup connu, que l'érudition qu'il n'avait pu, *faute*

_____

(1) *Mandements sur l'enseignement de la religion*, par M. l'abbé Mérault. Toutes les allusions de cette lettre s'expliqueront par la notice de cet admirable prêtre, qui sera prochainement publiée.

(2) Et qui, par le genre de son talent, ressemble singulièrement aussi à M. Clausel de Montals.

de pouvoir vivre sans vicarier ou sans prêcher, acquérir dans sa jeunesse.

« Les trois pages de l'évêque de Versailles (1) que vous citez en finissant sont exquises ; tout ce qu'il écrit est de la même étoffe. Il a un talent très rare, que mon ancienne et intime liaison avec lui m'a mis à portée de connaître, et auquel je m'étonne que le public n'ait pas rendu plus de justice.

« Je recommanderai fort votre recueil de *Mandements sur l'enseignement de la Religion* à nos jeunes séminaristes, quand le moment en sera venu.

« Agréez, etc., etc.

« Votre très humble serviteur,

« † C. H., *évêque de Chartres.* »

24 août.

M. Clausel est un des hommes les plus laborieux de l'époque (2). Bien que les ouvrages de pure littérature lui soient très familiers, il recherche de préférence les productions philosophiques ; et par les

___

(1) M. Borderies, si je ne me trompe.

(2) C'est, du reste, une qualité de famille ; son frère, M. de Coussergues, ne le lui cédait en rien sous ce rapport. —Puisque l'occasion s'en présente, je vais donner quelques détails sur la vie de cet homme célèbre.
Jean-Claude Clausel de Coussergues, fut conseiller à la cour de cassation, député,—d'abord conseiller à la cour des aides de Montpellier.—Il émigra et servit dans l'armée de Coblentz.—Rentré en France sous le consulat, il se fit libraire

lettres citées en tête de cette notice, nous voyons comment il les étudie; c'est souvent la plume à la main, pour en recueillir des passages remarquables à divers titres. Les nombreux ouvrages qu'il a publiés ne sont pas les seuls qu'il ait écrits; et nous voyons avec regret qu'il tienne si longtemps ses manuscrits en portefeuille. Il dort peu, se lève de très grand matin, suit invariablement une règle tracée: tant pour sa correspondance, tant pour recevoir les visites de

pour vivre; mais Cambacérès, son ancien collègue à la cour des aides, le fit bientôt nommer conseiller à la cour d'appel de Montpellier. — Il publia un journal qui ne réussit pas.— Envoyé par l'Aveyron au corps législatif, en 1808, il prononça cette parole admirable, qu'on trouva infernale: *Le sol n'est pas la patrie.* Sa nomination de conseiller à la cour de cassation est de 1815. Il fit partie de la chambre introuvable; on se rappelle sa fameuse dénonciation contre M. Decazes. Lorsque le duc de Berry fut assassiné, il s'élança à la tribune et dit: « Je propose à la chambre de porter un acte d'accusation contre M. Decazes, ministre de l'Intérieur, comme complice de l'assassinat de M. le duc de Berry, et je demande à développer cette proposition. » Il publia un mémoire à ce sujet.—Ses principaux ouvrages sont:

Projet de la proposition d'accusation contre M. Decazes.

Seconde et dernière réponse à M. d'Argout et autres apologistes de M. Decazes.

Réponse aux apologies du ministère.

Quelques considérations sur la marche du parti libéral dans les premiers mois de 1822.

Réponse à tout ce qui a été publié contre cet écrit.

Quelques considérations sur la révolution d'Espagne et l'intervention de la France (traduites en espagnol).

Du sacre des rois de France, et des rapports de cette cérémonie avec la constitution de l'état.

De la liberté et de la licence de la presse.

ses prêtres, tant pour feuilleter ses chers volumes ou jeter ses pensées sur le papier, etc. Sa bibliothèque est véritablement le palais où il se sent roi; elle est nombreuse et parfaitement choisie; le jeune clergé conçoit trop peu ce genre de délices.

Hélas! et que de différences! et où allons-nous? Comme les grandes traditions ecclésiastiques, les habitudes, les goûts, le caractère, et encore une fois la physionomie, tout cela se perd! Hormis quelques exceptions, trouvez dans la nouvelle génération des hommes qui promettent d'égaler plus tard ces vétérans du sacerdoce, mais aussi quelle manière de conduire les séminaires, en bien des localités! quel enseignement théologique! que de réformes nécessaires! que de vieilles et saintes institutions tombées et qu'un égoïsme avide s'obstine à ne pas relever! Qui donc se présentera pour guérir toutes ces plaies? Voilà encore des reproches; il y aura des mécontents; que puis-je faire?

Difficile est satyram non scribere..........

Espérons; et, en attendant, jetons un regard de reconnaissance et d'admiration sur les Pontifes qui, comme M. Clausel de Montals, nous ont conservé, dans leur personne, le précieux dépôt de la science divine et les belles mœurs sacerdotales, derniers héritiers en ligne directe des Bossuet, des Fénélon, des saint François de Sales, et de toutes les gloires de l'église.

En résumé, mon avis est que M. Clausel doit la plupart des qualités que j'ai signalées à son esprit de sage et austère indépendance. Épictète a dit, si je ne me trompe, que la servitude est à l'âme comme une courroie trop serrée aux pieds du voyageur. La liberté est la mère des grandes choses; et Cicéron, sans être un cannibale, pouvait jeter ce cri sublime: *ô dulce nomen libertatis!* Toutefois, s'il faut en croire un bruit fort suspect, M. Clausel n'aurait conservé cette noble intégrité qu'à son corps défendant; et il aurait eu avec un de ses collègues je ne sais quel entretien, comme celui de Diogène et d'Aristippe (excusez les noms), par lequel je termine : Pendant le séjour de Diogène à Syracuse, Aristippe le voyant laver ses légumes, s'avisa de lui dire : si tu voulais faire la cour à Denys, tu ne mangerais pas ces légumes; et toi, répliqua Diogène, si tu voulais manger ces légumes, tu ne ferais pas la cour à Denys.— Aristippe veut devenir archevêque.

10 Juin 1842.

Paris. — Imp. de A. APPERT, pass. du Caire, 54.

Biographie du Clergé Contemporain

M. [illegible]

> [illegible] e ti ammiro [illegible] adoro. Nel primo [illegible] esser chiamato [illegible] secondo [illegible] cro [illegible]
>
> *Pens* [illegible]

[illegible]

plète [illegible] possible, de [illegible]

[illegible] cité, [illegible] France [illegible] puisse s'enorgueillir [illegible] dix siècles d'existence avérée (1).

(1) [illegible] t. IV, p. 404. [illegible] tous religieux [illegible] vœurs, agenouillés [illegible], derrière [illegible] l'église de Saint-[illegible] être [illegible] d'aucun [illegible]

Biographie des Ph... Contemporain

M. DEMEURÉ.

> Se benefichi gl' individui, ti amo di cuore. Se benefichi la patria, ti amo e ti ammiro; se l'uman genere, ti adoro. Nel primo caso, tu meriti di esser chiamato un uomo da bene; nel secondo un grand' uomo, nel terzo un eroe.
> *Pensieri di Pirro Lallebasque,* 15-VII.

Dans un écrit fort remarquable, M. Germain Sarrut a fait l'histoire abrégée, mais aussi complète que possible, de Pont-Levoy.

Ce collège, dit-il, est le plus ancien dont la France savante puisse s'enorgueillir. Il compte dix siècles d'existence avérée (1).

---

(1) Voir les *Annales de Saint-Benoit*, don Mabillon, t. IV, p. 404. En 808, deux religieux de Saint-Martin de Tours, Aganon et Adjuteur, donnèrent, par testament, à l'église de Saint-Martin, la terre qui leur appartenait et qui ne retenait d'aucun seigneur. (*In condita Ponti-Lapidensi.*)

Au onzième siècle, Gelduin, seigneur d'Amboise, après avoir restauré le château Saint-Pierre, qui était autrefois un collège de Druides, fonda Notre-Dame-des-Blanches et une école pour les enfants des pauvres (1).

Il avait fait venir de Saint-Florent un religieux nommé Ansbert avec quelques moines qui suivaient la règle de Saint-Benoît, et qui obtinrent l'estime générale, si bien que les seigneurs des environs les gratifièrent de terres considérables. Les successeurs d'Ansbert suivirent exactement ses traces, et furent traités de même. Voici leurs noms : Uvido (Guy); Gival; Pierre Ier; Drogon; Uvaultier (Gaultier), qui reçut de Jean, évêque d'Orléans, diverses églises, et un prieuré considérable de Raoul de Fougères; Fulbert élu, malgré les prétentions de Geoffroy, évêque de Chartres; Foucher; Tulguin; Arnoul, l'homme le plus versé dans la science du comput; Herbert; Jean Ier, célèbre dans l'enseignement des dogmes; Rainaud; Seincellus; Mathieu, qui eut procès avec le curé de la paroisse au sujet de la suprématie des cloches et du droit de porter le bâton pastoral, droit

---

(1) On appelait ce Gelduin, le démon de Saumur, *Salmuriense dæmonium*.

qui fut reconnu appartenir à l'abbé (1); Gédéon; Laurent; Geoffroy, qui introduisit dans son gouvernement certains usages relatifs à la liturgie (2). — Sous cet abbé eut lieu l'incendie de l'église du Chartrier, et du monastère que Pierre de Darne fit rebâtir. Les religieux, ajoute M. Sarrut, se soumirent, pendant sept ans, à un régime plus rigoureux qu'à l'ordinaire, afin de grossir les épargnes de l'abbaye; et le Pape Nicolas IV accorda un an et quarante jours d'indulgence à tous ceux qui contribueraient par leurs aumônes à cette reconstruction. Geoffroy le Bigot fit construire lui-même une abbatiale (*manse abbatiale*), séparée du couvent (*la Conventuelle*), entourée de jardins, *le tout fermé de bonnes murailles, en sorte qu'on ne pût aller en son jardin.*

Les autres furent, à la suite, Jean; Guy de Palluau de Paludelle, qui agrandit la Maison-Dieu (hospice des pauvres voyageurs), et réunit sur sa tête les titres de curé et d'abbé de Pont-

---

(1) L'arrêté portait : « Le curé ne sonnera jamais les cloches que matines ne soient dites à l'abbaye ; et, la veille des grandes fêtes, le curé ne fera point sonner qu'après l'abbaye. »

(2) Domine fili unigenite, Jesu-Christe, spiritus et alme, orphanorum paraclite, domine Deus, agnus Dei, filius patris, primogenitus Mariæ virginis matris, etc.

Levoy; Mathieu Puemil; Guy de Prulli, qui, l'un et l'autre, furent obligés de défendre leurs magnifiques bibliothèques (1) contre les invasions et les ravages de la guerre; Jehan; Pierre, à l'élection duquel concoururent quatre enfants amenés de l'abbaye (2); Guillaume de Plainvilliers, seigneur du Rouger (château qui subsiste encore) et de La Roncière, qui fortifia le monastère par une tour carrée et une tour ronde (3). Il y introduisit des réformes salutaires et organisa les *écoles*.

Vinrent François de Briac, depuis évêque d'Orléans, en 1497, qui eut pour successeur Christophe de Briac, son neveu, nommé lui-même dans la suite archevêque d'Aix, puis de Tours; Louis d'Anjou, nommé en dépit du roi lui-même et du concordat de Léon X (4); Claude Hévart, cardinal-

(1) Les plus belles qui fussent en France.
(2) Ce qui prouve, d'une manière irrécusable, dit encore l'écrivain précité, qu'il y eut constamment un séminaire à Pont-le-Voy.
(3) Jean de Plainvilliers, frère de l'abbé, fut nommé, en 1426, capitaine de la forteresse de Pont-Levoy, et les religieux eurent la permission de se faire garder par leurs subjets de Pont-Levoy et de Thenay, à condition que chaque semaine ils chanteraient une messe à diacre et à sous-diacre, en l'intention de Pierre, seigneur de Chaumont et d'Amboise.
(4) Ce concordat qui réservait au roi le droit de présence aux abbayes renfermait cependant plusieurs clauses en faveur de diverses communautés. C'est ainsi que Pont-Levoy conserva son droit d'élire ses abbés.

évêque d'Amiens, et Bernard de la Ruthie; Louis de Bresès, évêque de Meaux qui vit Pont-Levoy saccagé et l'abbaye détruite par les huguenots. — Il les fit restaurer en 1576; Charles de Bourbon, le même qui fut proclamé par les ligueurs roi de France, sous le nom de Charles X, après la mort de Henri III. — Il était archevêque de Rouen; les trois frères Denys Hurault, Henry et Philippe, évêque de Chartres, qui révisa le règlement intérieur (1), fit faire des inventaires généraux et vendit des vases sacrés pour 3,730 livres qu'il consacra à l'embellissement du monastère; Louis de Ruscelay, évêque de Montpellier auquel succéda le fameux cardinal de Richelieu, 1er septembre 1623. — Ce dernier introduisit dans Pont-Levoy,

---

(1) M. Sarrut observe que ce nouveau règlement accorde au précepteur dix rottées de bois, et il en conclut toujours que le séminaire ou l'école n'a jamais cessé d'exister. Suivent des détails singulièrement intéressants sur l'état des enfants mis en probation. Ils ne pourront être reçus avant l'âge de 9 ans. A leur entrée, les parents devaient donner 15 écus, plus un écu à chacun des officiers claustraux, et cinq sols à chacun des huit serviteurs. — Par un autre article du règlement, il était alloué à chaque religieux, pour les jours gras, une demi-livre de viande, et depuis Pâques jusqu'à la Toussaint, un chapon ou deux poulets pour trois religieux; pour les jours maigres, six œufs et une pitance de poissons frais ou salés. Ils avaient de plus, tous les jours, deux livres et demie de pain, et *deux pintes de vin*.

par le ministère de son grand-vicaire, François Riollé, la réforme des bénédictins de la congrégation de Saint-Maur, puis céda son abbaye à Pierre de Berulle, neveu du fondateur de l'Oratoire. Il fit revivre l'ancien usage de l'ordre de Saint-Benoît, où l'on enseignait toutes sortes de sciences ecclésiastiques ou profanes; il érigea le séminaire en collège régulier, et dès 1644 l'on reçut des écoliers en pension sans pour cela exclure ceux qui jusqu'à ce jour avaient été logés au dehors.

Il faut encore nommer à la suite Dom Robert Godebis; Alexis Bréard, dont nous parlerons ci-après; Antoine Girard, docteur en Sorbonne, qui établit une école de jeunes filles sous la direction des sœurs grises, et une école de jeunes garçons qu'il confia au zèle d'un maître éprouvé et pensionné convenablement par lui; M. de Berthier, évêque de Blois, sous lequel eut lieu la réunion de l'abbaye et de l'évêché par brevet du roi et le consentement des religieux, arrangement qui, du reste, ne fut sanctionné en cour de Rome, qu'en 1730.

Désormais il n'est plus question d'abbé, mais de directeur. Hugues Vaillant, dont il sera aussi question plus tard, vient le premier. Il résigne ses fonctions au bénéfice de Joseph du Chastelet, tout en continuant ses fonctions de régent de rhétorique. Mathieu Masilier lui succéda ; et, après lui, ce furent :

D. D. Vincent Sirou ;
Alexis Bréard ;
Louis Hallé ;
Jean Loriers ;
Claude Estiennot (1668) ;
Claude de Lancy (1669) ;
Claude Bélot (1672) ;
Claude de Ponte (1673) ;
Estienne de Noyelle (1675) ;
Nicolas Richebracque (1676) ;
François Blondin (1684) ;
Jean Baillivet (1687) ;
Bernard Durand (1691) ;
François Guillemeau (1693) ;
Estienne Sevin (1696) ;
Claude de Lancy (1696) ;
André Lefebvre (1697) ;
Nazaire Chamereau (1702) ;
Edme Liger (1705) ;
François Bridon (1706) ;
Pierre Courtier (1720) ;
Jean Macarty (1725) :
Léonard Ducroc (1735) ;

Georges-Antoine Duhamel (1740);

Louis Chatenay de la Bruneterie (1763);

Joseph Geffroy de la Ville-Blanche (1770);

Fougeras (1773);

Corteau (1776);

Pierre-François Lally (1779);

Brunot Marquet (1782); Bonardeau (1785); P. J. Marquet (1788); et Louis Garrelon (1791) (1).

Le collège était de plus en plus florissant. Le nombre des élèves s'accroissait considérablement. Dom Blandin en 1584, Dom Balivet en 1688, et Dom Macarty en 1725, surent agrandir les bâtiments destinés aux élèves; l'on doit à dom Macarty le corps de logis qui donne sur le bourg et qui fut destiné aux professeurs.

Après quelques chicanes suscitées par M. de Maurepas, à l'effet de réduire le collège de Pont-Levoy à l'enseignement des séminaires, les bénédictins poursuivirent avec plus de zèle et de succès que jamais l'œuvre commencée.

Louis XVI ayant fondé 600 bourses en faveur des fils de familles nobles, 50 bourses furent affectées à Pont-Levoy qui, à dater de ce moment,

---

(1) M. Legaingneux, mort depuis chapelain de l'Hôtel-Dieu de Baugency, était alors professeur à Pont-Levoy.

quitta son nom de *Seminarium Ponti-Leviense,* pour prendre le titre d'Ecole Royale.

La révolution passa aussi par là. Dom Garrelon qui alors était directeur, se tint à son poste et défendit, autant que possible, ses chers enfants. Mais le comité central de surveillance révolutionnaire du département de Loir-et-Cher lui donna ordre de se retirer; et par arrêté du 22 vendémiaire an II, une commission composée de cinq membres fut chargée d'administrer le collège. Parmi eux se trouvait un ancien bénédictin, François Chappotin qui rendit dans ces circonstances difficiles les services les plus signalés. Il avait le titre d'inspecteur général. Les autres étaient MM. Kolly, Ponchard, Aubert et Leleu; puis, comme suppléants, c'étaient les citoyens Valençon et Pilon. Bientôt, sur le rapport de deux délégués du comité de surveillance de Loir-et-Cher, il y eut un arrêté du directoire du département confirmé par un autre arrêté du district de Saint-Aignan; le comité d'administration fut supprimé, et la direction confiée ainsi que l'administration à Dom Chappotin.

S'il est impossible que, dans une position quelque peu exceptionnelle, un homme échappe à l'envie, à la jalousie et à mille petites passions insolentes et cruelles, qu'on juge de ce que dut souffrir à une époque pareille l'homme que nous venons de nommer. Dénoncé par des ennemis inconnus, poursuivi, calomnié, outragé dans ses affections les plus chères et les plus légitimes, il sut opposer à la persécution les armes d'une vertu irréprochable, d'une calme intrépidité, d'une franchise et d'une loyauté parfaites; et Pont-Levoy resta debout. Les agents révolutionnaires ne prouvèrent jamais bien que sa mort fût une nécessité patriotique, et qu'il fût le correspondant des aristocrates de la Vendée; c'est le cas de citer ce fameux mot de Virgile :

Si fortè virum quem
Conspexère, silent.

Je me trompe. La rage et la sottise ne s'arrêtent pas si vite. L'abbaye de Pont-Levoy fut changée en prison, et on y jeta pêle-mêle des religieuses, des prêtres et des nobles dont M. Chappotin fut nommé geolier; il accepta, et j'estime assez mon lecteur pour être sûr qu'il n'a rien soupçonné de mal dans ceci. « J'accepte, dit M. Chappotin au délégué, le poste que la confiance du comité m'impose; mais j'y mets une condition : je ne veux pas de gendarmes dans ce lieu de paix, je réponds de mes prisonniers sur ma tête. » Il fit sortir alors tous les représentants de la force publique, et rentrant dans l'église : « J'ai accepté, dit-il aux prisonniers, une cruelle mission, rendez-la douce. Que vos liens tombent. Je ne veux ici pour gardes et pour verroux que votre parole et votre honneur. » Alors les cellules des bénédictins furent mises à la disposition des religieuses, et les prisonniers occupèrent les hôtelleries ; bien entendu qu'il ne fut plus question de pieds et poings liés ; chacun fut libre de se promener, non seulement dans les cours, mais encore dans la campagne ; et comme il s'agissait de bretons, il est inutile de dire que ces prisonniers là furent fidèles à leur parole.

Vint la révolution de thermidor. M. Chappotin cessa d'être geolier, mais non d'occuper la maison de Pont-Levoy. La prison redevint un collège aussi brillant, s'il ne l'était plus encore, que l'ancienne école. De nouveaux orages s'élevèrent ; et, en l'an IV, ce magnifique établissement fut mis à l'encan. M. Chappotin soumissionna pour une partie, et il se rendit acquéreur du collège, de l'église, de l'abbaye et des jardins qui en dépendaient. Il traversa ainsi le directoire, le consulat et l'empire, sans être inquiété par qui que ce fût.

Napoléon fit plus, et lui proposa, par le ministère de M. de Fontanes, les emplois les plus honorables : l'évêché d'Orléans, par exemple, l'archevêché de

Tours et celui de Bourges ; M. Chappotin refusa. « Ma vocation première, répondit-il, était pure de toute ambition personnelle, laissez-moi mes enfants et mes cloîtres, je ne veux pas autre chose. » Et pourtant on lui reprochait dès lors, de donner à ses élèves des principes religieux peu en harmonie avec l'esprit du temps. Comment Napoléon si chatouilleux sur ce point fit-il preuve de tant d'abnégation ? je le comprends peu. Comment la restauration fit-elle à M. Chappotin un procès en sens contraire ? nouvelle énigme ; mais du moins en ce dernier cas, s'agissait-il d'un discours prononcé par M. Chappotin pour l'inauguration d'un arbre de la liberté! Alors, c'était un bien grand criminel que M. Chappotin ; demandez plutôt à l'*Ami de la Religion*. Aussi, le premier mai 1824, résigna-t-il ses fonctions ; M. Germain Sarrut, son censeur des études et son neveu, lui succéda.

La guerre continua contre M. Sarrut. M. Frayssinous voulait lui imposer un inspecteur permanent, comme il l'avait fait au directeur de Sorrèze. Celui-ci avait cédé ; M. Sarrut résista. Mais, n'ayant pu prévaloir contre l'autorité, il donna sa démission le premier août 1827, sans cependant pouvoir, ainsi que l'avaient fait la plupart de ses prédécesseurs, proposer un sujet pour lui succéder (1). Le 4 septembre suivant, le collège fut fermé, et ce n'est qu'en octobre 1828 que M. Laurentie décida M. Gattrez, proviseur du collège de Besançon, à se réunir à M. Sarrut. M. Gattrez acheta les bâtiments du collège et de l'abbaye, fit régulariser son diplôme, et prit en main la direction. Ce fut l'affaire de deux mois; car, le 6 décembre de la même année, les deux associés se retirèrent, et M. l'abbé Demeuré fut à la tête d'un établissement qu'il gouverne aujourd'hui; et nous arrivons au sujet de cette notice, ce qui n'est pas du tout fâcheux.

Si M. Sarrut se plaint jamais du petit larcin dont je me rends aujourd'hui coupable, je lui dirai : ce n'est pas chez moi péché d'habitude, j'ai simplement analysé votre œuvre et celle de M. Pascal. Je n'ai pas tout pris,

Je ne l'ai pas tondu la largeur de ma langue.

(1) Un homme honorable, dit M. Sarrut, l'abbé Pascal, dans un écrit sur Pont-Levoy, publié en 1836, s'est fait l'écho de calomnies dont sans doute il n'a pas compris la portée. Je n'en releverai qu'une seule. Les faits réfutent les autres, et les faits bien observés ont toujours leur éloquence. Il affirme que j'ai voulu livrer les immenses bâtiments de Pont-Levoy à la destruction; mais que je n'ai pu trouver d'acquéreur. Je réponds par une dénégation formelle; j'ajoute même que j'ai refusé des propositions avantageuses, et que si mon intention eût été de démolir Pont-Levoy, j'aurais du moins trouvé des charpentiers et des maçons qui se seraient mis à l'œuvre pour mon compte. (*Vid. Note hist. sur Pont-Levoy, Blois*, 1836.)

Et mon faible résumé aura l'effet de ces expositions critiques qui en donnant l'avant-goût d'un livre le font désirer et lire avec plus de plaisir.

Joseph-François Demeuré naquit à Talensac (Ille-et-Vilaine), arrondissement de Monfort, le 24 septembre 1788. Sa famille était pauvre et c'est à peine si, par un travail rude et opiniâtre, elle parvint à se créer un petit patrimoine dont elle vivait en le faisant valoir.

M. Demeuré s'est toujours fait gloire de la pauvreté de ses parents, mais sans y mettre l'arrogance de certaines gens qui trouvent encore dans ce genre de modestie le moyen d'exploiter beaucoup d'orgueil.

Balthazard Grimod de la Reynière s'étant trouvé à la tête d'une fortune immense lorsque son père fut mort, changea l'ameublement et les tentures de son appartement; et partout il y fit placer des attributs de charcuterie (1). M. Scribe a pris pour armes ses deux longues plumes en sautoir; — comment cela s'appelle-t-il?

Après la première éducation maternelle qui fut douce et salutaire pour lui comme pour bien

---

(1) Parce que son grand-père était charcutier.

d'autres, il apprit à lire et à écrire, et il fit concevoir dès-lors les plus flatteuses espérances. C'était l'époque la plus noire de la révolution ; pour parler aux enfants de Dieu et de leurs devoirs, il fallait se cacher. Le jeune François fit donc une étude clandestine du catéchisme.—Combien qui proclamaient librement l'athéisme ! On a vu un individu appelé Ruhl défier Dieu, s'il existait, de le foudroyer ; et il lui donnait un quart d'heure ; et, le quart d'heure passé : voyez qu'il n'y en a point ! s'écriait-il.

On est heureux de reconnaître que de tels vertiges ne durent pas longtemps chez les hommes. La révolution s'adoucit ; on put bientôt respirer dehors, quoique prêtre ; Talensac retrouva son pasteur, et parmi ceux qui eurent lieu de s'en réjouir, les parents de M. Demeuré n'étaient pas les derniers. Ils mirent immédiatement leur fils entre les mains de M. l'abbé Coqué (1). Le bon curé fut surpris de trouver un enfant si instruit sur tous points. Il s'attacha très particulièrement à lui ; et après lui avoir enseigné lui-même les premiers éléments de la langue latine, il le plaça dans une école où il resta jusqu'à sa troisième inclusivement.

Il ne démentit pas, dans cette position nouvelle,

(1) Curé de Talensac.—M. Demeuré a un frère qui termine en ce moment ses études à Pont-Levoy.

toutes les espérances qu'on avait conçues de lui ; et il put se reposer lui aussi sur ses lauriers, les seuls qui ne coûtent ni des larmes ni du sang.

M. Coqué le destinait à l'instruction publique, c'est-à-dire qu'il avait deviné sa vocation. Et de fait, cet ecclésiastique était un homme de grand sens et de science étendue. Ayant vécu dans le monde (1), il avait étudié les personnes et les choses ; doux et prudent sans faiblesse, austère et inflexible dans les limites voulues, s'il n'outrait pas les principes du christianisme de manière à les neutraliser, comme le font bien des gens, il savait aussi, dans l'occasion, maintenir le droit et réprimer les excès. Il était adoré de ses paroissiens, et pouvait-il en être différemment ? M. Demeuré lui vouait toujours le culte d'un fils ; il a fait mieux encore en l'imitant.

Avec cette intention de diriger le jeune homme vers la carrière de l'enseignement, M. le curé de Talensac ne pouvait manquer de mettre à profit toutes les méthodes reconnues bonnes, ou toutes celles du moins qui, n'ayant pas l'assentiment général, présentaient quelque avantage. De ce nombre fut la méthode, vulgairement dite mutuelle, et que Lancaster a systématisée.

(1) Il avait professé la rhétorique d'une manière fort brillante.

Une école ecclésiastique venait de s'ouvrir à Rennes sous la direction de M. l'abbé Blanchard, ancien supérieur du petit séminaire de cette ville. Le jeune Demeuré y fut placé, et à l'âge de treize ans commença sa seconde. Puis il fit successivement ses classes de rhétorique et de philosophie dans l'espace de trois ans, et ses études théologiques en huit années. Ce n'était pas trop de huit années, si l'on en juge par ce que savent aujourd'hui ceux qui estiment que trois années suffisent.

Lorsqu'il suivait encore le cours de philosophie, on le nomma professeur; il remplit cette nouvelle charge sans quitter les bancs lui-même, et suivit ses élèves depuis la septième jusqu'à la seconde inclusivement. Ceux qu'il dirige maintenant ne sont pas les premiers dont il ait captivé les cœurs, qu'ils le sachent bien; pour ceux dont nous parlons et dont plusieurs nous sont connus, ce fut un privilège imprescriptible.

En 1811, M. Demeuré avait vingt-trois ans. M. de Fontanes l'appela comme régent de rhétorique au collège de Vitré où il resta jusqu'en 1812.

En 1812 il joignit à ce titre celui de sous-principal; et il fut ordonné prêtre.

Mais M. l'évêque de Rennes le réclama bientôt, et en novembre 1813 il rentra à l'école secondaire ecclésiastique du diocèse, comme répétiteur de rhétorique et de seconde (1), et comme directeur.

L'année suivante il fut nommé aumônier du Lycée.

Cette place d'aumônier de collège est fort difficile à tenir : elle exige de celui qui l'occupe des qualités d'esprit, de caractère et de cœur qui ne sont pas communes. Ayant à conduire des enfants dignes sous tous les rapports d'un immense intérêt, mais sujets à toutes les petites misères de leur âge ; obligé d'entrer dans tous leurs secrets, dans toutes leurs joies et dans toutes leurs peines, c'est-à-dire de travailler et de souffrir même beaucoup sans qu'il résulte de ce ministère si humble et si caché par lui-même aucun avantage bien positif d'amour-propre ou autre, s'il ne joint à une exquise sensibilité un courage égal de persévérance, si on ne peut pas lui appliquer cette expression d'une de nos dernières notices *omnium horarum homo*, s'il n'aime son prochain plus que lui-même, s'il n'est pas plus qu'un homme, il n'est rien.

En ce qui regarde l'esprit, la difficulté n'est pas moindre. Impossible de méconnaître que le jeune clergé pêche assez généralement par défaut d'ins-

---

(1) Les élèves du petit séminaire allaient alors au Lycée.

truction. Les gens de l'université, quel que soit d'ailleurs le jugement qu'on en porte, leur sont beaucoup supérieurs par les études et le fruit qu'ils en ont tiré. Qu'en leur présence, l'aumônier se permette d'aborder un sujet discutable ; vous verrez des sourires insultants et qui seront de la justice, et c'est ce qui arrivera toujours si le prêtre dont il est question ne s'élève pas au-dessus du niveau commun. J'hésite ; mon embarras se fait sentir sans doute, à cause du grand nombre de faits que je voudrais citer et qu'il faut taire.

Reste la question du caractère. Elle se résume dans ce mot tout simple : le moyen donc de vivre en paix avec les élèves et les maîtres ?

En 1816, M. Demeuré devint professeur de philosophie au Lycée de Rennes, et c'est alors qu'il prit son diplôme de docteur ès-lettres.

Après six ans passés dans cet emploi, il fut nommé proviseur du collège royal de Nantes ; et en 1827 proviseur du collège royal de Lyon. En 1825, M. l'évêque de Nantes l'avait nommé chanoine de sa cathédrale, chose qu'on ose dire à peine, pour la gloire d'un prêtre, vu l'énorme dépense de mozettes qu'on fait aujourd'hui. Il faut bien endurer deux ou trois réflexions bien courtes et dont j'abandonne le commentaire à la charité publique :

1° Cette dignité de chanoine, sans la considérer même dans son but primitif qu'on atteint fort peu généralement, est une récompense. Or, une récompense se donne à un mérite ou à des mérites. 2° On envoie maintenant la mozette à ses amis lorsqu'on devient évêque comme on fait d'un jambon de Mayence en revenant d'Allemagne. 3° Les amis la regardent, la plient, la cachent au fond d'une malle et tout est dit. On n'y songe plus. N'ont-ils pas raison, les amis ?

Voici une quatrième réflexion qui passera encore. Il y a un canonicat recherché; et, soit dit sans jeu de mots ni malice, ce n'est pas le canonicat d'*honneur*, c'est la charge de chanoine titulaire. On tient à celle-là. On s'agite, on se pousse, je dirais presque on se bat pour l'avoir. Demandez plutôt à MM. les ministres des affaires ecclésiastiques. C'est assez. Mais en grâce, qu'on veuille bien m'éviter de répondre à ceux qui m'accuseraient d'avoir voulu faire ces reproches à M. l'abbé Demeuré; il est ici hors de la partie.

Sans nous laisser trop distraire par ces considérations, quelque morales et importantes qu'elles soient, rattachons-nous à l'objet de cette étude, et suivons M. Demeuré à Lyon où nous l'avons quitté.

Il y séjourna treize mois. C'était autant qu'il en

fallait pour faire beaucoup de bien. Il opéra un renouvellement complet dans son collège, mit les finances sur un bon pied, acheta et paya 100,000 francs le château de Vernay pour les élèves, et lorsque le moment fut venu pour lui de se séparer d'eux, il emporta les regrets de tous. On le conçoit.

Par des raisons que j'ignore, il avait donné trois fois sa démission pour rentrer dans le diocèse de Rennes et se mettre à la disposition de son évêque ; mais l'affection de ceux qui l'environnaient et les obligeantes prévenances de tous les ministres qui avaient tenu successivement le portefeuille de l'instruction publique, l'avaient toujours empêché de réaliser son dessein. Nous avons dit combien il était aimé des personnes du collège ; en 1822, on l'avait nommé inspecteur d'académie sans préjudice de ses fonctions de proviseur, et un an plus tard membre de la Légion-d'Honneur ; en 1825, il fut créé officier de l'Université ; en 1828, lorsqu'il s'éloigna de Lyon, ce fut avec le titre d'inspecteur honoraire.

Les prévisions de M. Coqué recevront-elles un démenti ? M. Demeuré faillirait-il aux paternelles ambitions de son maître ? Tout portait à le croire. Il n'en fut point ainsi : le 6 décembre de la même année, M. Gattrez lui transmit la direction de Pont-Levoy.

Cependant sa carrière s'élargissait, si l'on peut le dire, par le surcroît des difficultés qui allaient s'offrir à lui et qu'il lui faudrait surmonter. Toutes les nobles familles du Blésois, de la Touraine, de la Bretagne et d'au-delà se réjouissaient dans la pensée des choses qu'avaient déjà faites le nouveau directeur, consolantes garanties de celles qu'il pouvait faire encore; c'était un breton, un royaliste dévoué, un homme franc et loyal, et quelles recommandations pour ces contrées dont on connaît l'esprit; il n'est pas que l'Orléanais même, bien qu'on ne connaisse pas l'esprit de cette contrée-là, n'ait pris part au bonheur commun. De tous côtés les élèves se présentèrent en foule à M. l'abbé Demeuré; il en vint du Berry, du Limousin, de l'Angoumois, de la Gascogne; les vieux bénédictins durent tressaillir sous la poussière de leurs tombes; les dix siècles de Pont-Levoy se levèrent et refleurirent au soleil de cette inauguration nouvelle; et j'ai trouvé là, comme on voit, matière à placer de grands mots qui demandent excuse.

M. Sarrut que j'ai suivi pas à pas depuis le début de cette notice, M. Germain Sarrut se range et s'inscrit sans réserve parmi les admirateurs de M. Demeuré;

et l'on sait qu'à l'égard des ecclésiastiques surtout, ses éloges sont rares; peut-être en ont-ils plus de prix. « L'histoire de Pont-Levoy, dit-il, c'est l'histoire de l'enseignement libre en France. M. Demeuré rouvrit le livre au signet; il emprunta au passé tout ce qu'il avait de docte, de grave, de sérieux; il l'embellit de tout ce que le présent a d'orné, de gracieux, de poétique. Il leva les yeux sur le frontispice du collège et il s'applaudit d'y trouver la devise de nos pères : *Religioni et patriæ*, gravée en caractères d'or sur la porte du collège; c'était celle que, depuis son enfance, son cœur avait adoptée. »

Religioni est fort bien. Mais, à mon avis, le mot qui suit hurle de se trouver ainsi accouplé. La Religion et l'Évangile ne sont pas complices des institutions atroces des hommes. Jésus-Christ a parlé du monde qu'il a aimé jusqu'à la mort, d'une foi et d'un baptême, d'un seul père qui est dans le ciel, et, ainsi que je me plais à le répéter, d'un seul bercail et d'un seul pasteur; il n'a jamais dit qu'il fallût diviser le globe par portions arbitraires, définir que les intérêts d'en-deçà d'une ligne seraient contraires à ceux d'au-delà de cette même ligne, que les hommes d'ici seraient les ennemis nés des hommes de là, parcequ'ils porteraient un nom différent de nation, et qu'en conséquence, pour vider les procès possibles sur les questions susdites, ils se couperaient légitimement la gorge, si bien que le plus indomptable tueur serait investi d'une puissance et d'une renommée sans égales. Eh bien, non, sans rien vouloir exagérer, je ne pense pas que M. Demeuré doive donner ni qu'il donne à ses élèves des leçons de patriotisme. Il en fait des chrétiens, et c'est bien plus beau.

Les réformes qu'il s'est efforcé d'introduire partout où il a passé, il ne les a pas négligées à Pont-Levoy. Tous ceux qui deviennent ses élèves deviennent par là même ses enfants; et leur bien-être moral comme leur bien-être physique fait l'unique pensée de son esprit comme l'objet de toutes ses émotions de cœur.

Le collège de Pont-Levoy est aujourd'hui plus beau qu'il n'a jamais été (1).

M. Demeuré l'a encore agrandi en donnant aux corps de logis existants des destinations mieux appropriées aux besoins de ceux qui l'habitent. Il a

---

(1) Les bâtiments forment huit corps de logis de huit cent vingt-trois pieds de longueur sur trente et trente-quatre de hauteur; l'abbaye consiste en neuf corps de bâtiments qui forment neuf cent onze pieds de longueur sur trente et trente-quatre de hauteur.

acheté les jardins de l'ancienne abbatiale dont il a fait un magnifique manège et une salle de dessin plus magnifique encore. Dans ces mêmes jardins de l'ancienne abbaye se trouve le bassin de natation qu'il a fait creuser à grands frais. Il est difficile de rien trouver ailleurs de mieux que son infirmerie et son nouveau dortoir (1).

A ces améliorations matérielles il en faut joindre d'un ordre supérieur. M. Demeuré s'est occupé très activement de tout ce qui pouvait maintenir le collège de Pont-Levoy dans son antique renommée. « Les arts, les lettres, dit M. Laurentie, les sciences enchantent le désert, et c'est aujourd'hui quelque chose de magique de voir des talents enviés de Paris s'étaler dans l'enceinte où fut fondée la chapelle de Notre-Dame-des-Neiges. La piété survit, mais les arts nouveaux lui servent de cortège. « M. Demeuré choisit avec une attention toute particulière les professeurs dont il s'entoure. Et alors même qu'après des épreuves sérieuses ils sont admis dans

---

(1) Cette pièce est située au deuxième étage du grand corps de bâtiment de l'abbaye dont la façade est au midi ; elle est percée de ce côté de vingt-deux croisées, dix-huit au nord, deux au levant, deux au couchant, et sous une voûte dont la hauteur est proportionnée à cette vaste dimension. Des fontaines à réservoir sont placées aux quatre coins de cet immense dortoir. (Germ. Sarrut.)

son établissement, l'œil du maître ne les quitte pas. La moindre infraction est suivie d'un avertissement si elle n'est pas de nature à provoquer une exclusion immédiate. Toutefois, cette rigueur nécessaire n'exclut pas chez le sage directeur une grande douceur habituelle et cette évangélique aménité qui fait qu'en restant scrupuleusement dans les lignes du devoir, on inspire au coupable de l'estime et de la vénération alors même qu'on le frappe, mais jamais de la colère et de la rancune.

Telles sont encore les qualités de M. Demeuré vis-à-vis de ses élèves. Ces jeunes gens venus de toutes les régions de la société, fils de grands seigneurs ou de boutiquiers, ayant des chances d'avenir si diverses, apportant là des dispositions de tant de sortes, toute cette foule compacte et bigarrée n'est pas facile à conduire. Il faut un homme qui sache se faire tout à tous, maintenir l'union en consacrant l'égalité, suivre la brebis paresseuse pour qu'elle ne reste pas trop en arrière du troupeau, observer avec patience et ménager ou heurter au besoin les natures moins heureuses, garder des atteintes corruptrices ces âmes innocentes encore, mais si tendres et si faciles à gâter. M. Demeuré n'est pas resté au-dessous de sa tâche.

Quant à ce qui regarde les études, les succès

qu'il obtient sont avérés. Chaque année sortent de Pont-Levoy de nombreux élèves qui, ayant subi glorieusement les épreuves universitaires, se répandent sur toutes les avenues des carrières les plus honorables. L'école polytechnique en reçoit constamment quelques-uns.

D'autres vont s'asseoir sur les bancs des écoles de droit et de médecine. Plusieurs même se font ecclésiastiques, et leur conduite en général ne justifie pas moins que leurs talents ce que nous avons dit de leur maître.

Il y a une chose digne d'observations, c'est qu'avec tous ces mérites et après avoir parcouru la France sur tant de points divers, M. l'abbé Demeuré n'ait jamais éprouvé de fortes oppositions. Il est le seul prêtre de cette importance qui n'ait essuyé ni interdit ni disgrâce de la part d'un évêque quelconque. Au contraire, tous ceux qui l'ont vu passer dans leurs diocèses l'ont voulu combler de faveurs. Nous savons comment M. de Nantes et d'autres l'avaient traité jusqu'en 1828 et 1832. M. de Blois le nomma chanoine honoraire de son église et vicaire-général *pro domo suâ;* MM. de Nantes et de Rennes lui firent des offres nouvelles. Il s'agissait ici et là du premier vicariat-général ; mais il ne jugea point à propos d'accepter. M. Coqué, le bon curé de Talensac, l'aurait défendu, et j'ose croire que ce n'eût pas été sans raison.

Une vocation manquée est un fléau. Celle de M. l'abbé Demeuré le tient bien évidemment là où il se trouve. Qu'importe un poste de grand-vicaire ou un évêché même? on est si bien à sa place! Dites-le au jeune Dupont-des-Loges qu'on pousse en ce moment, par génuflexions, supplications et réclames de journaux, à l'épiscopat (1), jeune homme, je le répète, vertueux assurément, et même d'une piété remarquable, mais jeune homme qui n'a pas encore complété son éducation, très jeune homme d'une très médiocre intelligence, M. Dupont, s'il a du moins de la prudence comme il a de la piété, verra qu'on veut lui faire pièce en le juchant sur une hauteur où la tête lui tournerait infailliblement; il se trouvera déjà trop haut placé dans le poste qu'il occupe; il a sous les yeux des exemples de désintéressement d'autant plus effica-

---

(1) Il a paru, dans l'*Ami de la Religion*, un article évidemment fabriqué à l'effet de donner au gouvernement une idée qu'il n'a pas. La publication de cette supposition qui est un *puff*, coïncidait malheureusement avec la présence à Paris de M. Morlot, revenant de Rome, et d'un autre *personnage* portant un nom *royaliste* qu'il a singulièrement compromis par ses intrigues de toutes sortes.—Ce n'est pas M. Morlot qui a fait l'article. Puisse le gouvernement comprendre qu'on veut abuser de lui dans ces graves circonstances!

ces qu'ils sont donnés par des hommes qui joignaient à leur abnégation beaucoup de capacité; M. Demeuré est un de ces hommes-là.

Qu'il reste donc à Pont-Levoy, où le retiennent les vœux de ses chers élèves et de toutes les familles. Qu'il continue de former pour cette malheureuse société qui en a tant besoin, des membres distingués par la science et l'honnêteté des mœurs. Un vicaire-général peut rendre à l'Eglise d'importants services; mais M. l'abbé Demeuré, en dirigeant son collège aura plus de puissance encore pour le bien. Pont-Levoy est un diocèse de quelque valeur, si l'on me permet cette expression, et c'est un épiscopat glorieux que la mission de le gouverner.

J'ai entendu blâmer certains exercices de ce collège, ce qui prouve uniquement qu'il n'est pas possible de contenter tout le monde. Comment un ecclésiastique peut-il rendre obligatoires des cours de danse et des leçons d'armes? est-il excusable de faire jouer des comédies par ses élèves à l'expiration de l'année scolaire?

Au fait, les élèves de Pont-Levoy jouent les comédies et les jouent vraiment bien, et cela de très vieille date. Il est dit qu'en 1654 Hugues Vaillant, l'un des professeurs et directeurs, composa un grand nombre de tragédies pour ce collège et qu'elles furent jouées par les élèves. En 1648, Alexis Bréard faisait également représenter une tragédie de sa composition : *Saint-Jean l'intercis* dont les rôles furent remplis par les écoliers de seconde. On s'est élevé aujourd'hui jusqu'à l'opéra-comique ; et pour la beauté des voix comme pour le fini de l'exécution et la richesse des décors, les assistants peuvent quelquefois se croire à la place des Italiens de Paris (1).

« Les danses, me disait la mère d'un de mes plus chers amis, sont délicieuses. On prendrait mon fils pour Perrot ou Mabille ; et mon fils fait les armes avec une grâce indéfinissable. » Voilà bien une mère.

Et voulez-vous maintenant que je fasse chorus

---

(1) Je viens de recevoir une lettre qui me reproche *d'employer trop aisément des termes profanes dans une biographie ecclésiastique*. Je ne vois pas à cette observation de réponse possible, sinon que le nom de *Bélial* se trouve dans les livres saints, et qu'en chaire les prédicateurs de la restauration ne se faisaient pas faute de nommer MM. de Voltaire et Rousseau. Je suppose que ce reproche m'arrive à propos de MM. Paul de Kock et Georges Sand, nommés dans ma dernière notice. J'ai oublié, je l'avoue, de faire comme ce bon M. Durozoir, qui, ayant à raconter une anecdote passablement égrillarde, où se trouvent engagées des *servantes*, explique ce dernier mot par une note que voici : *Espèce de meuble de salle à manger*, et l'innocence de ses lecteurs est saine et sauve.

avec les critiques ? vous savez ce que c'est qu'une mère pour moi, et pour vous, et pour tout le monde.

Et puis nous sommes là en présence de deux questions fort délicates qu'il faut abandonner à la sagesse des directeurs de consciences.

M. Demeuré, en dehors des exercices publics et des études, vit avec ses élèves comme un père au milieu de ses enfants, comme un ami avec ses amis. Il est bien loin d'autoriser parmi eux cette mauvaise politique d'espionnage qui fait trop souvent le fond de la surveillance censoriale dans les collèges. « Les délations, dit Thomas, sont le ressort d'un gouvernement faible et corrompu qui avilit une partie d'une population pour perdre l'autre, corrompt les cœurs en payant l'infamie et encourage la calomnie par l'intérêt. » Sous une direction pure et forte, on n'a besoin que de franchise et d'esprit de persuasion. Ne craignez pas que son zèle pour le bon ordre l'engage jamais dans des voies extrêmes de rigueur ou d'imprudence. Il procède plus avec le cœur qu'avec la tête; il ne connaît pas le moyen de s'irriter; il sait que Sénèque a défini avec raison la colère : *subita dementia* (1);

(1) On a dit encore et tout aussi bien : « Celui qui châtie dans la colère ne châtie pas, mais il se venge. »

il prend le pécheur à part, le dispose, l'interroge, le calme et le rassure, obtient l'aveu qu'il désire, et les choses vont vite. Aussi est-il naturellement le confident de tous ses élèves; pas une de leurs peines, pas une de leurs joies qui lui soient cachées. Ses conseils sont recherchés et passent toujours pour faire beaucoup de bien, tellement qu'on pourrait fort justement lui appliquer cette parole des psaumes : *Declaratio sermonum tuorum illuminat.* — Il a refusé l'épiscopat.

Nous avons dit qu'il avait à élever ce qu'on appelle des enfants de famille. Je crois pouvoir, sans crainte d'être contredit par lui ou de lui nuire dans l'esprit des censeurs délicats, dire qu'il a compris les paroles suivantes de J.-J. Rousseau dans leur véritable sens, c'est-à-dire comme indiquant un ridicule qu'il est toujours urgent de corriger : « Dans l'éducation façonnière des riches, on ne manque jamais de rendre les enfants poliment impérieux, en leur prescrivant les termes dont ils doivent se servir pour que personne n'ose leur résister. »

Nous avons encore vu qu'il y avait parmi les élèves des enfants pauvres. Sa manière d'agir et de voir à leur égard se formule dans les diverses sentences de nos écrivains les plus remarquables. « Le désordre et les fantaisies n'ont point de bornes et font plus de pauvres que les vrais besoins (1). » S'il est vrai que l'on soit riche de tout ce dont on n'a pas besoin, un homme fort riche c'est un homme qui est sage.

Reste la classe des fils de bourgeois ou marchands. C'est, au point de vue de l'estime vulgaire, la plus mal placée. M. Demeuré se met également à la portée de ceux-là, et les ingénieuses ressources d'esprit qu'il déploie en pareille occasion se conçoivent de reste.

J'ai pris, sans m'en apercevoir, le ton du panégyrique ; et comme je l'ai dit d'un autre, si c'est la faute de quelqu'un, M. Demeuré seul est coupable.

Dans ses rapports avec les ecclésiastiques et les gens du monde, le directeur de Pont-le-Voy se fait remarquer par tous les avantages d'une âme aimante et dévouée. Il y a un goût dans la pure amitié où ne peuvent atteindre ceux qui sont nés médiocres. La charité est sa vertu dominante. Ajouter qu'on ne l'entendit jamais prononcer une parole qui pût avec justice attrister autrui, ceci me semble maintenant inutile.

Du reste, M. Demeuré est excellemment un

---

(1). J.-J. Rousseau.

homme de bonne société : sa conversation est coulante et naturelle. Il n'est, lorsqu'il cause, ni superbe ni frivole; il est savant sans pédanterie, gai sans tumulte, poli sans affectation (1), et l'on pourrait, sans encourir le ridicule de M. de Voltaire, qui en avait quelquefois, lui écrire comme faisait ce dernier à madame Denys : « Je voudrais jouir de votre conversation qu'on dit aussi aimable que vos mœurs. »

M. Demeuré est d'ailleurs un homme d'un fort bel extérieur, et la puissance de cet avantage est telle, qu'indépendamment de ses qualités d'esprit et de cœur ils exerceraient encore une certaine séduction sur ceux qui l'approchent. Est-ce à dire qu'on doive se méfier des sentiments qu'il inspire lorsqu'on est assez heureux pour le voir. Buffon a dit : « Nous sommes si fort accoutumés à ne voir les choses que par l'extérieur, que nous ne pouvons plus reconnaître combien cet extérieur influe sur nos jugements même les plus graves. » Ceci demanderait explication, mais il faut songer à autre chose. M. Demeuré porte dans toute sa physionomie l'expression de la sincérité comme de la bonté, et une telle physionomie ne trompe jamais.

(1) J.-J. Rousseau.

Résumons-nous. — Sur Pont-Levoy : ce qui nous paraît résulter de tout ceci, c'est qu'il faut le garder de la bande noire qui démolit avec le marteau et de celle qui détruit plus efficacement encore soit par des moyens d'ordonnance administrative, soit à coups de langue, et qu'heureuses sont les familles assez bien inspirées pour aimer cet établissement...

Sur son directeur un mot suffit : entre tous ceux qui ont présidé si longtemps et si noblement aux destinées de Pont-Levoy (1), si quelques-uns lui furent supérieurs sous certains rapports, nul ne réunit à la fois autant des qualités qui mettent un homme au niveau de sa position.

Je conçois les inquiétudes causées par l'accident

---

(1) Qui compte aujourd'hui 400 élèves. — Il faut se faire inscrire six mois d'avance pour y obtenir une place. — Il y a des Américains, des Anglais, des Allemands, des Espagnols. — Lisez, pour plus d'informations, l'excellent rapport sur les travaux de l'académie de Pont-Levoy, pendant les années scolaires de 1839-1840, 1840-41, par M. Picart, professeur de rhétorique. (Blois, E. Dezairs, 1841.) — «L'académie de Pont-Levoy ouvre son sein aux élèves les plus distingués des classes de philosophie, de rhétorique, seconde et troisième. Cette sage institution, que l'on doit à M. l'abbé Demeuré, a pour but de former les élèves à la composition et de leur faire perdre, dans des séances publiques où ils lisent eux-mêmes leurs essais, cette timidité qui, si souvent, paralyse les moyens des jeunes gens et leur donne un air gauche que le monde traite sans pitié. Un livre d'honneur reçoit les compositions que le conseil de direction juge dignes d'y figurer.»
(Intr. du Rap. de M. Picart.)

de la semaine dernière (1) ; je conçois que M. de Sauzin, l'évêque de Blois, s'estime heureux de visiter souvent son digne collaborateur ; je ne concevrais pas cependant que M. Demeuré n'eût aucun ennemi. « *Chi fa un benefizio*, dit l'auteur qui m'a fourni mon épigraphe, *acquista un credito su l'umanità ; ma di rado ella il paga per mano di chi il riceve.* » (2).

Somme toute, rien ne manque aux désirs de M. Coqué.

(1) On dit que M. Demeuré a été frappé d'apoplexie, mais qu'il est déjà hors de danger. — On m'écrit de Baugency : « Tous les ans, les élèves célèbrent la fête de St-Joseph, patron de M. Demeuré ; c'est une fête de famille ; elle dure trois jours ; les parents s'y rendent en foule, ainsi que les anciens élèves ; il y a des exercices publics ; je n'ai jamais rien vu d'aussi touchant. — Cette année, Messieurs de l'Université, pour vexer M. Demeuré, sans doute, et pour contrarier les élèves et les trouver en défaut, s'il était possible, ont imaginé d'y envoyer un inspecteur, etc., etc. »

(2) P. 15, pens. II.

25 Juin 1842.

Paris.—Imprimerie de A. APPERT, passage du Caire, 54.

A. Appert Éditeur, Passage du Caire, 52.

Biographie du Clergé Contemporain.

A. Appert Éditeur Passage du Caire 52

M. GRAVERAN,

ÉVÊQUE DE QUIMPER.

> Et enim si peccaverimus tui sumus, scientes tuam magnitudinem; et si non peccaverimus, scimus quoniam apud te sumus computati.   Sap. 15.
>
> Attingit à fine usque ad finem fortiter, et disponit omnia suaviter.

On dit que le clergé de France n'acceptera jamais les louanges que je lui donne, et que les hommes du monde ne souscriront point à mes critiques. Je verrais dans cette double opposition un grave et unique reproche, qui se réduit à ceci :

Nous voulons quelque chose de plus.

Ainsi, avoir dit qu'il n'y a pas de clergé plus curieux à connaître que le clergé de France, que M. Affre était un grand administrateur de diocèses, M. Olivier un homme de beaucoup d'esprit et d'une activité précieuse pour l'Église, M. de Latour-d'Auvergne un pontife accompli sous tous les rapports, M. de Genoude un écrivain courageux et singulièrement distingué, M. Combalot un admirable missionnaire, M. Lacordaire un orateur presque incomparable, M. de Hohenlohe une des merveilles du monde, M. de Géramb enfin le résumé vivant de toutes les grandes idées, de tous les dévouements et de tous les enthousiasmes du moyen âge catholique ; avoir dit tout cela et mille fois plus, n'était pas assez pour le Clergé (1).

Mais en présence de la nature humaine, si faible et si sujette à faire des chutes, pouvais-je dissimuler avec plus de soin et de bonne volonté les défauts de mes personnages? Si M. de Ravignan se trouve de point en point irréprochable, cette prérogative n'est pas commune, même parmi les élus de Dieu. Ainsi M. Coquereau a écrit un livre fort défectueux ; je connais à M. Guillon des défaillances politiques ; Billuart me paraît être un théologien plus nerveux que M. Bouvier ; et, au sujet de M. l'évêque du Mans, je regrette que nous n'ayons pas encore un *Cours de Théologie* digne de ce nom (2) ; je n'ose

---

(1) J'en pourrais dire autant des deuxième, troisième et quatrième volumes.

(2) Les *Cours complets* de M. Migne, s'ils n'étaient par nécessité aussi longs, répondraient excellemment au vœu que je viens de formuler. Silence sur M. Receveur.

plus, jusqu'à une heure fatale, répéter le nom de M. l'archevêque de Bordeaux ; M. Belmas, quelques jours avant sa mort, m'écrivit une lettre toute pleine d'amour pour la constitution civile, etc. ; que sais-je ?... *Voilà l'homme !*

« Eh ! pourquoi donc usez-vous de ménagements ? me disent les gens du monde ; pourquoi si fort caresser les qualités, et sauter ainsi à pieds joints par-dessus les défauts ? Dites toute la vérité si vous voulez que l'on vous croie. » — Il y a ici quelque chose de vrai et quelque chose de faux que le lecteur saura discerner facilement.

Et puis, les uns et les autres poursuivent leurs lamentations ou leurs colères. Je m'arrête, moi ; et, en dépit d'eux tous, je garde mon opinion. *Non es sanctior si laudaris, nec vilior si vituperaris* (1).

Première remarque dont je n'ai pu me défendre, bien qu'elle ne se rattache pas très prochainement à mon sujet. Une seconde observation se présente, également à l'improviste ; il faut aussi qu'elle ait sa place. Un fait récent y donne lieu ; mon lecteur me saura gré, je n'en doute pas, de la réserve dont je vais faire preuve.

On sait qu'un misérable petit journal de province,

---

(1) Imit.

il y a quelque six mois, se prit d'une belle humeur contre le Solitaire, et, après avoir vomi contre ce dernier un torrent de sales injures, l'accusa définitivement d'avoir commis un faux. Il s'agissait, en l'espèce, d'une lettre de M. Marguerie, évêque de Saint-Flour, que j'ai déjà mise sous les yeux du public. Un procès était nécessaire. L'auteur voulait suivre lui-même ce procès; mais, sentant que la chose était impossible puisqu'on lui opposerait infailliblement son anonyme comme fin de non-recevoir, il s'en remit à l'intelligente activité de son éditeur-responsable; M. Appert assigna, en son propre et privé nom, M. Bouange, secrétaire de M. Marguerie, et le gérant de l'*Orléanais*, à comparaître devant le tribunal de Paris. — M. Bouange avait confirmé les imputations du journal par une lettre qui fait songer à ces paroles : *Nesciunt enim quid faciunt.*

M. Bouange, le 3 mai, fut condamné comme diffamateur (*V.* les journaux du 5), à cinquante francs d'amende et aux dépens; mais M. l'avocat du roi Dupaty fit observer, avant de prendre des conclusions contre cet ecclésiastique, qu'il n'acceptait la plainte qu'en raison d'une visite faite par M. Appert à M. Marguerie, visite dont il était question dans la lettre incriminée; or, naturellement, toutes les injures de M. Bouange s'adressaient à celui qui était désigné dans ladite lettre. Du reste, ce jeune homme ne récusait pas M. Appert; il eut affaire à un ennemi généreux, car, de prime abord, la demande en dommages-intérêts fut retirée, par égard pour la soutane du prévenu. M. Henrion, rédacteur en chef de l'*Ami de la religion*, plaidait, comme il plaide, pour M. Bouange.

Le gérant de l'*Orléanais* ne se rendit pas ce jour là à l'assignation. Il avait dit, ou du moins les rédacteurs de la feuille qu'il représente déclaraient hautement qu'ils n'avaient jamais eu l'intention d'attaquer M. Appert, *à eux parfaitement inconnu*, mais qu'ils avaient affaire au Solitaire. QUE LE SOLITAIRE SE PRÉSENTE, ajoutaient-ils, NOUS NE LE CRAIGNONS PAS! (1).

Le Solitaire s'est présenté.

Alors par l'organe de Monsieur Fontaine (2), les rédacteurs de l'*Orléanais* ont déclaré qu'ils n'avaient pas du tout voulu diffamer l'auteur ; que rien, dans leurs articles, ne s'adressait à lui, que rien non plus ne les obligeait à croire que le Solitaire fût lui; ils

(1) Je n'ai pas sous les yeux l'article du journal, mais ce sont, à très peu près, les paroles, et c'en est tout-à-fait le sens.
(2) Dont j'avais dit quelque bien dans une de mes précédentes notices, par forme de correctif obligeant.

firent valoir leur exception, après avoir proposé même des motifs d'incompétence du tribunal; et l'auteur fut mis hors de cause, attendu que rien ne prouvait qu'il fût le Solitaire. Nous y reviendrons.

S'il y a du courage et de la loyauté dans l'action des gens de l'*Orléanais*, c'est que ces deux vertus ont changé de nom.

Les adversaires, cette fois, n'avaient pas frappé à la porte de M. Henrion, nous l'avons vu, et ce fut une nouvelle idée pire que la première.

Monsieur Fontaine, qui, du reste, me paraît être laborieux, chrétien très simple, et d'une âme candide, pourrait bien faire et gagner sa vie en se bornant à de petites affaires de police, mais il n'entend rien aux matières plus relevées; et s'il s'obstinait, par exemple, à débiter sur les choses ecclésiastiques toutes les sottises qui l'ont fait plaindre ce jour-là, je me repentirais d'avoir dit qu'il y a, dans sa ville natale, des gens plus ridicules que lui.

Me Boinvilliers n'a répondu que par l'indignation et la pitié au pathos de ce Monsieur; et je prie l'illustre avocat de recevoir, avec l'hommage de ma parfaite gratitude, celui de mon admiration pour son magnifique talent qui, je l'espère pour l'honneur du pays, l'appellera bientôt à siéger parmi nos sommités parlementaires.

Et maintenant que j'ai consigné aussi succinctement que possible dans cette biographie un évènement qui fait partie d'elle-même, et qui doit vivre aussi longtemps ou aussi peu qu'elle, je détourne mes yeux de ces basses comédies pour les porter avec ma vénération sur une des plus nobles figures de l'épiscopat contemporain.

Joseph-Marie Graveran est né le 16 mars 1793, à Crozon, bourg considérable de Bretagne, devenu chef-lieu de canton et syndicat maritime depuis la circonscription du territoire en départements. Nous verrons plus tard M. Graveran curé de Brest, à quatre lieues sud de sa paroisse natale.

Dès son enfance la plus tendre, M. Graveran fut d'une remarquable simplicité de mœurs et d'une vive piété. En Bretagne, la civilisation n'a pas encore percé ses chemins vicinaux et fait oublier, avec le rustique clocher qui dirige les pas du voyageur, toutes les sources des bonnes impressions et des hautes pensées. Les Bretons naissaient chrétiens, pour ainsi dire; la plus pure éducation ne manquait pas de développer ces inclinations d'origine; aux leçons que recevait le nouveau-né, se joignait l'irrésistible puissance de l'exemple; un père ne craignait pas de déformer, en s'agenouillant, les genoux de son pantalon, ou de subir des quolibets de clercs d'huissier; hélas! et ce n'est pas là qu'une mère eût jamais dit de son enfant : « J'aimerais mieux le voir mourir que fréquenter les églises! » — Aujourd'hui même, les bons principes n'ont pas abandonné tout-à-fait cette terre privilégiée. La Bretagne et quelques-uns des pays qui l'environnent valent encore mieux, sous le rapport de la vie religieuse et des mœurs, que le reste de la France. Mais qu'ils sachent bien, ces honnêtes Bretons, de quel prix est pour eux le don de la Providence, *donum Dei ;* en le perdant ils perdraient tout, leur énergie, leur loyauté connue, leur indomptable courage, leur indépendance foncière, leur bonheur, et jusqu'à leur type national, le plus admirable qui soit. Dans les limites de son action pastorale, M. Graveran veillera sur ce dépôt sacré, et il contribuera sans nul doute à le faire conserver longtemps encore. En dirigeant l'influence des vieillards et de ceux qui vont le devenir sur la jeune génération, il cultivera celle-ci d'une manière toute spéciale, la défendra des mauvaises atteintes, et principalement de ce je ne sais quoi qu'on a l'effronterie d'appeler les *lumières ;* il rendra aux autres ce qui lui fut donné à lui-même.

Et de fait, M. Graveran eut le bonheur de ne recevoir qu'une éducation bretonne. L'éducation, s'il m'est permis de parler ainsi, est le grand mot de la vie. On n'y songe point assez. On en fait trop souvent une affaire de bascule financière pour les maîtres et de geole pour les enfants. De grands débats s'élèvent à ce sujet, et on ne daigne pas s'y arrêter. En aucun pays du monde, à quelque époque que ce soit, on n'a vu autant de scandales; quand finiront-ils? Jusque-là, que les chefs de l'Église y apportent remède selon leur pouvoir, sans brusquerie ni maladresse; qu'ils fassent comme M. Graveran, c'est fort bien; mais encore une fois, quand finiront toutes ces funestes misères?

M. Graveran fit ses premières études à Quimper. C'est là, dit La Fontaine,

Que Dieu mène ses gens quand il veut qu'on enrage.

La Fontaine était un grand faiseur de fables, on le voit bien, et il n'était pas breton; M. Graveran put en juger mieux que personne. Ce furent des heures fortunées que celles de son séjour dans cette ville. Il y eut d'excellents professeurs et n'en sortit qu'avec beaucoup de peine pour se rendre au collège de Saint-Pol de Léon, où il trouva pourtant les mêmes avantages comme le même bonheur.

Saint-Pol de Léon est un chef-lieu de canton du Finistère, près de la mer, et d'environ 5000 habitants. L'air qu'on y respire est excellent; les campagnes voisines forment des promenades délicieuses. La santé du jeune Graveran, que des études assidues et opiniâtres n'avaient pu manquer d'affaiblir, s'y rétablit sensiblement et s'y fortifia. « Le bien de l'âme, dit Plutarque, dépend aussi du bon état des sens. » M. Graveran, s'il m'en souvient bien, fit à Saint-Pol sa quatrième, ses humanités et sa rhétorique. Il obtint persévéramment les plus brillantes mentions, et, comme quelques-uns de ceux dont j'ai déjà écrit la notice, il a pu fonder, avec ses volumes reçus en prix, un bon fonds de bibliothèque.

De Saint-Pol, il revint à Quimper, pour suivre au grand séminaire un cours de philosophie. Si ce furent les *Institutiones* de Lyon qu'on lui enseigna, ou s'il a jamais été fait sur cette matière un bon ouvrage classique, je ne le dis pas. Toujours est-il que, même après les efforts infiniment louables de l'évêque du Mans, M. Bouvier, je serais désireux d'en voir un (1). Mais si on insiste et qu'on me dise : « Est-il possible d'écrire un cours de philosophie à l'usage des étudiants, et, pour ainsi dire, prosodique ou grammaticale ? » me voilà de nouveau embarrassé. Je crois qu'en certains collèges, les professeurs sui-

---

(1) Qu'on me pardonne cette sorte de répétition qui n'est pas sans utilité.

vent une excellente méthode, lorsqu'ils se contentent du rôle de Platon, d'Epictète et de tant d'autres docteurs, sans excepter le Docteur Solennel, et qu'ils conversent de tel ou tel objet donné avec leurs disciples.

Ici, deux ou trois réflexions viennent se placer sous ma plume :

Ne pourrait-on pas, je le demande, simplifier les prolégomènes de la science qui nous occupe ? Diminuer la somme des barbares vocables qui hérissent les définitions, serait-ce nuire au but que l'on se propose ? Pourquoi ne pas élucider et *humaniser* les expressions qui resteraient ? Si l'on élaguait encore les thèses futiles, pour donner à des thèses capitales leur développement voulu ; si on était plus difficile dans le choix des arguments, craindrait-on d'une part de trop amaigrir le livre, et de l'autre de faire tort à la vérité ? Je regrette fort que l'étroite dimension de mon cadre ne me permette pas de formuler d'une manière plus complète ces observations ; mais que ceux qui ont des oreilles... *qui habet aures audiendi audiat.* « O pauvre philosophie, s'écrie Bossuet, que vois-je dans tes écoles, que des contentions inutiles qui ne seront jamais terminées ; on y forme des doutes, mais on n'y prononce point de décisions ! »

M. Graveran était entré au séminaire de Quimper en mars 1808. Il s'était senti depuis longtemps un goût très prononcé pour l'état ecclésiastique, et avait assez vu le monde pour concevoir à son égard le sentiment contraire ; *et vidi quòd hoc quoque esset vanitas* (1).

Il vint, en août 1809, au collège fondé par M. l'abbé Liautard (2) (collège Stanislas), qui a produit tant de sujets distingués dans toutes les classes de la société (3). Il y suivit durant trois années les cours de mathématiques avec ceux du lycée impérial. C'est là que l'on vit naître et se développer sa passion pour ce genre d'études ; véritable passion, car il s'y livra corps et âme, si j'ose le dire, y fit des progrès singulièrement rapides, et depuis lors il est devenu, sous ce rapport, l'un des hommes les plus remarquables de l'époque.

Les mathématiques sont aujourd'hui plus que jamais une partie intégrante des études, et si l'on s'étonne qu'après les exemples donnés par l'anti-

---

(1) Eccl. 2.
(2) Maintenant curé de Fontainebleau, dont la notice doit incessamment paraître.
(3) Un excellent jeune homme, rempli de talent et de piété, M. Gustave Delanoue, était sorti du collège Stanislas. — Il était né d'ailleurs à Orléans.—Il est vrai que M. Marguerie a été élevé dans cette même maison ; je l'avoue.

quité si chérie et si vénérée cependant, les chefs de l'enseignement n'en aient pas conçu plus tôt la nécessité; il faut leur rendre aussi cette justice, qu'à peine l'innovation consacrée, ils l'acceptèrent avec enthousiasme; leur zèle, jusqu'à l'heure qu'il est, ne s'est point affaibli.

Les séminaires s'ouvrirent plus lentement à cette innovation. Il y eut même de féroces résistances dans quelques localités; chose assez naturelle du reste, puisque là même on regardait comme barbares la géographie et l'histoire dont à peine on avait entendu parler. Mais peu à peu les yeux se sont dessillés; il a été nommé des professeurs laïcs d'abord, puis des élèves on a formé des maîtres; la science marche. N'y a-t-il plus rien à faire? Je vois deux possibilités d'amélioration ou de perfectionnement: il faudrait se dépouiller plus absolument des vieilles préoccupations et ne point reléguer dans la catégorie des études secondaires ces mathématiques qu'on reconnaît indispensables; il faudrait qu'une ordonnance venue du roi, de l'Université, des évêques, de n'importe quelle autorité, enjoignît à tout établissement, comme condition *sine quâ non,* l'enseignement des mathématiques; car il y a encore des réfractaires, quoique en petit nombre!

M. Graveran rentra dans la Bretagne en 1812, et fut précisément appelé à professer les mathématiques au collège de Saint-Pol-de-Léon. Il y resta deux ans, chéri de ses élèves qu'il avait su ravir par la douce bonté de son cœur et captiver de même par la savante lucidité de ses leçons.

Les regrets universels l'accompagnèrent à Paris lorsqu'il vint s'asseoir sur les bancs du séminaire de Saint-Sulpice, en 1814.

Encore un mot sur les mathématiques :

La science des mathématiques, si exacte, si évidemment applicable à tout, doit exercer sur l'étude de la théologie une influence remarquablement salutaire. Nulle part, le jugement n'est exposé à de plus laborieuses oscillations ; nulle part le fatras des mots ne vient plus effroyablement engorger les idées ; nulle part tant de malentendus, de disputes, d'obscurités, de préjugés, de mauvaise foi même ; les hérésies, les schismes, les guerres les plus atroces, mille et mille monstruosités sont nées de ce qu'on appelle *la théologie*. Melanchton l'a dit ; et le grand Bossuet n'en disconvient pas, comme on peut le voir dans son *Histoire des Variations* et plus explicitement dans ses *Controverses*. Or, s'il est une science qui régularise l'entendement, et qui renferme de même dans de justes limites l'imagination, cette folle de la maison, qui établisse rigoureusement les rapports des choses et ne s'appuie que sur des démonstrations irréfutables, évidentes, l'esprit pénétré de cette science précieuse n'aura-t-il pas plus de puissance et de sécurité pour aborder l'inextricable chaos dont nous parlions tout-à-l'heure, chaos effroyable ! Quels que soient les entraînements de la passion et les caprices du sophisme, s'il s'y laisse aller un moment, il saura toujours, au moyen de ce guide magique, retrouver sa voie ; il saisira des vices de forme et de fond que ne soupçonnent pas les autres dans la logique communément adoptée ; peu de choses résisteraient à son implacable niveau $A + B = AB$. — J'ai tort de m'appesantir sur une vérité claire comme le soleil.

Tels furent les avantages que tira M. Graveran de ses études mathématiques ; il fut au séminaire de Saint-Sulpice un sujet éminemment distingué, alors qu'il y avait pour condisciples M. Affre, M. Olivier, et tant d'autres de même force ; et si, selon son habitude, il se fit remarquer par son intelligence élevée, il se fit chérir en même temps par les qualités de son caractère, sa douceur, sa modestie, son dévouement, et l'aménité de ses manières. Or, c'était, à mon avis, un prodigieux mérite que celui d'oser mettre au jour toutes ces heureuses dispositions de cœur, dans un pays où le bien ne se fait excuser qu'à la condition de se concentrer, où l'organisation réglementaire est telle que chacun regarde son voisin comme son inspecteur-né, où la simplicité passe pour un abandon scandaleux, et la gaîté pour de la dissipation, en dépit de ces paroles de Jésus-Christ : « Je vous le dis, si vous n'êtes semblables à l'un de ces très petits enfants, vous n'entrerez pas dans le royaume du ciel, » et de ces autres paroles de la Bible : « *Hilaris est Deus ;* » eh que dis-je ? en dépit de la nature même et de l'expérience qui prouve que cette simplicité et cette gaîté sont le plus souvent d'admirables gardiennes de l'innocence et de la sainte pureté.

Quoi qu'il en soit, M. Graveran poussa toutes les qualités devant lesquelles je m'inclinais tout-à-l'heure jusqu'au point de les faire aimer au séminaire de Saint-Sulpice ; on aima encore sa piété toujours angélique et toujours croissante ; les supérieurs eussent désiré se l'adjoindre, et c'était de leur part une idée heureuse ; ils ont grand besoin d'hommes pareils. Mais M. Graveran, lorsqu'il eut reçu la prêtrise, le samedi des Quatre-Temps de Noël 1819, SE HATA, dit un petit biographe (1)

(1) Galerie catholique.

de se mettre à la disposition de M. de Crouzeilles, son évêque (1).

M. de Crouzeilles avait toujours affectionné d'une manière toute spéciale le jeune Graveran; et l'affection de cet excellent prélat n'était pas restée sans effet : il était devenu son ami après avoir été son protecteur. M. l'évêque actuel de Quimper a conservé de son prédécesseur des souvenirs bien douloureux et bien doux à la fois ; il est impossible que l'écrivain se place à la hauteur de son éloquence de cœur et de ses émotions ; tout ce qui m'est permis, c'est de rendre ici un hommage public à sa reconnaissance.

Or, moins à cause de l'amitié qu'il avait vouée à M. Graveran que par égard pour ses mérites et par nécessité d'assigner une place convenable à son talent, M. de Crouzeilles lui donna la chaire de dogme au grand séminaire.

M. Graveran s'acquitta, durant neuf ans, de ces difficiles fonctions, avec un zèle et une habileté qu'on désire en beaucoup d'autres. Sans compromettre jamais son autorité, il se fit le condisciple de ses élèves plutôt qu'il ne fut leur maître. Point de morgue, point d'acception de personnes, point

(1) Évêque de Quimper.

de colère, point de mesquines envies à l'endroit des inférieurs. Comme je l'ai dit de quelques-uns, sa classe était en quelque sorte un lieu d'exercice ; il n'interrogeait que pour la forme ; et les débats qui suivaient la réponse ne sentaient nullement l'aigreur et le *dixit magister*. Chacun proposait ses difficultés et ses raisons ; on s'éclairait et on ne se haïssait pas ; au contraire, la lumière engendrait la satisfaction de l'esprit et le bonheur de la vie. Ah ! qu'il y a loin de cette scène charmante aux spectacles qui se donnent ailleurs et que j'ai vus et subis !

M. de Crouzeille l'avait nommé en même temps professeur et directeur ; et il ne pouvait mieux faire pour le bien de son diocèse. De cette école éminemment paternelle sont sortis d'excellents prêtres non moins remarquables par leur zèle apostolique que par leur savoir. Le clergé de Quimper est un des meilleurs de France, un de ceux où se produisent le moins de scandales, et conséquemment, en ce qui touche l'autorité, le moins de nécessité de sévir. Les interdits y sont extrêmement rares ; l'esprit ecclésiastique s'y conserve universellement dans toute sa pureté traditionnelle ; l'union, cette ineffable source de toutes bonnes pensées, de toutes bonnes œuvres et de toutes forces, *vis unita fortior*, l'union la plus inaltérable règne parmi les prêtres ;

c'est, si vous voulez reporter vos yeux à la page 117 du troisième volume, c'est d'un bout à l'autre l'inverse du diocèse d'Orléans, tel que l'ont fait et les fureurs étourdies de M. de Beauregard, et la politique peureuse de M. Morlot (1).

Du reste M. Graveran, lorsqu'il formait une population pareille, travaillait pour lui-même, car Dieu a voulu qu'il recueillît le fruit de son intelligence et de son activité, en gouvernant plus tard cet excellent diocèse de Quimper.

Mais à l'époque où nous en sommes de son existence, il fut enlevé à l'amour de ses élèves par une ordonnance royale du 1er septembre 1826 qui l'appelait à la cure de Brest.

La ville de Brest ne compose dans toute son étendue qu'une seule paroisse, et il serait à désirer que le gouvernement, puisque de pareilles choses se trouvent dans ses attributions, divisât la population en deux séries par la création d'une seconde église. Jusqu'à ce qu'il lui plaise de réaliser ce vœu général, c'est une mission démesurément laborieuse pour un homme que celle de gouverner cette cure.

M. Graveran se montra digne de sa position;

---

(1) Le lecteur sait qu'on a appelé Siéyès la taupe de la révolution; ceci est une allusion, dont je demande pardon à Siéyès.

il fut, sauf l'étrangeté du mot, il fut le Donnet de Brest comme M. l'archevêque actuel de Bordeaux a été le Graveran de Villefranche; puisse M. l'évêque de Quimper m'éviter des explications comme celles que nécessitera de ma part une certaine intervention de son collègue dans une certaine affaire très délicate!

Les travaux du ministère, quelque épineux et considérables qu'ils fussent, n'avaient point fait abandonner à M. Graveran ses études bien aimées. Il cultivait toujours les mathématiques et se perfectionnait dans cette science éminente, comme il le fait encore à présent; il avait le secret de trouver du temps pour méditer tous les chefs-d'œuvre de la littérature française et des littératures anciennes ou étrangères; la théologie bien entendue, l'histoire ecclésiastique (1), la philosophie avaient leur place dans son règlement de conduite.

Après M. l'abbé Badiche, son compatriote, M. Graveran peut être regardé comme le plus savant hagiographe de ces derniers temps. C'est en

---

(1) Telle sans doute que l'entend M. l'abbé Blanc, de Besançon, dans son *Introduction*, ce livre admirable, le meilleur incontestablement qu'on ait publié sur la matière, et que, pour cette raison sans doute, peu de jeunes séminaristes sauront lire. — J'aurai bientôt occasion d'en parler au long.

cette qualité qu'il a revu, vers l'année 1836, l'estimable ouvrage du P. Albert : *Vie des saints de Bretagne*. Je ne puis toutefois me refuser une petique critique. Bien que l'auteur fût un homme de science vaste et de rare sagacité, il n'a pas toujours su se défendre des préjugés communs ; et au nombre des personnages les plus indiscutables, sa plume a mêlé trop au hazard des noms que j'oserais nommer apocryphes, des faits qui sont au moins fabuleux. M. du Kerdanet, en corrigeant ces *Vies*, m'a paru malheureusement sobre de modifications et de ratures ; M. Graveran n'a prêté que trop complaisamment la main à ses pieuses faiblesses. Cependant je répète que la *Vie des saints de Bretagne* est un livre estimable, surtout après avoir passé sous les yeux de M. le curé de Brest et de son digne collaborateur (1).

Or, la ville est pleine des bonnes œuvres du bon curé, bon par excellence. Ici la bibliothèque paroissiale fondée par lui et qui se compose maintenant de plusieurs milliers de volumes ; on ne saurait se faire une idée du zèle intelligent qu'il mit à l'enrichir sous tous les rapports. Là un couvent de

---

(1) On dit que M. l'abbé Badiche prépare un grand travail sur l'église de Bretagne. — Le collaborateur de M. Graveran sera nommé plus tard.

filles repenties et un refuge pour les malheureuses qui sont menacées de tomber dans le crime ; voilà une des plus grandes merveilles du christianisme et que la *philanthropie* n'a pas comprise, non plus que les admirables inventions de la charité de saint Vincent de Paul, les *tours*, par exemple. Là une congrégation de dames et de jeunes personnes dévouées à la prière, au soulagement des pauvres, à la visite des malades dans les hôpitaux, à l'instruction même des petits enfants abandonnés. Suivrai-je M. Graveran dans tous les détails de sa carrière pastorale ? Il me faudrait copier à peu près, en y changeant quelques noms propres, les notices de MM. Frasey, Olivier, etc., etc. Je termine ce sujet par quelques lignes que j'emprunte à une petite notice de trois pages publiée en 1840. « Il s'empressa d'affilier sa paroisse à l'œuvre admirable créée à Paris par M. l'abbé Desgenettes, curé de Notre-Dame-des-Victoires, sous le titre d'*Archi-confrérie du Saint Cœur de Marie* dans le but d'obtenir la conversion des pécheurs. » Nous parlerons beaucoup de cette institution quand viendra la notice de M. Desgenettes ; et, s'il se trouve dans le monde où nous sommes des Strauss d'estaminet, ennemis nés de tout cœur de Jésus ou de Marie, nous tâcherons d'approfondir leurs physionomies et leur génie; mais aussi nous jetterons hardiment un coup-d'œil sur un autre plan de la scène; et nous répéterons à satiété ce qui a été dit page 110 de la *Biographie* (1), à savoir que, si Dieu daigne miraculeusement seconder les intentions du vénérable fondateur de cette œuvre et multiplier par elle les conversions, ce n'est pas une raison de la compromettre en faisant faire à l'honorable M. Ratisbonne de ridicules manifestes (2). Je reprends vite mon sujet.

(1) 4ᵉ volume.
(2) Les entrepreneurs des journaux qui se disent religieux, après avoir exploité ces rapsodies dans leurs colonnes, les ont réunies en volumes et affichées aux portes des églises; et l'*Ami de la Religion* m'a appris dernièrement que les élèves du séminaire de Gap, saisis d'admiration pour un pareil enfantillage, l'avaient fait réimprimer à leurs frais et à plusieurs milliers d'exemplaires. — Je voudrais bien savoir quelle est l'intelligence ou la franchise habituelle de ces séminaristes-là. — *Auri sacra fames* veut dire aussi : ô rage de flatter ! ô envie de se faire *ordonner* par complaisance ou de parvenir en général !... Un autre que M. Rossat s'y laisserait prendre. Voici le morceau :

« La miraculeuse conversion de M. Alphonse Ratisbonne a fait parmi nous une sensation profonde. Dans nos contrées, comme partout ailleurs, elle a consolé les cœurs catholiques, réveillé dans plusieurs des pensées de foi, ranimé la confiance envers la Mère des Miséricordes. Mais rien peut-être n'est comparable à l'effet produit sur les élèves de notre séminaire, par la lecture de la lettre, si naïve et si touchante, dans laquelle M. Ratisbonne raconte lui-même sa vie, et le miracle qui l'a converti au christianisme. Vous eussiez vu ces jeunes gens, au cœur généreux, à l'âme ardente, témoi-

Il n'est pas que les malheureux condamnés du bagne de Brest ne conservent aussi, à l'égard de M. Graveran, leur mémoire du cœur. Il les visi-

gner par de douces larmes, plus encore que par des paroles, leur vive sympathie, leur tendre charité pour le *frère de plus*, qu'ils doivent à la puissante médiation de la Mère de Dieu. Oh! *s'écriaient-ils*, que ne nous est-il donné de le voir un instant au milieu de nous, *de le serrer dans nos bras*, de lui exprimer tout ce que nous éprouvons, pour lui, de tendresse fraternelle, toute la part que nous prenons à son bonheur!

« Nos séminaristes ne se sont pas bornés à ces *stériles* démonstrations. *Ils ont compris* que, pour la gloire de Dieu, et *l'honneur* de sa divine Mère, il convenait de donner à ce miraculeux évènement la plus éclatante publicité. En conséquence, ils ont fait imprimer à leurs frais, et tirer à plusieurs milliers d'exemplaires, la lettre de M. Alphonse Ratisbonne, pour la faire distribuer gratuitement, et avec une sorte de profusion, dans toutes les paroisses du diocèse, et dans plusieurs paroisses des diocèses voisins. Ils ont choisi pour centre principal de cette distribution le célèbre pélerinage de Notre-Dame de Laus, diocèse de Gap. C'est un sanctuaire vénéré au loin, que la sainte Vierge se plaît à illustrer par d'étonnantes merveilles. Chaque année, on y voit accourir, de trente et de quarante lieues, un nombre incalculable de pélerins : on y compte quelquefois jusqu'à douze ou quatorze processions en un jour, et même davantage. Grâce au zèle de nos pieux lévites, chaque pélerin, en se retirant de l'auguste sanctuaire, emporte avec lui l'intéressant récit de M. Marie-Alphonse Ratisbonne, comme un précieux souvenir de son pélerinage, comme un gage de plus de confiance envers la Mère de Dieu. Si ces détails parviennent à la connaissance de notre nouveau et bien-aimé frère, puisse-t-il applaudir à la pensée que nous avons eue, de célébrer avec lui les merveilles de notre commune et céleste Mère! Puisse-t-il surtout, dans ses prières à Marie, ne pas oublier ses frères dans la foi et la charité, les séminaristes de Gap! »

tait souvent, et leur distribuait, avec ses aumônes, les consolations toujours si puissantes de la religion. Il contribua, plus que personne, à l'amélioration de leur sort.

Après deux ans, c'est-à-dire en 1828, M. de Poulpiquet de Brescanvel, successeur de M. de Crouzeilles, le nomma chanoine honoraire.

Le 1er mai 1840, M. de Poulpiquet, âgé de quatre-vingt-un ans, terminait dans la paix de Dieu une carrière toute pleine de vertus. Le 26 du même mois, parut au *Moniteur* l'ordonnance royale qui appelait M. Graveran sur le siège de Quimper.

Il y eut alors une scène touchante et admirable. Le chapitre, sans rien savoir des intentions du gouvernement, venait précisément de désigner M. le curé de Brest pour prononcer l'oraison funèbre de M. de Poulpiquet; il la prononça en effet le 2 juin.

Ici encore je ne crains pas de reproduire les expressions de la petite notice sus-mentionnée :

« Dans ce discours, dit-elle, simplement écrit, sans affectation, sans recherche, mais que distingue une grave simplicité, toujours si convenable dans la chaire chrétienne, il suit avec une affection visible, les diverses phases de la vie si longue et si pleine de son vénérable prédécesseur et borne son éloge à raconter le bien qu'il a fait et les vertus qu'il a pratiquées. »

Si c'est là une analyse véridique de l'oraison funèbre, je n'en sais rien, ne l'ayant ni lue ni entendue de mes oreilles, mais je sais qu'il n'est guère possible de faire une plus longue phrase, et c'est le cas de répéter un mot de Ducis sur un ouvrage du boursouflé Thomas : « Ses *Éloges* n'en finissent pas. »

J'aime mieux la réflexion suivante : « La nommination récente de l'orateur ajoutait encore à l'intérêt de ce touchant et dernier hommage, » bien qu'il fût possible de dire la même chose en meilleur style.

M. Graveran fut préconisé dans le consistoire du 13 juillet suivant, avec M. Affre. Il vint à Paris. Le 23 août, il fut sacré aux Oiseaux (1) par le nouvel archevêque de Paris assisté de M. l'archevêque de Chalcédoine (2) et de M. l'évêque d'Orléans (3), le dernier toujours disponible. La foule était nombreuse et recueillie; on y remarquait MM. l'internonce de Sa Sainteté (4), l'évêque nommé de Périgueux (5), le coadjuteur nommé de Strasbourg (6)

---

(1) Chapelle des Dames de la Congrégation de Notre-Dame,
(2) M. Bonamie.
(3) M. Morlot.
(4) M. Garibaldi.
(5) M. George.
(6) M. Rœss, dont la notice sera publiée par la suite.

et plusieurs ecclésiastiques du diocèse de Quimper, parmi lesquels se *confondait*, dit toujours la petite notice, un frère de l'évêque élu. Notez l'expression.

A son retour dans sa ville épiscopale, M. Graveran crut devoir s'abstenir de ce qu'on nomme une *entrée*. Il entra comme Dieu nous a dit qu'il viendrait lui-même au jour de la justice, *sicut*...... M. l'archevêque actuel de Cambrai (1), avec la meilleure volonté de faire des phrases mignonnes, n'aurait jamais pu dire que *les cloches chantaient;* et l'*Ami de la Religion*, ayant à sa suite tous les journaux soi-disant religieux et non moins valets que lui, dut mentir nécessairement pour annoncer que jamais on n'avait vu pareille affluence d'hommes.

Ainsi sont traités tous les sujets sur lesquels tombe le choix *du gouvernement*. Quels qu'ils soient par eux-mêmes, par leurs antécédents, par leur capacité, «le gouvernement, s'écrient l'*Ami de la Religion* et les autres, ne pouvait faire un meilleur choix ; c'était tout juste l'homme de la circonstance ; il a des qualités que nul autre n'aurait eues ; il a toutes les qualités : une piété de séraphin (2), des

---

(1) M. Giraud qui était auparavant sur le siège de Rhodez.
(2) Si j'étais M. Morlot, par exemple, et qu'on s'avisât d'accoler toujours à mon nom l'épithète *pius*, mauvais tour que fit déjà Virgile à l'époux de Creüse, j'y prêterais quelque attention.

grâces extérieures, de la bonté, du génie; » et les épithètes pleuvent; on distingue surtout dans le torrent celle de *vénérable* dont ils font un débit inimaginable. Et cela veut dire : «*Abonnez-vous, et faites abonner ceux à la tête desquels vous vous trouverez tantôt.* » J'avoue que souvent ces courtisaneries stéréotypées se trouvent conformes à la vérité, mais c'est par le fait des évêques, et l'intention de leurs faux amis n'en est pas complice. Comment donc l'Église de France se laisse-t-elle abuser d'une si indigne manière? J'aurai l'occasion d'en dire quelque chose dans la biographie, depuis longtemps annoncée et demandée de MM. Picot et Henrion (1).

Il est plus qu'évident que je n'entends point ici faire un reproche à M. Picot du bien qu'il a dit de M. Graveran; mais l'occasion s'est présentée de dire une vérité, je l'ai dite; voilà tout.

(1) Non que ces personnages que j'ai nommés avec raison, je crois, semi-ecclésiastiques, nous doivent présenter dans leur vie des évènements d'une grande importance; si l'on excepte quelques utiles compilations du premier, ils sont à peu près non avenus comme écrivains; d'un autre côté, nul ne connait le secret de leur foyer ou du moins nul ne voudrait en parler; mais ce qu'il y a de curieux à voir, c'est l'incroyable audace avec laquelle ces gens-là se sont immiscés dans les affaires du clergé, et le mal que, malgré leur impuissance radicale, ils ont pu faire par pure niaiserie.

J'irai même plus loin que M. Picot, et sans crainte qu'on m'accuse d'exagération, de flatterie surtout.

Aux *éminentes* qualités d'âme et d'intelligence que nous avons *admirées* en lui, M. Graveran joint d'autres qualités qui les rehaussent et les embellissent encore. Il est d'un extérieur noble et imposant. Son regard plein de douceur et d'esprit résume en quelque sorte son caractère et sa vie; c'est celui d'un homme qui est bien avec lui-même. Son large front porte l'empreinte de la candeur et d'une pensée profonde.

On résiste difficilement à la séduction de ses manières et de sa parole. « Un ton poli, dit M. de Chateaubriand, rend les bonnes raisons meilleures et fait passer les mauvaises. » Sans être un sémillant causeur comme M. Olivier, ou un homme d'une conversation presque incomparable comme M. Clausel, il se fait entendre avec plaisir et bonheur; et son charme, à lui, c'est sa simplicité. Il est si naturellement modeste, qu'on aurait toujours peur en sa présence de se laisser aller à l'opinion qu'il paraît avoir de lui-même, si d'ailleurs on ne s'était fait un fonds d'estime et d'admiration qu'on peut dire inaliénables. Ce que fut le professeur de mathématique et de théologie ainsi que le curé de Brest, l'évêque de Quimper l'est encore. Il vit en compatriote, en ami, en frère avec ses prêtres. C'est là un évêque tel que je le conçois dans la rigueur du terme et de l'institution divine. Initié autant que possible aux habitudes locales, puisqu'il est né dans le diocèse qu'il dirige ; connu de longue date et en conséquence offrant toutes les garanties nécessaires à la faiblesse des populations, appelé à son siège sinon par le clergé et le peuple comme c'était l'usage de l'église primitive, du moins par les vœux de l'un et de l'autre qui ont sanctionné la nomination du gouvernement et l'*agrément* du Pape, dites-moi quelle est la condition qu'il ne remplisse pas. Pourquoi tous ses collègues n'en sont-ils pas au même point? Qu'heureux sont ses diocésains puisqu'il est encore dans la force de l'âge et que sa robuste santé leur promet de longs jours! Dieu veuille que nos vœux soient exaucés! et si la notice que je viens de tracer dans toute la simplicité de mon cœur paraissait encore insuffisante à ceux qui connaissent mieux que moi M. Graveran, qu'ils viennent et qu'ils écoutent ceux qui ont le bonheur d'approcher journellement de sa personne. Demandez à MM. Sauveur et Jégou, ses vicaires-généraux ; M. Michel, son secrétaire vous racontera sur ses vertus cachées des choses qu'il n'a pas été donné au biographe de révéler ou même de connaître ; il vous dira quelle est sa consciencieuse exactitude dans l'examen des choses qui concernent son diocèse ; comment il sait, dans certain cas, empêcher une chute complète en usant de modération, et en d'autres, frapper fort s'il convient de frapper fort ; comment il a pu rendre sa sévérité même chère à tous ses enfants, parce que sa sévérité procède du devoir et de l'amour du prochain. *Responsio mollis frangit iram, sermo durus excitat furorem* (1). Vous apprendrez d'eux encore quel gracieux accueil il fait aux curés et vicaires de campagne ; avec quelle suprême intelligence des hommes et des choses il distribue les emplois et les honneurs ; combien sont touchantes et solides ses instructions et ses allocutions familières. M. Graveran n'est pas de ceux qui pensent ou veulent penser que, pour être un bon évêque, on doive afficher un luxe asiatique ; voici ce que disait un journal (2) sur M. Morlot, évêque d'Orléans, dont il a été trop souvent question dans le présent ouvrage, eu égard à son peu d'importance :

« M. l'évêque d'Orléans a exhibé aux dernières processions une mitre magnifique, sur laquelle

---

(1) Prov. 15.
(2) *Journal du Loiret* du 8 juin 1842.

étincelaient des diamants et des pierres précieuses de toutes les couleurs; on dit que cette mitre est un présent des dévotes de Dijon, patrie du prélat, et qu'elle a coûté 30,000 fr.

« 30,000 fr. pour une mitre! voilà de l'argent bien employé, et les malheureux à qui on eût pu donner du pain pour cet argent doivent être bien édifiés! Mais les bonnes âmes qui se sont saignées pour faire ce magnifique cadeau sont-elles bien sûres d'avoir pris ainsi le meilleur chemin pour gagner le ciel? et le prélat qui a étalé ce luxe oriental est-il bien certain d'être resté dans l'esprit de l'Évangile?

« A quoi a-t-il donc servi que Jésus-Christ et les apôtres prêchassent l'humilité et la pauvreté, si leurs successeurs se coiffent avec des bonnets de 30,000 fr.? »

Hormis certaines expressions qui sentent leur Voltaire d'une lieue, j'avoue qu'il m'est agréable de souscrire à ces justes critiques d'un journal indépendant; et je le fais d'autant plus volontiers que, par voie de comparaison, je ramenerai immédiatement les yeux de mon lecteur sur M. l'évêque de Quimper. Il y a divers degrés dans la société ecclésiastique; l'obligation de la pauvreté a certaines bornes; induire de ce que le Sauveur n'eut pas une pierre où reposer sa tête, que les évêques doivent dormir sur des pas de porte, serait une détestable manière de raisonner ; il est même indubitable que la beauté des ornements comme celle de l'extérieur convient dans une position si élevée, qu'un peu de *représentation* est nécessaire, etc. ; mais toujours est-il que la pauvre nature humaine s'est montrée là avec toute sa faiblesse, et qu'on a exagéré complaisamment, en ce cas, les *convenances* ou les *nécessités*. Rien au monde ne saurait excuser, par exemple, ce que le *Journal du Loiret* blâme avec tant d'énergie et de raison. Nous disions plus haut que la théologie d'*école* avait enfanté des hérésies et des schismes ; ici nous pourrions également dire que ces abus, car ce sont de réels abus, éloignent de la religion bien des âmes excellemment disposées d'ailleurs ; le scandale ne consiste pas uniquement à jeter de grands cris contre la vertu ou à commettre des impiétés publiques ; lorsqu'il est ainsi fait, il est moins dangereux que dans les circonstances où il n'opère, si j'ose ainsi parler, que par voie de sainteté.

Or, j'ai entendu des murmures ; on est libre de qualifier mes observations de telle ou telle manière ; il est à présumer qu'on trouvera moyen de les représenter comme perverses, «attendu, dirat-on, que, la chose fût-elle vraie, puisqu'elle est désavantageuse à tel ou tel évêque, il ne faut pas la dire, car les évêques et la religion sont une seule et même chose. »—Que chacune de ces propositions soit plus ou moins contestable, ce n'est pas ce qui m'occupe ; mais de tout ce qui vient d'être dit, il ne suit pas que les avis soient constamment inopportuns et nuisibles ; il est des temps où la vérité tout entière se peut dire sans inconvénient, et nous sommes, je crois, en ces temps-là. Il y a encore une chose qui prouve que mes réflexions ne sont pas sans de légitimes motifs, c'est que ceux-là seuls les attaqueront qui auraient un intérêt de faiblesse personnelle à ce qu'elles ne fussent pas faites. Les évêques, encore une fois, bien qu'avec une assistance plus prochaine de l'esprit de Dieu, sont hommes comme nous et ne doivent pas voir avec peine que sous leurs pas se rencontre de temps à autre une parole courageuse et indépendante qui le leur rappelle, à la manière des crieurs de triomphe dans l'ancienne Rome. Leurs paroles et leurs actes sont en quelque sorte irrévocables et frappés de fatalité, tant est grande l'étendue de leurs résultats, tant la vie est courte pour les réparer, s'ils sont mauvais, tant leur main droite est éloignée de leur main gauche, pour guérir les plaies que celle-ci aurait faites (1). *Ecce enim breves anni transeunt et semitam per quam non revertar ambulo* (2). Ceux qui ne sont pas encore décorés de la mitre, mais auxquels leur mérite ou d'efficaces protections la destinent, les jeunes ecclésiastiques d'*avenir* tireront leur profit de la vérité qu'auront dû entendre leurs devanciers; hélas! n'ont-ils pas besoin d'avertissements? Leur tâche devient de jour en jour plus difficile; et, comme par une fatalité pernicieuse, leur éducation n'est pas forte, il arrive même qu'on les pousse, malgré leur grande jeunesse et leur incapacité, que dis-je? malgré eux-mêmes, à de formidables dignités (3). Eh! peu m'importe qu'on me dise : « Mais vous n'avez pas mission pour régenter les évêques. » Les évêques! — Je ne régente personne, mais

---

(1) Soit dit sans blesser l'ange du troisième paradis de Mahomet d'une main duquel à l'autre il y a soixante-dix mille journées.

(2) Job, 16-23.

(3) J'aime du moins à le supposer. Voyez la notice de M. Demeuré, page 4°.

— C'est décidément M. Morlot qui remplace M. de Montblanc. — Je profite de l'occasion pour mentionner ici la nomination de M. Naudo, évêque de Nevers, à l'archevêché d'Avignon; celle de M. Berthaud, chanoine théologal de Limoges, à l'évêché de Tulle, et de M. Regnier, vicaire-général d'Angers, à Angoulême où il remplacera M. Guigou. — M. de Gualy, archevêque d'Alby, vient de mourir. — « Il est mort, ajoute l'*Ami de la Religion*, le 17 juin, des suites de la goutte. Cet évènement a jeté le diocèse d'Alby dans le deuil. »

dans une question si grave qu'elle intéresse les siècles éternels, je place mon mot qui est le tribut que j'apporte comme tout homme doit apporter le sien. *In his omnis homo miles* (1).

Au reste, de ces considérations qui ont bien aussi leur côté affligeant, à la vie douce, pure, paisible, admirablement chrétienne, sacerdotale et pontificale de M. l'évêque de Quimper, il ne peut exister que des rapports éloignés et imparfaits; mais quand je crois une vérité utile à écrire ou à dire, ce ne sont pas des principes de rhétorique, fût-ce même de politique, qui m'empêcheraient de la dire et de l'écrire; on l'a bien vu, et on le verra encore. *Nil enim opertum quod non revelabitur, et occultum quod non scietur* (2).

Oui, toutes réflexions faites, vaut mieux une vérité un peu brutale qu'une politesse d'académie comme celle qui mettait au concours cette question : *Laquelle des vertus du roi est la plus digne d'admiration?* On avait dit, à l'Institut, *du roi*, comme on dirait ailleurs, *de l'évêque*.

(1) Tertul.
(2) Mat., 10-26.

10 Juillet 1842.

PARIS. — IMP. DE A. APPERT, PASSAGE DU CAIRE, 54.

Biographie du Clergé Contemporain

A. Appert, Édit. Passage du Caire, 54

— 324 —

… … … … … liberté qu'elle …
… … … … … … … tribu…
… … … … tout homme doit apporter …
sa … … … … honn… …tes (1).

… … considérations qui ont … …
… … … … à la vie douce, pure, paisible…
… … … … … … … … … … …
… … … … … … … … … peut exister
… … … … … … … imparfaits ; mais quand
… … … … … … … … … ou à dire, ce n…
… … … … … … … … … … …
… … … … … … … … … … …
… … … … … … … … … … …
… … … … … … … … … … …
… … … … … … … … (2).

Oui, toutes réflexions faites, vaut mieux une vérité un peu … … … … qu'une politesse d'académie
… … celle qui … … … … concours en … question :
… … … … … vertu du roi est la plus digne d'él…
… … … … … … … … … … … …
… … … … …

… …
… … … …

… …

Biographie du Clergé Contemporain.

M. ROESS.

A.Appert, Edit. Passage du Caire, 54.

M. ROESS,

Évêque de Rhodiopolis. — Coadjuteur de Strasbourg.

> Celui-là seul sait ce qu'il fait qui sert Dieu dans son Église, et qui, instruit que tout le mouvement de l'univers ne va qu'à développer les germes de la création et de la grâce, respecte profondément dans ses actes le cours naturel et logique des choses, qui les mène à leurs fins par la voie la plus courte autant que la plus heureuse.
>
> LACORDAIRE, *Lettre sur le Saint-Siège*, page 23.

En attendant la notice du vénérable auteur de la *Discussion amicale*, M. Lepappe de Trévern, évêque de Strasbourg, et comme préambule aux intéressantes questions qu'elle amènera nécessairement, j'ai cru devoir donner un aperçu de la vie et des travaux de M. Rœss, son digne coadjuteur.

M. Rœss! voilà un nom barbare, ou qui du moins va sembler tel au commun des lecteurs. — Franchement, Monsieur, le connaissiez-vous? — Et si l'on vous disait, Madame, qu'une multitude de livres délicieusement écrits, pleins de pensées profondes, savants et nouveaux comme on n'en fait plus guère, circulent dans tous les pays du Nord sous la puissante garantie de ce nom-là! — O bon jeune homme, la *Revue des Deux Mondes* ne l'a pas mis dans son calendrier sacramentel; autre chose est M. Victor Hugo, dont vous prêchez jusqu'au martyre la religion littéraire; ce n'est pas non plus M. Pierre Leroux, le philosophe sans issue et sans bornes, que vous admirez et n'avez ni lu ni pu lire..... c'est M. Rœss! Qu'est-ce que M. Rœss? dit ce bon jeune homme (1).

. M. Rœss naquit, comme un autre, à Sigolsheim, dans le département du Haut-Rhin. Le fameux poète Pfeffel n'était pas plus alsacien que lui, ou Kléber ou Desaix. La géographie vous enseigne qu'il a pu boire, dès sa plus tendre enfance, les eaux limpides de l'Ill; car Sigolsheim est à peu de

---

(1) Lors de la nomination de M. Rœss à la coadjutorerie de Strasbourg, l'*Univers* a publié quelques détails biographiques sur lui.

distance de Colmar, et nous verrons qu'il fut un des écoliers de Schelestadt.

Le jour de sa naissance, c'est-à-dire le 6 avril 1794, fut une fête pour sa famille qui l'avait longtemps désiré; ceci n'est pas un lieu commun. Quelques jours après, il reçut le baptême selon les exigences d'alors, avec le nom d'André. « Il n'y a guère que Pascal et moi, disait l'hermite de la Chaussée-d'Antin, qui osions nous appeler Blaise; autant s'appeler André. »

Le père de M. Rœss, bien qu'il eût une honnête fortune, était vertueux comme un pauvre; paroles qui se comprendront peu, j'en suis sûr, dans les assemblées du monde et dans les régions supérieures de la classe ecclésiastique; car enfin, je ne puis retenir une vérité qui m'échappe : il y a sans doute au mal commun les exceptions que je me suis plu à signaler, mais ce mal n'en est pas moins réel; et que de dépits et de désespoir, s'il se trouvait aujourd'hui un Julien qui reprît en sous-œuvre cette parole du premier : « L'admirable loi des chrétiens leur enjoint de renoncer aux biens de la terre, afin d'arriver au royaume des cieux; et nous, voulant gracieusement faciliter le voyage, ordonnons qu'ils soient soulagés du poids de tous les biens ! » *Melior* est, reprend le Saint-Esprit, *pauper qui ambulat in simplicitate suâ, quàm dives torquens labia sua et insipiens* (1).

J'ignore le nom de la mère de M. Rœss, et j'en suis fâché. Les noms sont d'un puissance biographique sans égale. L'abbé de Grécourt, qui n'était d'ailleurs qu'un versificateur impudent et malpropre, a dit une chose digne de remarque : « Donnez-moi une mère qui n'ait pas nom mademoiselle Ourceau, et je fais mon salut. » C'est que Louis XV, s'il faut en croire un indiscret du temps, avait dit avant lui : « Pour un homme de sa sorte, il suffit d'un petit canonicat et d'une petite chapelle (2). » M. de Grécourt s'est damné, s'il l'est, par dépit d'ambition,

---

(1) Lib. Prov. 19-1.
(2) Il était chanoine de Saint-Martin de Tours, et fut pourvu plus tard d'une chapelle dans l'église de Paris. — Puisqu'il est question de Tours, voici encore M. Morlot et deux textes que me met en mémoire sa récente nomination d'archevêque de ce diocèse. En ce temps-là, les évêques de la province, lorsqu'ils virent arriver saint Martin, le jugèrent indigne de tant d'honneur : *Scilicet contemptibilem esse personam, indignum episcopatu, hominem vultu despicabilem, veste sordidum, crine deformem.* Les suffragants d'aujourd'hui pensent-ils comme leurs devanciers? Non; mais en tout cas, M. Morlot n'éprouvera pas certainement le même genre d'opposition. — Il est vrai qu'au témoignage de Sulpice Sévère, le peuple jugeait autrement saint Martin : *Ita à populo sententiæ sanioris hæc illorum irrisa dementia est, qui illustrem virum, dùm vituperâsse cupiunt, prædicabant.* (Sulp. Sev. de Vit. S. Martin. cap. vii.) Mais maintenant la question n'est pas là ; il n'y a plus de peuple.

aux termes du rudiment de Lhomond : *Sua eum perdet ambitio.*

La première éducation de M. Rœss fut essentiellement chrétienne. A ce sujet, voici une belle pensée de M. le duc de Lévis : « La grande difficulté dans l'éducation consiste à tenir les enfants dans la soumission sans dégrader leur caractère. » Depuis l'évangile, on connaît ce secret; et lorsque, dans la *Revue indépendante* (1), M. F. Baudry relève quelques naïvetés du catéchisme pour en conclure que l'église est déraisonnable, criminelle même et niaise dans son enseignement primaire, et qu'en conséquence elle n'a aucun droit d'attaquer le monopole de l'université, il fait preuve de mauvaise foi ou d'une préoccupation bien singulière; fallait-il donc parler à des pauvres petits enfants le jargon de M. Pierre Leroux ci-dessus nommé (2)? D'ailleurs, est-il permis de juger une œuvre sur deux ou trois incorrections qu'elle pourrait renfermer (3)? Grand Dieu ! Eh,

---

(1) *Revue indépendante*, 1ᵉʳ juin 1842.

(2) Rousseau a dit quelque part : « Parmi les diverses sciences qu'ils se vantent d'enseigner aux enfants, ils se gardent bien de choisir celles qui leur seraient véritablement utiles, parce que ce seraient des sciences de choses et qu'ils n'y réussiraient pas, mais celles qu'on paraît savoir quand on en sait les termes. »

(3) Pas plus que d'extraire de la *Biographie du Clergé*

trouvez un livre élémentaire, d'un genre quelconque, qui vaille ce catéchisme dont vous savez si gentiment rire (1) !

Toutefois, il s'élève, au milieu de ces déplorables attaques, une objection sérieuse : M. F. Baudry demande pourquoi, dans la société catholique, qui est une par excellence, tant de catéchismes divers, et non un seul catéchisme rédigé dans des termes identiques comme dans le même esprit? Ici, M. F. Baudry a parfaitement raison. Et j'ai dit assez, en parlant du bréviaire, quel était mon avis sur ce point.

Chose incroyable, qu'on ose aujourd'hui contester au christianisme son influence salutaire sur la famille! Qui a défini la paternité, si odieuse et si infâme aux époques païennes? Où fut puisée cette belle consécration du droit des épouses simulé par les

---

trois ou quatre passages que l'on estropierait effrontément ou bêtement pour prouver que le Solitaire commet des hérésies à foison, outrage la morale et mérite la corde ou le bucher : Cela s'est vu.

Que diront-ils de cet accident typographique + au lieu de ×, (*V.* p. 303, t. IV) : grace donc, ô mes typographes, pour une autre fois.

(1) La notice de M. Feutrier nous donnera lieu d'émettre quelques idées générales sur les catéchismes considérés comme instruction écrite et comme instruction parlée. Le célèbre évêque de Beauvais en a donné un qui mérite une attention toute spéciale. Je citerai la critique spirituelle et mordante qui en fut faite en ce temps-là.

Romains : *Ubi tu Gaius, ego Gaia?* Qu'est-ce qu'une mère selon l'Évangile ? et qu'il est bien plus difficile pour nous d'user sobrement de nos avantages, que d'imaginer des preuves contre nos détracteurs (1) ! mais revenons au sujet de cette notice.

M. Rœss commença ses études classiques à Schelestadt dans le département du Bas-Rhin, et ses succès répondirent aux espérances qu'il avait fait concevoir de très bonne heure. Les germes de piété que la sollicitude maternelle avait déposés dans son âme, furent soigneusement cultivés et portèrent tous les fruits désirables.

De Schelestadt il passa dans une institution de Nancy pour y achever ses humanités, et ensuite à Mayence, où il suivit des cours de philosophie et de théologie.

Mayence était alors sous la domination française et avait pour évêque M. Colmar, compatriote, lui aussi, de M. Rœss, comme étant alsacien (natif de Strasbourg).

A cette qualité, car c'en est une d'appartenir à

---

(1) Je lis dans un livre qui, d'ailleurs, contient d'assez bonnes choses, ces paroles indéfinissables : « Nous sommes arrivés au premier siècle (à l'avènement de Jésus-Christ) qui vit mourir *la liberté et naître une religion.* » (*Histoire des progrès de la civilisation en Europe*, par H. Roux-Ferrand, 1ᵉʳ vol. p. 11.)

une contrée dont presque tous les enfants sont des penseurs infiniment remarquables ; à cette qualité donc, M. Colmar joignait celle de bien connaître les hommes et de subordonner ses choix à sa conscience ; chose précieuse *nigroque simillima cycno*. Il avait déjà fait pour son diocèse l'acquisition de M. Humann qui fut d'abord son secrétaire, puis son vicaire-général et son successeur. Il avait à ses côtés M. Liebermann, l'estimable auteur des *Institutiones theologicæ*, auquel était confiée la direction de son grand séminaire (1). Témoin des brillantes études de M. Rœss, il eut la pensée de le rapprocher aussi de sa personne ; et ce qui est trop souvent une cause de défaveur pour les jeunes ecclésiastiques, je veux dire son talent, le mit

---

(1) Cet ouvrage, l'un des plus satisfaisants que je connaisse sur la matière, a été adopté par le collège de la propagande à Rome ; il est suivi dans les séminaires de la Belgique et dans un grand nombre des séminaires de l'Allemagne, de l'Italie, de la Suisse et des États-Unis. J'ai désiré savoir pourquoi les séminaires de France n'avaient pas fait aux *Institutiones* le même accueil ; c'est, m'a-t-on répondu, que ces derniers sont dirigés en bonne partie par la société de M. Olier ; quand les Sulpiciens ont besoin d'un ouvrage, ils le font eux-mêmes, suivant la méthode de la dame Roussin, dont il est question page 273 du deuxième volume ; sauf à réjouir très peu le cœur du souverain Pontife, comme il est arrivé à M. Carrière, lors d'une publication récente.

M. Liebermann est depuis dix-sept ans vicaire-général de Strasbourg, comme nous le verrons par la suite.

par exception sur la voie des emplois et des honneurs.

Il y eut un autre motif. M. Rœss, dans des circonstances malheureuses, venait de se distinguer par un acte de dévouement qui mérite d'être mentionné.

C'était après la désastreuse campagne de 1815, dit un écrivain; Mayence reçut par milliers nos soldats blessés outre Rhin, et qu'on y apportait malades, mourants pour la plupart. Tous les édifices publics en étaient encombrés; bientôt une épidémie se manifeste parmi les débris de cette grande armée. M. Colmar se dévoue pour les assister; et là, comme partout où il y a des misères à soulager, là comme en France pendant le choléra (1), comme naguère au milieu des eaux débordées (2), le clergé imite généreusement l'exemple de son chef. Le prélat jugea cependant convenable de renvoyer dans leurs familles les élèves du grand séminaire, en laissant, à ceux qui en auraient la force et le

---

(1) Allusion à M. de Quélen, dont il sera fort question dans une notice prochaine.

(2) Ceci regarde M. Du Pont, archevêque d'Avignon, qui l'est aujourd'hui de Bourges, et M. Donnet, curé de Villefranche (Rhône), puis évêque-coadjuteur de Nancy, et maintenant archevêque de Bordeaux, qui ne se lasse pas de faire d'étonnantes choses *en tous genres*.

courage, la liberté de braver la contagion et de donner des soins aux malades.

M. Rœss, alors âgé de dix-neuf ans, se fit infirmier et rendit à ses malheureux compatriotes tous les services de la plus active charité. Quand l'épidémie eut cessé, il reprit le cours de ses études (1).

Il fut ordonné prêtre en 1816 et immédiatement nommé professeur de théologie, dans le séminaire même de Mayence.

Notons bien qu'il prit ses grades de licencié et de docteur; et notons bien encore que, parmi ceux qui occupent en ce moment les chaires de théologie de France, on n'en compterait pas jusqu'à dix qui soient revêtus des mêmes titres. Que dis-je? à la Sorbonne même, il en est peu qui ne soient frappés de cette irrégularité; et en ce qui touche les évêques, on sent la valeur de la dispense dite : *Super defectu gradûs doctoralis* (2); satire sanglante!

M. Rœss traduisit trois ans après les *Ecoliers vertueux* de l'abbé Carron; et les notes qu'il joignit

---

(1) Tiré de la *Revue catholique*.

(2) C'est en 1562, dans sa vingt-deuxième session, que le saint concile de Trente a établi d'une manière obligatoire pour toute l'Église les grades en théologie et en droit canonique, et les exigea comme UN TITRE NÉCESSAIRE pour ceux qui devraient être promus aux premières dignités. (*Ami de la religion*, 26 février 1831).

au texte ne sont pas une des parties les moins intéressantes de ce délicieux ouvrage (1).

A coup sûr, il n'est pas ordinaire que le simple rôle de traducteur flatte beaucoup un amour-propre d'écrivain, alors surtout qu'il s'agit de reproduire un tout petit livre à l'usage des enfants; le travail du reste me paraît aussi disgracieux que difficile en lui-même ; s'y livrer en vue seulement de son utilité, c'est donc le fait d'un dévouement héroïque et d'une remarquable modestie. Voilà l'histoire de M. Rœss, et ce qui explique comment avec d'aussi vastes connaissances que les siennes et toutes les ressources d'une belle imagination, l'immense quantité de ses ouvrages se réduit pour une moitié à un catalogue de brochures rééditées en langue étrangère.

Il traduisit encore un ouvrage du bon abbé Carron : *les Confesseurs de la Foi* (2), et y fit des additions considérables; puis les *Projets d'instructions religieuses* de M. l'abbé Grillet (3) ; puis l'*Influence de la réforme de Luther*, par Robelot (4).

---

(1) Mayence, 1819, 2 vol. in-8.
(2) Mayence, 1820, 4 vol. in-8.
(3) Mayence, 1821, 4 vol. in-8. Cet ouvrage a eu deux éditions.
(4) Mayence, 1823, in-8.

M. Rœss n'a pas respecté l'abbé Grillet jusqu'à penser qu'il fût impossible de mieux faire que lui. En suppléant aux nombreuses lacunes de ses *Projets*, il a rendu à la science comme à l'Église le plus grand service. Tel qu'il est sorti des mains de son traducteur, l'écrivain devient autre chose qu'un compilateur de lieux communs, et il sera pris au sérieux par les hommes sensés de toutes les époques. C'est, à mon sens, un grand tort, de vouloir assujétir à des cadres officiels la prédication évangélique; elle doit être chez les uns le résultat d'un mouvement spontané du cœur, et je parle des plus modestes ouvriers de l'Église; chez les autres, c'est-à-dire chez ceux que Dieu appelle à d'éclatantes destinées, il faut qu'elle soit une complète création de l'esprit, appropriée aux temps, aux lieux et à l'empire des circonstances les plus difficiles à prévoir; ainsi, je n'admets l'utilité des *Projets* qu'avec de fortes restrictions pour les orateurs sacrés, et je ne les concède aux autres que pour le cas où ne pouvant assister aux sermons de leur paroisse, ils sont obligés d'y suppléer par une lecture accessoire en forme de méditation.

L'*Influence de la Réforme* est un livre excellent à bien des égards; mais avec les notes même de M. Rœss, j'y trouve des faits hazardés, de l'exagération, peu d'ordre; et la meilleure cause du monde se soutient mal avec des éléments pareils. Pour ma part, je crois autant qu'homme du monde que Luther fut mille fois digne des foudres dont l'a frappé la sainte Église catholique ; je déteste son hérésie, et je vois avec horreur les incalculables maux dont elle a inondé la terre. Certes, devant une explosion de lumière et d'indignation comme celle qui se fit dans le monde lorsqu'il eut jeté son cri de guerre, il n'est pas douteux que la bonne foi ne put durer un quart-d'heure, ou, pour mieux m'exprimer, que, s'il n'avait agi sous l'obsession de cet infernal démon de la chair, qui est la raison commune des révoltes, son bon sens l'eût aussitôt fait rentrer dans l'unité. Mais je n'ai jamais compris et je ne conçois pas encore qu'on ne puisse être orthodoxe, sans croire à toutes les fabuleuses inepties d'imprudents apologistes, débitées journellement sur ce génie monstrueux. Défigurer l'histoire est un détestable moyen de servir la vérité; c'est faire injure à celle-ci et blasphêmer contre Dieu que l'on prend pour complice d'une abjecte diplomatie. — Non que Robelot et M. Rœss aient daigné descendre jusqu'à la condition des recrépisseurs d'annales auxquels je fais allusion ; mais pourquoi faut-il que deux hommes aussi judicieux n'aient pas su éviter tout-à-fait de pareils travers!

Pour terminer en un trait le chapitre des traductions, je les consigne par ordre chronologique, et me propose de revenir ensuite sur les ouvrages que j'appellerai originaux ou *de fond*.

En 1824, M. Picot publia un *Essai sur l'influence de la Religion en France au dix-septième siècle;* M. Rœss l'a traduit en 1828-1829 sous ce titre: *Traits remarquables de l'histoire de l'Église de France au dix-septième siècle*, ou *Tableau des établissements religieux* (1).

Il avait auparavant traduit et augmenté la *Vie des Saints* d'Alban Butler et de Godescard (2). « Les additions, dit l'auteur que j'ai déjà cité, se composent de notes, de vies des saints d'Allemagne, d'Alsace, de Suède, et de ceux canonisés dans ces derniers temps. Cet ouvrage a été depuis traduit en français sous la direction de M. l'abbé de Ram, aujourd'hui recteur de l'Université catholique de Louvain; » et M. Rœss en a fait lui-même vers 1828 un abrégé, pour tous les jours de l'année, à l'usage des fidèles (3).

---

(1) Francfort, 2 vol. in-8.
(2) Mayence, 1823 à 1827, 23 gros vol. in-8.
(3) Mayence, 4 gros vol.

Néanmoins, la vie des saints, il faut bien en convenir, reste toujours à faire.

De 1830 à 1836 parurent, en quatre volumes in-8°, les *Sermons* de M. de Boulogne, traduits en allemand comme tous les ouvrages dont nous avons parlé. Voyez page 247 du quatrième volume, comment M. Clausel de Montals, évêque de Chartres, jugeait M. de Boulogne. — A cette traduction succéda celle des *Sermons* de Laroche, qui elle-même parut avec l'*Éloquence catholique*, ou recueil de chefs-d'œuvre d'éloquence sacrée de tous les temps et de tous les pays.

Cette dernière publication se compose de dix-huit volumes in-8° : — Discours tirés des principaux sermonnaires allemands ; — Discours traduits du français, du grec, du latin, de l'anglais, de l'italien, de l'espagnol et du portugais.

Quant aux ouvrages *de son propre fond*, la liste n'en est pas moins considérable. M. Rœss est auteur d'une *Défense de la lettre de M. de Haller à sa famille* contre le professeur Krug de Leipsick. On sait la conversion de M. de Haller et quel bruit elle fit en son temps. Si le professeur Krug était ici, je lui demanderais ce qu'il pense des feuilletons de conversion que j'ai déjà qualifiés dans mes notices (1).

(1) M. Ratisbonne jeune vient d'entrer chez les Jésuites

Vient la *Doctrine catholique sur l'Eucharistie constatée historiquement* (1). M. Madrolle a écrit la *Démonstration eucharistique;* c'est bien plus fort. La *Doctrine* de M. Rœss mérite beaucoup d'attention.

Je l'aime mieux que ses *Esquisses de sermons sur les commandements de Dieu et les sacrements* (2); et, à cet égard, je me suis suffisamment expliqué.

J'en dirai autant sur les *Héros chrétiens pendant la révolution française* (3). Si voisins que nous sommes de cette époque mémorable, nous avons sur elle des idées *personnelles*, et conséquemment peu nettes. En cet état, pouvons-nous apprécier ses actes les plus douteux et décerner avec impartialité comme avec à-propos des couronnes de martyre ou des malédictions? je n'oserais l'affirmer; l'Académie, qui s'escrime à chercher des sujets de prix, et qui en est réduite à proposer cette année l'éloge de Voltaire, ferait bien de mettre au concours une

---

de Toulouse. C'est une belle idée et une manière heureuse de reconnaitre la miraculeuse bonté de Marie à son égard. Tout est digne d'admiration dans cet évènement, excepté la malencontreuse tartine.

(1) In-8.
(2) Francfort, 1837-1838, gros vol. in-8.
(3) 1824, in-8.

histoire aussi exacte que possible de la Convention ; ce serait nouveau (v. p. 350).

Je ne dis rien des *Motifs de conversion de quelques protestants* (1) ; et pour savoir au juste ce qu'il faut en penser, j'attendrai que M. Rœss ait complété le grand travail qu'il prépare sur ce sujet.

Mais que signifie la *Primauté du Pape* de Rhotensée (2)? Qui s'est jamais avisé de nier la plupart des choses contenues dans ces quatre volumes, sans qu'il soit besoin de remonter avec cet adversaire aux arguments primaires, c'est-à-dire de procéder d'une démonstration de l'existence de Dieu pour arriver par l'enchaînement des conséquences à la preuve du fait en litige? Or, parvenu à ce point, est-ce la *primauté* ou une vérité plus importante et plus capitale qu'il s'agirait d'établir? Ah! que les demi-moyens sont futiles! qu'ils sont funestes, surtout en matière de religion! Interrogez toute cette phalange de théologiens dont vous avez l'honneur d'être le compatriote et quelquefois l'égal ; lisez, relisez ces magnifiques *Sermons de Moser* (3), d'autant plus di-

---

(1) C'est un recueil de brochures.
(2) 1836, 4 vol. in-8.
(3) Moser, bon prédicateur du dix-huitième siècle, à Strasbourg. L'édition de M. Rœss est de 1830 à 1836, en 7 vol. in-8.

gnes d'estime et d'attention qu'ils tiennent de vos mains, avec une forme plus nette et plus polie, une plus grande richesse de fond ; ces admirables missionnaires de la Louisiane, dont vous avez si énergiquement retracé les travaux, sachez d'eux s'ils ne reconnaissaient au souverain Pontife qu'une simple prérogative de *primauté;* et vous même......

Eh ! Monsieur, que j'aime bien mieux le *Système de Leibnitz!* Voilà une préface que je me suis pris à considérer comme un chef-d'œuvre ! Que de science historique et scholastique ! quels piquants détails ! Comme vous avez saisi au collet cette grande déraisonneuse, l'ignorance! Quel singulier coup-d'œil vous nous faites jeter en arrière sur ces gloires *constituées* de nos jours, gloires du roman, du feuilleton, du barreau, etc., etc.; et comme la franchise vous sert! Combien Voltaire avait raison lorsqu'il disait qu'il y a des circonstances dans la vie, où la vérité et la simplicité sont le meilleur manège du monde.

A côté de ces productions qui toutes portent le nom de leur auteur, il convient d'en indiquer qui sont restées anonymes. M. Rœss a donné en cela un exemple au Solitaire, et n'a pas cru manquer à la franchise ni faire acte de frayeur. D'autres avaient agi de même, et je présume qu'à cet égard, les choses ne sont pas près de changer. Il y a, ce me semble, bien des gens de sens et de vertu dans le *Dictionnaire* du savant Barbier (1). Mille raisons honnêtes peuvent déterminer un écrivain à taire son nom soit provisoirement soit pour toujours. Lorsque parurent les *Lettres persanes*, Montesquieu, qui prévoyait une objection du genre de celle qui nous occupe, y répondit d'avance par cette ingénieuse comparaison : « Que voulez-vous ! je ressemble à la jeune fille qui marche droit et bien si elle n'est pas vue, et qui commence à boîter dès qu'on la regarde. » C'est assez sur l'anonyme.

M. Rœss a prêté plusieurs fois aussi aux journaux *religieux* le secours de sa plume ; il a également enrichi d'articles biographiques l'*Encyclopédie catholique* que publie le libraire Parent-Desbarres, sous la direction d'un homme de haute intelligence, mais dont les convictions catholiques ne sont pas bien prouvées.

« Ces ouvrages, dit toujours l'écrivain de la *Revue*, forment ensemble plus de cent soixante volumes. » Ce qu'il y a de remarquable avant tout, c'est qu'ils supposent tous une prodigieuse passion pour le travail et un talent de premier ordre.

(1) *Dictionnaire des anonymes.* — Barbier, prêtre, qui depuis la révolution avait cessé d'exercer les fonctions ecclésiastiques. Il est mort à la bibliothèque royale.

Je m'empresse d'ajouter que M. Rœss ne les a pas écrits seul ; et c'est avec l'expression du bonheur comme de la reconnaissance et d'une sincère admiration que je consigne ici le nom de son digne collaborateur, M. l'abbé Weiss, doyen du chapitre de Spire, aujourd'hui évêque de ce diocèse, sauf erreur de ma part, en remplacement de M. de Geissel, coadjuteur de Cologne.

Ils avaient fondé, en 1821, le *Catholique*, recueil mensuel destiné à faire connaître tous les ouvrages de quelque importance concernant la religion ; on y trouve de profondes dissertations sur les principaux points de dogme attaqués par les protestants, et des réponses aussi satisfaisantes que neuves aux objections des incrédules. Un autre avantage de ce recueil était de fournir sur l'état religieux de l'Allemagne des détails historiques d'un suprême intérêt et dont les annalistes futurs pourront tirer le plus grand profit. On en trouve un échantillon dans la statistique suivante dont je ne puis me défendre de donner un aperçu ; elle est de 1830 et, je le découvre à l'instant même, d'autre source ; mais peu importe :

Il s'agit de la Prusse Rhénane. S'il était des personnes rigoureuses qui n'en voulussent prendre connaissance qu'à la condition de la rattacher à un sujet plus direct et plus prochain, rien n'empêche qu'elles ne fassent diversion vers la notice de M. de Droste-Wischering pour l'y placer à leur convenance.

Dans le cours de cette biographie nous serons souvent obligés de suppléer par des à-propos plus ou moins légitimes à des lacunes fâcheuses mais inévitables.

La Prusse Rhénane doit son organisation actuelle à la bulle *de Salute animarum*, qui a statué que toutes les églises catholiques de la province du Rhin et de la Westphalie appartiendraient à la métropole de Cologne. Les églises de la province rhénane forment deux diocèses, celui de Trèves et celui de Cologne, et une partie de celui de Munster en Westphalie. L'archevêché de Cologne comprend 44 doyennés : 16 dans le cercle de Cologne, 19 dans celui d'Aix-la-Chapelle, 8 dans celui de Dusseldorf, et 1 dans celui de Coblentz. L'évêché de Trèves est composé de 23 doyennés, dont 13 dans le cercle de Trèves et 10 dans celui de Coblentz. Au diocèse de Munster appartiennent 4 doyennés de la province Rhénane, tous situés dans le cercle de Dusseldorf. Ces 71 doyennés comprennent 231 cures cantonales et 1241 succursales, en tout 1472 paroisses catholiques. Toute la population catholique s'élève à 1,660,372 âmes; ce qui donne 1,118 âmes pour chaque paroisse.

Quant à l'église protestante de la même province, elle se compose de 26 synodes, dont 11 dans le cercle de Coblentz avec 153 paroisses, 2 dans le cercle de Trèves avec 37 paroisses, 3 dans le cercle d'Aix-la-Chapelle avec 28 paroisses, 2 dans le cercle de Cologne avec 40 paroisses, et 8 dans le cercle de Dusseldorf avec 173 paroisses. Les protestants de tous les synodes sont au nombre de 487,320, ce qui fait 1,020 pour chaque paroisse.

Pour chaque district d'école, il y a à peu près 700 habitants catholiques avec 126 enfants; et chez les protestants 540 habitants avec 37 enfants. Il y a en tout 2,345 écoles catholiques, 880 écoles protestantes, 49 mixtes et 59 écoles juives. On peut y joindre l'état des Gymnases ou collèges qui existent dans les états du roi de Prusse; il y en a 109: 3 dans la province de Posen, 6 en Poméranie, 10 en Westphalie, 17 dans le Brandebourg, 18 dans la province du Rhin, 20 en Silésie, et 23 en Saxe.

On pourra m'objecter que ces curieux renseignements sont venus de M. Axinger (1) et non de

---

(1) Chanoine de Strasbourg, écrivain distingué, dont la notice aura et doit avoir sa place dans la Biographie du clergé contemporain.

M. Rœss. Je le veux bien, mais en vaudront-ils moins pour cela, et en sera-t-il moins vrai que j'ai donné un *specimen* du genre des rédacteurs du *Catholique* ?

Le 13 février 1822, parut un ordre supérieur du gouvernement de Hesse-Darmstadt qui supprima le recueil que nous examinions tout-à-l'heure. Les rédacteurs, de la part de ces dignes gens qui crient sans cesse à l'intolérance catholique, ne s'y attendaient guère ; je le pense du moins. Ils réclamèrent, mais en vain ; ils adressèrent au ministère un Mémoire qui fut encore inutile.—Comment ? vous tolérez et encouragez l'attaque, et vous interdisez la défense ! Zimmermann, le premier prédicateur de la cour, publie une gazette remplie de calomnies et d'histoires ridicules contre les catholiques, et ceux-ci n'auront pas le droit de répondre !—Eh bien, non ; et vous qui asservissez la presse à la sagesse ou au bon plaisir des gouvernements, je ne vois pas que vous puissiez vous plaindre. Celui de Hesse-Darmstadt bénéficie du principe absolu que vous-mêmes avez établi ; il use de sa légitime autorité ; nul ne doit contrôler ses actes ; car M. de La Mennais était un grand criminel, lorsqu'il demandait la liberté dont vous auriez tant besoin maintenant (1). Voici

(1) « Comment ? le Solitaire nous dit qu'il fait une œuvre

précisément ce qu'il disait : « Il est possible, il est même de fait que le pouvoir se trouve entre des

morale et digne d'estime; et il a écrit la vie de M. La Mennais sans un mot de blâme ! ! ! C'est une dérision. »

Reproche solennellement adressé à l'auteur de ces notices. Je ne réponds pas. Ou plutôt, pour donner une idée de l'importance qu'on doit attacher à certains jugements, je me contente de citer le passage suivant extrait de l'*Univers* et reproduit avec empressement par l'*Union catholique*. On verra comment les gens délicats et distingués qui blâment l'irrévérence de mon style, s'entendent à faire de la critique de haute lignée.

On lit dans l'*Univers* du 8 juillet :

« On nous assure que, le mardi 5 juillet, l'abbé Chatel, qui se donne le titre de *patriarche*-évêque de l'Église française, est allé offrir ses services à MM. les chefs de la compagnie des Coiffeurs de Paris; il les aurait suppliés de vouloir bien accepter *ce qu'il appelle son local* pour y célébrer la fête de saint Louis, *leur* patron, *leur* promettant que *ce* local vaste et commode serait magnifiquement décoré pour *cette* cérémonie : « Et puis, aurait-il ajouté, vous comprendrez, chez moi où tout l'office se célèbre en français, l'éloge de votre patron; tandis que, dans la vieille église latine vous n'y comprenez pas plus qu'à de l'hébreu. »

« Il paraît que M. Chatel en a été pour ses offres de service, et que MM. les Coiffeurs n'ont pas voulu SE LAISSER FAIRE LA QUEUE. »

Ils ont eu raison; et vous êtes de grossiers personnages; voilà ce qui résulte de tout ceci; et vous vous exposez à de cruelles représailles, car, quelles que soient les perverses absurdités du schisme de ce malheureux prêtre, il pourra désormais présenter la pièce suivante aux coiffeurs de Paris, pour leur faire espérer quelque chose de mieux que ce que leur donnent les prêtres catholiques : C'est l'analyse textuelle d'un *Discours prononcé devant quarante-six perruquiers réunis en Société philanthropique, c'est-à-dire, pour conserver aux malades leur clientelle en faisant faire leur besogne*, dis-

— 349 —

mains hérétiques, païennes, etc., etc.; or, comme il est naturel que le gouvernement agisse selon sa

cours *dont l'opinion publique* A PARU DÉSIRER *l'impression* (*Préf.*), et dont voici les beautés :

« Seul, le (perruquier) sociétaire n'oserait rien entreprendre ; soutenu, la hardiesse de son génie conçoit et opère des prodiges (page 10 et 29).— Il est plus important qu'on ne pense de fournir (au perruquier) l'occasion d'agrandir la sphère où il *vit d'habitude*, pour apprécier les diverses conditions humaines, s'identifier avec les autres par la pensée, etc., p. 20 et 21.— Combien (de perruquiers) fiers, avec raison, d'être laborieux, mais dépourvus de tout esprit d'observation pour ne songer qu'à eux-mêmes, considèrent faussement le travail comme, etc., p. 21.— Qu'ils ouvrent les yeux, et ils verront que (des perruquiers) tombent, etc., dans une position *des plus gênées*, ibid. — Une fois entrés dans les sociétés, pour voir les autres de près et devenir le *confident* de leurs peines, il n'est plus possible (aux perruquiers) d'être exclusifs, etc., etc., p. 22.— Tous ne sont pas appelés à fournir la même carrière, p. 26.

« (O perruquiers!) rapprochez-vous, unissez-vous, *surveillez-vous*, p. 28. Autrefois (les perruquiers) ne connaissaient pas cette concurrence effrénée et *indélicate* qui de nos jours amène de si fâcheux résultats, p. 29. Il est de la dernière importance que ceux qui consomment et *que* ceux qui produisent se voient d'un bon œil, p. 31. Il l'avait bien comprise, mes frères, la nécessité de lier entre eux les hommes d'une même profession, autant dans leur intérêt privé que dans l'intérêt général, le pieux roi dont nous célébrons la fête, le plus fier chevalier de son siècle, *au dire d'un contemporain*, p. 32.— Autrefois, (les perruquiers) partaient de la foi pour arriver à la charité; aujourd'hui, (les perruquiers) partent de la charité pour arriver à la foi, p. 33. » (Textuel.) — Chez Gatineau, imprim.-libraire de l'évêché, à Orléans. Le discours est d'un M. Victor Pelletier, chanoine.— *Spirituum ponderator est Deus.* (Pr. 26-2.)

Il est bien entendu, après cette citation motivée, que je suis croyance, que d'applications diverses du droit dont il s'agit! quel avenir pour le catholicisme!» — Mais il n'en faut plus parler.

Le recueil fut désormais publié à Soleure, puis à Strasbourg, et enfin à Spire.

M. Tharin, devenu évêque de Strasbourg (1), avait nommé M. Liebermann, vicaire-général en 1824. M. Rœss fut envoyé à la place de celui-ci pour diriger le grand séminaire de Mayence où il resta jusqu'en 1830. Inutile de dire qu'il y fit bénir son administration. Ce n'est pas sans intention que j'emploie ce dernier mot, car il est peu d'administrations qui présentent des difficultés aussi compliquées que celles d'un grand séminaire, et je ne sais si l'on pourrait s'expliquer ainsi l'insuccès de la plupart des hommes qui s'en trouvent chargés. Quel service rendrait à l'église et à la société l'homme instruit, éclairé, prudent, qui écrirait un livre sous ce titre : *de l'Education des Séminaires;* ce qu'elle fut, ce qu'elle est, ce

---

un des séides de M. Chatel, et que mon ouvrage est essentiellement subversif de tout dogme, de toute morale, de toute société, etc., etc.— J'ai oublié de dire, dans la notice du primat de l'Église française, qu'il a un secrétaire ayant nom Barbier. Avis à M. Marguerie.

(1) Siège érigé au quatrième siècle (rit romain), formé par le Haut et le Bas-Rhin; j'y songe.

qu'elle devrait être (1). On cherche bien loin des moyens de réforme, lorsqu'on les a sous la main; le monde est plein de synthétistes, et Dieu sait s'il y a rien de pire qu'un synthétiste, le plus ordinairement du moins.

Plus tard, M. Tharin s'était démis de son siège; il avait eu pour successeur M. Lepappe de Trévern, autrefois coadjuteur de Nancy. Le nouvel évêque

(1) Je le propose pour l'année prochaine à l'Académie ; et à propos, voici quelques explications sur le fameux éloge de Voltaire, dont il a été déjà parlé :

« L'Académie Française vient de mettre au concours pour 1844 l'éloge de Voltaire. Rien ne manquera donc à l'idole de ce journal. On va lui décerner une officielle apothéose posthume. Toutefois, quel caractère a la décision de l'Académie? C'est-là une question grave, et qu'il importe de résoudre aussitôt, pour l'honneur des membres de cette compagnie qui n'ont pas pris part à la décision, ou qui ont protesté. Remarquons d'abord que la proposition de mettre au concours l'éloge du patriarche de Ferney a été le résultat d'une petite cabale ; car à l'Académie, l'école voltairienne a ses représentants. Elle a donc émis, d'une façon quasi-subreptice, sa motion malencontreuse. Elle en avait presque honte, et, pour la faire passer, elle a choisi un moment où il ne se trouvait que dix-sept académiciens sur quarante. Neuf de ces dix-sept membres avaient fait la petite conspiration qui a abouti à l'heureux résultat que vous savez ; les huit autres, parmi lesquels on cite MM. Molé, Salvandy, Victor Hugo et Barante, ont protesté énergiquement, mais en vain, contre cette surprise. Il sera curieux de voir l'Académie condamnée à couronner l'éloge d'un philosophe passablement cynique dans la même séance où elle décernera les prix de vertu. Il est vrai qu'elle subira la loi de la minorité. Ce sera comme un ironique hommage jeté à la mémoire de l'homme qui faisait du mensonge son arme favorite. »

rappela M. Rœss dans son diocèse, et le mit à la tête du grand séminaire de Strasbourg.

En quittant Mayence, ce dernier reçut le diplôme de conseiller ecclésiastique, et la même année le titre de membre de l'Académie catholique de Rome. Cinq ans plus tard, M. l'évêque de New-York lui donna des lettres de grand-vicaire.

Or, ses fonctions de supérieur et la composition de ses ouvrages n'étaient pas un aliment qui pût suffire à son activité. Il continua donc à professer la théologie, et il le fit d'une manière plus brillante que jamais.

Ici s'élève une grande question très épineuse, très irritante, très obscure même, malgré les débats qu'elle a occasionnés et les suites édifiantes qu'elle put avoir. Dans cette mêlée où furent fixés, durant quelque temps, les regards du monde catholique, M. Rœss combattit valeureusement et vigoureusement; ses adversaires firent de même. On eut peur d'un schisme. Tout est fini; et Sénèque, en toute hypothèse, pourra faire une admirable oraison funèbre, mais pas d'*apocolokintosis*; ceci veut dire que la vengeance de M. B... sera de la grandeur d'âme et de la charité. Nous aurons occasion d'expliquer, dans un prochain cahier, ce qui n'est qu'indiqué ici. M. Lepappe de Trévern est aujourd'hui sans arrière-pensée de doute et d'inquiétude ; ce fut un beau jour que celui où il put presser contre son cœur tous ses enfants réunis dans l'unité de l'amour et de la foi (1).

J'emprunte à l'écrivain de la *Revue catholique* les paroles qu'on va lire et que je recommande spécialement à M. Dufêtre, premier vicaire-général du diocèse de Tours.

« En 1840, M. Lepappe de Trévern sentant que le poids de ses quatre-vingt-six ans LUI IMPOSAIT L'OBLIGATION de confier à d'autres une partie (2) de sa sollicitude pastorale et des fonctions actives de l'épiscopat, demanda au gouvernement de lui accorder un coadjuteur ; il *désigna* nominativement, dans une longue liste, M. Affre, alors chanoine et vicaire-général de Paris, et M. Rœss.

Quelqu'un m'a fait savoir qu'en appliquant à un

---

(1) « On a toujours disputé, dit Voltaire, et sur tous les sujets. *Mundum tradidit disputationi eorum.* Il y a eu de violentes querelles pour savoir si le tout est plus grand que ses parties, si un corps peut être en plusieurs endroits à la fois, si la matière est toujours impénétrable, si la blancheur de la neige peut subsister sans neige, si la douceur du sucre peut se faire sentir sans sucre, si on peut penser sans tête.

« Je ne fais aucun doute que, dès qu'un Janséniste aura fait un livre pour démontrer que deux et un font quatre, il ne se trouve un Moliniste qui démontre que deux et un font cinq. »

(1) **Pourquoi** *une partie?* et que signifie plus bas cette épithète courtisane : *actives?*

prélat quelconque d'abord, et puis en appliquant à M. de Montblanc, et à M. de Beauregard qui ne le valait pas, une opinion comme celle qu'expriment les premiers mots ci-dessus soulignés, j'avais fait quelque chose d'inconvenant, sinon d'affreux. C'est à M. Dufêtre de juger (1).

Que le gouvernement soit prié *d'accorder des coadjuteurs désignés nominativement*, ce ne sont pas les canons de l'Église qui le disent; mais j'ai peur de me faire gronder.

Quoi qu'il en soit, M. Affre fut accordé, et non M. Rœss. La nomination est du 4 décembre 1839; il fut préconisé dans le consistoire du 27 avril suivant, sous le titre d'évêque de Pompéiopolis *in partibus*. On avait fixé son sacre au 7 juin, jour de la Pentecôte.

Mais il arriva ce que nul n'ignore.

Les vicaires-généraux capitulaires, parmi lesquels on avait appelé M. Affre par égard pour sa qualité d'évêque, le nommèrent par égard pour cette même qualité, le premier d'entre eux, ce qui le mit à même

---

(1) Voir p. 93 de la notice de M. Dufêtre. — Je cite beaucoup, depuis quelque temps, ces petites feuilles dont la publication n'a pas continué; ce n'est pas qu'elles méritent la moindre attention, mais comme tous les puissants y sont déifiés, sans l'ombre de restriction et presque autant qu'ils désirent l'être, le témoignage de leur auteur m'est précieux.

de faire à Louis-Philippe un compliment dont l'Église de France se souviendra long-temps, et en conséquence de gagner la crosse de M. de Quélen. Il apprit qu'on l'avait fait archevêque de Paris à l'improviste; Sénèque reçut avec plus de désagrément l'ordre de s'ouvrir les veines.

Le ministère, puisque les chefs de l'Église, divinement institués, viennent maintenant de lui, le ministère, disons-nous, se rappela la requête de M. Lepappe de Trévern; et M. Rœss fut nommé à son tour le 5 août de la même année; il fut préconisé le 14 décembre, sous le titre d'évêque de Rodiopolis *in partibus*, avec future succession, et sacré le dimanche 14 février 1841, dans la magnifique cathédrale de Strasbourg, par M. l'archevêque de Besançon assisté de MM. Jerphanion (1) et Menjaud, l'un évêque de Saint-Dié, l'autre de Joppé *in partibus* et coadjuteur de Nancy.

C'était la troisième fois, observe scientifiquement M. Axinger, ou plutôt M. Rœss, ou plutôt le rédacteur de la *Revue*, que l'antique cathédrale voyait *cette* cérémonie: en 1259 et en 1507, Walther de Geroldseck et Guillaume de Hohenstein y avaient déjà reçu l'onction des pontifes.

(1) Qui vient d'être nommé archevêque d'Alby, à la place de M. de Gualy.

Le même écrivain nous apprend que l'antique cathédrale était décorée aux frais de la ville, attendu que, dès plusieurs mois auparavant, le conseil municipal avait voté des fonds à cet effet; il ajoute que plus de quatre cents membres du clergé figuraient à cette fête de famille, dans la foule des catholiques et des protestants (1) ; il nous apprend aussi que les infirmités du vénérable M. de Trévern ne lui permirent pas d'imposer lui-même les mains à son coadjuteur. (V. les *Débats* du 1er août, sur le sacre de M. Angebault).

Autre observation qui me semble également judicieuse, c'est que M. Rœss, M. Graveran, évêque de Quimper, et M. Bouvier, évêque du Mans, sont les trois seuls prélats de France qui gouvernent le diocèse *dans lequel ils sont nés et qu'ils ont longtemps, sinon toujours, habité.* Ceci ressemble

---

(1) Malheureusement les empressements de la foule ne prouvent rien ; il faut au *vulgus* quelque chose qui l'amuse; et, à défaut des combats du cirque ou des sacres d'évêques, il ira sur la place publique, comme dit Ammien, se divertir à jouer aux dés ou à faire siffler ses narines. — Voici, d'autre part, ce que disent les feuilles religieuses du dévoûment des Alsaciens au catholicisme : « L'augmentation du traitement des pasteurs protestants en Alsace est un fait scandaleux. Les églises protestantes d'Alsace ont conservé tous leurs biens lors de la révolution, et il y a telle église de village qui possède jusqu'à 35 hectares. Or, chaque hectare ne figure en déduction du traitement du pasteur que pour 20 à 25 fr., tandis qu'il rapporte 50 à 60 fr. Et l'on donne 1800 fr. de traitement à ceux qui pourraient subsister de leurs propres

encore à une malice; les canons voudraient, comme on sait, ou du moins comme on doit le savoir, qu'il

fonds, et à qui au surplus on ne doit rien parce qu'on ne leur a rien pris ; et ceux qui ont droit à une indemnité parce qu'on leur a *tout pris*, n'ont que 800 fr.!... Est-ce là de la justice?

Nouvelle découverte: « Le curé de la communauté catholique de Clébourg est réduit à habiter une cabane que le dernier pâtre ne voudrait pas habiter.

« Qu'on se figure une maisonnette presque en ruines, composée d'un petit rez-de-chaussée, et surmontée d'un toit en lambeaux, dont plusieurs poutres se sont successivement détachées et sont tombées avec fracas. Il y a peu de jours, le premier fonctionnaire public de l'arrondissement de Vissembourg s'étant trouvé, sans doute à cause du mouvement électoral, dans la commune de Clébourg, a eu la curiosité de visiter la maison sans toit, et dans sa sollicitude, il a, à l'instant même, ordonné qu'on fît tomber encore une poutre qui menaçait d'écraser le pauvre curé. Un inoffensif parapluie a suffi pour exécuter les ordres de l'administrateur. Le même instrument suffirait pour faire crouler quelques vieux murs qui sont adossés à la maisonnette et qui formaient autrefois des écuries.

« Du reste, ce presbytère inhabitable vaut encore mieux que celui qu'occupait le prédécesseur du curé actuel. A présent, il n'y a que danger pour la vie de M. Thal; alors, il y avait grande inconvenance. La maison curiale se composait d'une seule pièce partagée en deux par une alcôve fermée, où couchait mari et femme, et le restant de l'appartement était la demeure du pauvre curé Janch.

« Et qu'on ne croie pas que c'est la pauvreté de la commune qui est cause de cet état de choses; elle jouit d'un revenu annuel de 5,000 fr. D'ailleurs, en jetant un coup-d'œil sur la gracieuse habitation de M. le pasteur du culte luthérien, on se convaincra aisément que c'est à une cause autre que le manque de fonds qu'il faut attribuer la misérable demeure qu'on appelle le presbytère de M. le curé de Clébourg.

en fût ainsi ; mais à quoi bon des canons aujourd'hui ? « S'il fallait ressusciter tous ceux qui sont morts, disait dernièrement un personnage, on n'en finirait pas. » C'est l'affaire du clergé inférieur. Mais on objecte que le clergé inférieur les demande à grands cris et se trouverait encore fort heureux de courber ses épaules sous cette chaîne si redoutée ailleurs ; — on l'interdira.

Sur l'administration de M. Rœss, je ne puis rien dire qui ne soit une éclatante confirmation des justes éloges que mérite sa vie sacerdotale. Voici une citation qui prouve quels sont les sentiments de toutes les provinces de l'Est à son égard :

« La santé du vénérable évêque de Metz (1) ne lui permet plus de visiter son diocèse. M. le coadjuteur

« On assure qu'à différentes reprises, les autorités supérieures, effrayées du danger incessant auquel est exposé M. le curé, ont promis d'y apporter un prompt remède ; mais ces promesses se prolongent depuis trois ans.

« Cependant, la loi veut que les pasteurs des cultes chrétiens soient convenablement logés aux frais des communes, pourquoi reculer devant l'exécution de la loi ?

« Pourquoi surtout en agir ainsi dans une commune où les ressources sont considérables. »

(1) Il vient de mourir. — Jacques-François Besson, — né à Mieugy (Ain), le 12 septembre 1756, — fut d'abord grand-vicaire à Genève, puis curé de Saint-Nizier à Lyon.—Il remplit aussi des fonctions élevées à la grande Aumônerie. — Après avoir refusé le siège de Marseille, il accepta celui de Metz, et fut sacré à Lyon, le 23 février 1824.

de Strasbourg a bien voulu le suppléer pour l'administration du sacrement de confirmation. Ce prélat a confirmé, dans la cathédrale de Metz, plus de 20,000 personnes, parmi lesquelles on remarquait un certain nombre de militaires de la garnison. Monseigneur de Rhodiopolis a ensuite parcouru plusieurs parties du diocèse, etc., etc.

« M. l'évêque de Rhodiopolis a été accueilli avec un véritable enthousiasme dans la Lorraine allemande, dont il parle la langue, et les détails les plus consolants sont donnés par les journaux sur l'accueil que lui ont fait les habitants de Hombourg, de Forbach, de Sarreguemines, etc. »

Je lis encore dans un journal de l'Alsace :

« Strasbourg, 4 juillet 1842.

« M. le rédacteur, je viens vous prier, de la part de Monseigneur le coadjuteur, d'insérer dans le prochain numéro de votre feuille la note suivante, dont vous sentirez la justesse et la convenance.

« Monseigneur le coadjuteur est extrêmement peiné de voir son nom mêlé aux élections. Le prélat proteste formellement contre toute manœuvre dans laquelle on le ferait intervenir d'une manière quelconque. Tout ce que Sa Grandeur se permet de faire dans cette circonstance, c'est de prier Dieu qu'il inspire de *bons* choix aux électeurs.

« Je vous remercie d'avance de votre complaisance, et suis avec, etc.

« LAURENT, *vic.-gén.* »

Ceci prouve peut-être que M. Rœss ne se mêle point aux malheureux débats de la politique actuelle. Le *National* et le *Courrier* prétendent que plusieurs de ses collègues n'en pourraient pas dire autant sans sortir du vrai. La *Gazette de France*, dans un numéro du mois de juillet 1842, accuse textuellement et longuement M. Olivier d'avoir mis au service des élections, son influence épiscopale; et de la part d'un journal rédigé par M. l'abbé de Genoude, le fait est grave. Que penser? Que dire? De grâce, expliquez-moi donc ces sept paroles : *Regnum meum non est* DE HOC MUNDO, et ce que veulent dire ces autres paroles, *de bons choix;* mais prenez garde de vous tromper.

20 Juillet 1842.

Biographie du Clergé Contemporain.

M. LIAUTARD.

A Appert, Edit Passage du Caire, 54.

M. LIAUTARD

[...] après l'avoir se[...]
ses int[...] ont placés au-dess[...]
de lui.— Doué d'une merveilleuse di-
ture, d'un jugement sain, d'une grande
franchise, d'une co[...] appro-
fondie d[...] également pro-
g[...] la conception [...] l'ex[...]
exact à reconn[...]
[...]
[...] à d[...] les torts, il a
su se concilier l'estime, l'affection et
la confiance d'un grand nombre de
personnes dans les divers rangs de la
société ; il est resté l'ami [...]
qui souvent le consult[...]
faires les plus délic[...]

(Extrait de m[...].)

[...] de [...] Liautard [...] le 7 avril
1774. La [...] est fort mal.
Sur sa p[...] é[...], [...] peu de choses.
Mes notices [...] de gentillesses d'enfants,
de développements [...] de lauriers cueillis

47ᵉ LIVR.

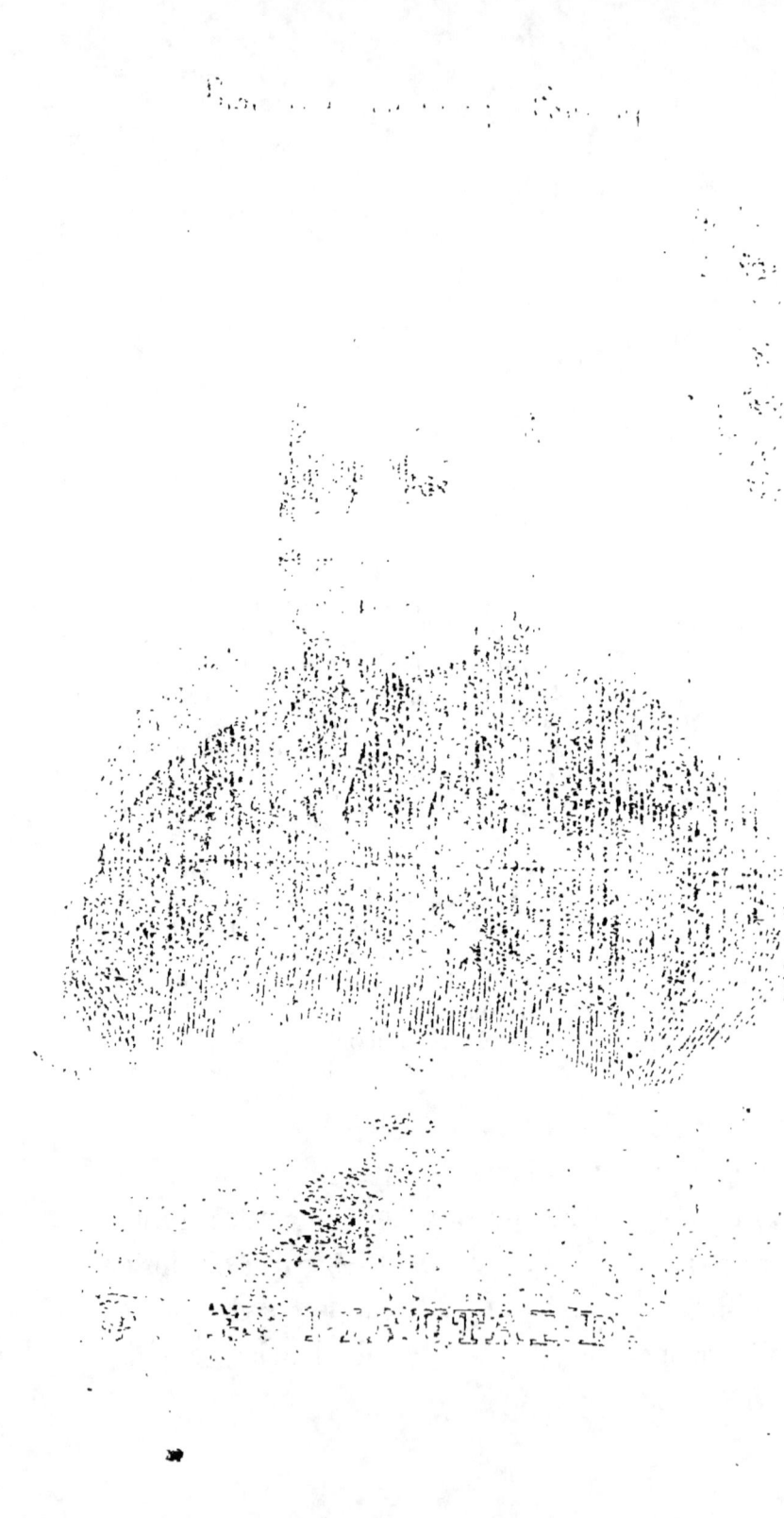

A. Appert, Edit. Passage du Caire, 54.

M. LIAUTARD,

CURÉ DE FONTAINEBLEAU.

> Un trait remarquable dans sa destinée, c'est d'avoir constamment porté ombrage aux hommes médiocres que des circonstances heureuses ou de basses intrigues avaient placés au-dessus de lui.—Doué d'une merveilleuse droiture, d'un jugement sain, d'une grande franchise, d'une connaissance approfondie du cœur humain, également propre à la conception et à l'exécution, exact à reconnaître le mérite d'un rival, prompt à oublier l'injure, indulgent, ingénieux à dissimuler les torts, il a su se concilier l'estime, l'affection et la confiance d'un grand nombre de personnes dans les divers rangs de la société; il est resté l'ami de ses élèves, qui souvent le consultent pour les affaires les plus délicates.....
> (*Extrait de ma Correspondance.*)

Claude-Rosalie Liautard naquit à Paris le 7 avril 1774. Il a déjà soixante-huit ans, et c'est fort mal.

Sur sa première éducation, je sais peu de chose. Mes notices fourmillent de gentillesses d'enfants, de développements précoces, de lauriers cueillis dans la poussière des écoles, et de vocations évidentes ; c'est donc à peine si j'oserai dire ce qu'il devint alors, crainte de bavardage.

Il annonçait une constitution robuste, et la gracieuse majesté de son extérieur eût satisfait Platon, l'auteur du Pontifical que chacun sait, quoique disciple de Socrate qui était assurément moins beau que M. Villemain.

Ici, soit fantaisie, soit autre chose, un hors d'œuvre me paraît nécessaire. Des critiques, évidemment inspirés par l'amour de Dieu et du prochain, m'ont fait un crime, je répète qu'ils m'ont fait un crime, notamment dans un numéro de l'*Ami de la Religion* de 1841, d'entrer dans des détails puérils sur les habitudes privées de mes personnages, et d'attacher beaucoup trop d'importance à la partie matérielle de leur vie (1). J'ai donné plusieurs fois à ces objections des réponses sérieuses qu'elles ne méritaient pas ; après la citation suivante, je m'oblige à n'y plus revenir.

« C'était une chose édifiante de voir de quel œil et de quel cœur il recevait en ces occasions une poignée de noix, ou de châtaignes, ou des pommes,

---

(1) Ainsi ont-ils cité, comme niaises, les notices de M. le cardinal de la Tour d'Auvergne, t. I, page 96 ; et de M. Combalot même volume, page 202.

ou des petits fromages ou des œufs que les enfants ou les pauvres lui présentaient. D'autres lui donnaient des sous, des doubles, ou des liards, qu'il recevait humblement avec actions de grâce. Il recevait même des trois, des quatre sous pour dire des messes, qu'on lui envoyait de quelques villages, et les disait avec grand soin.

« Ce qu'on lui donnait en argent, il le distribuait lui-même aux pauvres qu'il rencontrait au sortir de l'église ; mais ce qu'on lui donnait, qui était propre à manger, il l'emportait dans son rochet ou dans ses poches, et sur des tablettes de sa chambre, ou le donnait à son économe, à condition qu'on le lui servît à table ; disant quelques fois : *Labores manum tuarum quia manducabis, beatus es, et benè tibi erit* (1). »

Or, tel qu'il était, le jeune Liautard passa ses huit premières années à Versailles, et les quatre années suivantes à Picpus.

Lorsqu'il eut douze ans, on le plaça au collège de Lisieux, qui jouissait alors d'une grande renommée (2) ; et c'est à Sainte-Barbe qu'il termina ses études classiques.

(1) Ps. 127-2. — Esprit de saint François-de-Salles, part. IV, ch. 23. — Lisez saint François-de-Salles lui-même.
(2) Il y fit sa première communion.

Dans ce dernier collège, il eut pour professeurs les abbés Nicolle et Formentin, et pour condisciples plusieurs des hommes les plus remarquables de nos jours : MM. Borderies, Dussault, Delalot, de Féletz, Miel, Lemaire, etc., etc.; ce qui donne plus de prix aux succès qu'il y obtint.

M. Formentin lui portait une affection qui contribua très efficacement à déterminer son choix d'état. Nous reviendrons sur ce sujet.

Lors de la gigantesque réquisition du 23 août 1793, M. Liautard entra dans un régiment d'infanterie, puis dans le 3e de dragons qui avait eu pour colonel le duc de Chartres (1), et qui était alors commandé par le citoyen Hunion passionné pour la *matik*.

Qu'est-ce que la *matik?* M. Liautard désirait faire partie de l'école polytechnique. Il se présenta, mais après avoir demandé et obtenu l'agrément de son colonel : « J'aime, moi aussi, fit le digne Hunion, je suis passionné pour *la matik.* »

M. Liautard fut admis, en décembre 1794, dans la brigade de Biot où il reçut les leçons de Monge, Berthollet, Lagrange et Fourcroy, sous la surveillance du capitaine Lebrun. *Voir* l'école d'aujourd'hui.

(1) Aujourd'hui Louis-Philippe.

Mes notes me disent qu'il fut particulièrement remarqué de Monge et de Lagrange, ce qui n'a pas besoin de commentaire.

Il avait quitté cette école lorsqu'on exigea le serment de haine à la royauté, refusé par Rendu, Guéneau, etc. (1).

Ses relations intimes et de plus en plus fréquentes avec M. Formentin n'étaient pas étrangères aux vues de la providence; je l'ai déjà dit. L'excellent abbé qui connaissait mieux que personne toutes les dispositions d'esprit et de cœur de son ancien élève, l'avait scrupuleusement étudié, il fut bientôt persuadé de sa vocation ecclésiastique et la seconda dèslors de tout son pouvoir. Le jour où M. Liautard lui fit savoir qu'il voulait entrer au séminaire, sa surprise fut moins vive que l'émotion de sa joie.

Un autre motif avait fixé définitivement les idées de M. Liautard sur le point en question; je ne sais

---

(1) Je n'ai jamais compris, je l'avoue, que ce fût un grand crime de haïr la royauté, la république, ou une forme quelconque de gouvernement, prise *abstractivè*. C'est une affaire de logique individuelle et de goût; tout homme qui, pour le bon ordre, se soumet au système établi, remplit la loi et reste libre de ses idées; ou du moins il doit l'être. Il y a là un préjugé incroyable; si on voulait approfondir bien des choses consacrées, on les trouverait aussi absurdes. Les hommes prennent trop facilement l'habitude de se traiter entre eux comme infâmes.

s'il est rien d'aussi singulier en apparence et d'aussi raisonnable au fond que ce motif, M. Clausel; c'était le concordat de 1801.

M. Liautard n'aime pas non plus les concordats. Il vit, entre autres choses, que celui-ci livrait les plus beaux sièges de France à des constitutionnels, à des vieillards décrépits, à des âmes vendues, et quelles misères découleraient de là pour l'Église. Il pensa qu'elle avait plus que jamais besoin de défenseurs indépendants et purs; il eut une sainte ambition qu'il a surabondamment justifiée d'ailleurs, ce fut de faire nombre parmi ces derniers.

Il entra donc au séminaire de Saint-Sulpice dirigé alors par M. Emery, assisté de MM. Duclaux, Garnier, Montagne, Frayssinous et Boyer. C'était, comme on voit, le bon temps de cette compagnie; et je doute qu'il s'y forme désormais une pléiade pareille d'esprits supérieurs. — Hola !

Je me contente de nommer, parmi ses condisciples, MM. de Quélen et Feutrier, et j'ajoute qu'il fut constamment le sujet le plus distingué de son cours; tel était l'avis unanime, et principalement celui de ses brillants antagonistes.

Après quelques épreuves d'usage noblement subies, il fut tonsuré par le cardinal de Belloy, puis minoré par le même, fait sous-diacre par M. l'évêque de Versailles, diacre par celui de Nancy, et prêtre en décembre 1804, dans la chapelle de Saint-Sulpice, par M. Ruffo, évêque de Saint-Flour.

Au mois d'août précédent, il avait quitté le séminaire pour fonder une maison d'éducation, rue Notre-Dame-des-Champs, 28, sous le patronage des abbés Borderies et Duval et du vénérable M. Duclaux, représentant secret des Sulpiciens. Il s'associa M. Froment, qui réside encore à Stanislas ; et on leur adjoignit M. Gally, curé de Saint-Pierre à Nevers, M. Bouillac, qui lui-même a fondé depuis un petit séminaire à Tours (1), et M. l'abbé Augé, ancien vicaire-général de Boulogne, docteur de l'ancienne Sorbonne, etc., etc. (2).

Cette maison ne semblait d'abord destinée, dit l'*Ami de la Religion* (20 octobre 1821), qu'à pro-

---

(1) Il est mort grand-vicaire de M. Feutrier, évêque de Beauvais.

(2) M. Augé, qui avait élevé l'abbé Duval dans ce même collège de Louis-le-Grand où furent élevés l'écolier vertueux et Robespierre, a été depuis supérieur du collège Stanislas, et il est maintenant vicaire-général titulaire du diocèse de Paris. Nous publierons sa notice. — L'association de tous ces ecclésiastiques fut reconnue dès son origine par l'autorité ecclésiastique du diocèse, et plus expressément en 1821 par le cardinal archevêque de Paris, qui en approuva les statuts, après un examen préalable. Il autorisa même le directeur à enseigner la théologie et à préparer les sujets aux ordres.

pager parmi la jeunesse les principes de religion et à préparer, pour les diverses classes de la société, des chrétiens dignes de ce nom.

Elle se composait en partie de fils de familles nobles du faubourg-Saint-Germain, des provinces, de la Belgique, du Piémont, des électorats, de l'Irlande, de l'Angleterre, etc., etc. (1).

Or, M. Liautard ne croyait pas qu'il lui suffît de s'envelopper, pour ainsi dire, dans sa qualité de supérieur, pour dormir désormais ou faire tout simplement le fétiche devant les parents des élèves ; il laissait à d'autres cette nonchalance et ces pieuses gentillesses, quelque droit qu'il eût, après tant de travaux et de créations, de jouir paisiblement et même glorieusement de ses œuvres (2).

Ainsi, durant les premières années, M. Liautard faisait plusieurs classes par jour ; à savoir les classes de mathématiques, d'histoire et de littérature

---

(1) L'affluence des élèves nécessita la fondation de Gentilly qui avait appartenu à Sainte-Barbe et qui fut vendu par M. Planche, le fameux helléniste. M. Liautard y plaça les enfants les plus jeunes. C'était une espèce de succursale de celle de Paris ; et l'on passait de l'une dans l'autre suivant l'âge et les progrès de l'enseignement.

(2) Je ne veux pas dire que M. Liautard fut étranger aux belles manières, loin de là ; il y a peu d'hommes qui possèdent, au même degré, cette inexprimable chose qui sent la bonne et la belle société, mais il se sert de ses avantages dans les limites de la sagesse et de la dignité sacerdotale.

grecques; il était toujours levé à cinq heures, présidait d'ordinaire les exercices religieux, — il excellait dans ses explications,—et donnait le premier l'exemple d'une obéissance absolue à la règle (1).

Mais à mesure que l'administration générale se compliquait, il fallut renoncer à ces détails d'enseignement; il y renonça tout-à-fait lorsqu'il eut à lutter contre toutes les brutalités et les ruses de cette bonne université impériale.

Sa résistance fut opiniâtre; elle fut invincible. Il publia sur le sujet plusieurs brochures qui furent lues avec avidité. Elles le méritaient bien. Elles n'en seraient point indignes aujourd'hui, même après les grands coups que M. de La Mennais et M. Clausel ont frappés sur plusieurs points. Napoléon avoua qu'il était forcé de respecter M. Liautard; c'était plus qu'il n'avait fait pour le pape et pour lui-même; M. Liautard conserva l'indépendance de sa maison jusqu'en 1814 (2).

(1) Il n'aurait pas inventé la manière de rester supérieur d'une maison d'enseignement ou de gouverner un diocèse en arpentant les régions étrangères pour sa santé, c'est-à-dire pour son plaisir.

(2) MM. les inspecteurs qui connaissaient ses dispositions ne venaient pas sans quelque répugnance exercer leurs fonctions rue Notre-Dame-des-Champs, et malgré leur extrême politesse et le désir de bien faire, ils étaient parfois pris en défaut, soit dans leur raisonnement, soit sur le chapitre des connaissances positives, etc., etc.

Après le retour des Bourbons, il eut une grande part d'influence dans l'établissement des petits séminaires dont il communiqua la première idée à l'archevêque de Bordeaux (1). Mais l'université aux aguets éventa la mine et fit insérer, dans l'ordonnance royale, des clauses restrictives, source de tant de vexations pour l'Église et d'entraves pour le développement des vocations.

M. Liautard fondait alors des établissements religieux comme M. Dufêtre fait aujourd'hui des retraites : le biographe a peine à le suivre.

Il fonde des petits séminaires à Versailles en 1818 (2), à Châlons-sur-Marne en 1819 (3), à Rheims en 1820 (4), à Terminiers en 1818, à Mantes, etc., etc., et enfin dans tous les diocèses les plus dénués de ressources.

Il fonde encore une maison en Amérique, de concert avec l'évêque de la Louisiane (5).

En 1822, il obtient de Louis XVIII que sa maison soit érigée en collège de plein exercice, d'abord

---

(1) M. D'Aviau, de sainte mémoire.
(2) Dirigé par M. l'abbé Chauvel.
(3) Secondé par MM. de Fodoas, évêque de Meaux, et de Cosnac son successeur, aujourd'hui archevêque de Sens.
(4) Autorisé par ordonnance du roi.
(5) Une deuxième maison ouverte prématurément à la Nouvelle-Orléans aurait pu nuire à la première, on y envoya plusieurs sujets qu'il aurait préféré garder en France.

sous le nom de collège Notre-Dame-des-Champs, ensuite sous le nom de collège Stanislas (1).

Ici des raisons particulières le décident à entrer dans la retraite; ne craignez pas que cette retraite soit inactive.

En 1824, après vingt années de travaux et de sollicitudes immenses (2), à l'âge de cinquante ans, il traita de son collège avec la ville de Paris qui en fit l'acquisition, moins par nécessité que comme témoignage de reconnaissance pour les services du fondateur (3).

C'en est assez pour confirmer plusieurs des réflexions que j'ai faites au début de cette notice; les autres vont trouver leur justification dans des évènements postérieurs.

Certes, le cardinal de Belloy pouvait, en sûreté de conscience, nommer M. Liautard le premier prêtre de son diocèse, et Maury ne le jugeait pas autrement (4).

(1) C'était un des noms de Louis XVIII, porté par son aïeul maternel, le roi de Pologne.
(2) Le mot n'est point exagéré; M. Liautard ne perdit pas de vue durant ce temps-là tous les collèges et séminaires de sa création.
(3) Il aurait pu le vendre plus cher et se créer une grande existence; mais pour conserver l'établissement qu'il avait fondé, il fit des sacrifices qui ne seront jamais assez connus, et se retira sans fortune.
(4) Quelques-uns m'en voudront de parler ainsi, et je sais bien pourquoi.

J'ai vu quelques-uns des nombreux séminaires miraculeusement improvisés par M. Liautard. Celui de Terminiers m'a frappé particulièrement. Il est situé dans le village même dont il a pris le nom, à sept lieues environ de Chartres (1), presque sur la limite qui sépare ce dernier diocèse de celui d'Orléans. La maison qui est élevée, spacieuse et parfaitement régulière dans ses distributions, ne présente pas l'imposante majesté du palais de M. l'abbé Poiloup à Vaugirard, mais n'en réunit pas moins tous les avantages désirables, celui surtout de la salubrité. On y respire à pleins poumons l'air de la Beauce; aussi, n'ai-je pas rencontré là ces ténébreuses physionomies livides ou quelque peu alcooliques qui peuplent nos collèges parisiens comme font dans Virgile les longs squelettes grelottants des ombres d'en deçà de l'Averne.

> Terribiles visu formæ, letumque labosque,
> ..... Et mala mentis
> Gaudia. ....
> ..... Veneris monumenta nefandæ.

C'étaient de ces physionomies fraîches, vives, réjouies, naïves et pures qui s'épanouissent sous la douce

---

(1) M. Clausel porte à cet établissement un intérêt tout particulier. N'en dites rien à l'université. — On parle d'une maison de ce genre qui va s'ouvrir à Orléans dans l'ancien couvent des Minimes.

influence du soleil, d'une direction paternelle et d'une conscience honnête. C'était l'espérance vivante d'une belle race d'hommes avec ces proportions libres dont parle encore un poète (1), avec la sève généreuse et la richesse de son sang. Un prêtre recommandable à tous égards, M. Gaume, gouvernait ce petit état; et je ne saurais dire lequel était plus heureux ou de la communauté ou de son chef, dans leurs mutuels échanges de bons offices. Les études avaient pris, dès cette époque (2), un développement remarquable; les examens en firent preuve. La distribution des prix attire toute la population d'alentour; et c'est une des plus belles fêtes du pays.

Heureux enfants, et combien est doux à leur cœur le nom de celui qui le premier leur ouvrit cet asile chéri ! *ô Melibœe*.... allons, laissez-les répéter l'alexandrin sacramentel, âme de tous les compliments que nous avons faits en quatrième, et qu'on doit éternellement faire ici bas !

O Melibæe, Deus nobis hæc otia fecit.

Les élèves du collège Stanislas le répèteront aussi, et ses directeurs actuels y souscriront sans réserve.

Le collège Stanislas est un de ceux qui ont produit

(1) Horace.
(2) C'est en 1823 que je visitai cet établissement.

le plus de sujets distingués. Je crois avoir dit que l'Église de France lui doit plus de quatre cents prêtres, dont cent cinquante au moins ont exercé ou exercent le ministère à Paris; sept sont parvenus à l'épiscopat (1). Nombre d'enfants de familles nobles qui rendirent plus tard de signalés services à l'état, avaient reçu de lui, presque à titre gratuit, les bienfaits de l'éducation. M. Liautard peut à bon droit s'appliquer le mot de la mère des Gracques : *hæc, inquit, ornamenta mea sunt*.

M. Augé accepta les traditions de M. Liautard et s'en montra toujours le fidèle dépositaire. Le collège, sous la conduite de ce modeste et savant homme, a gardé la place qu'il s'était acquise dès l'abord parmi les établissements de Paris, c'est-à-dire une des plus brillantes. Les limites de mon ouvrage ne me permettent pas d'indiquer en détail tous les éléments de succès dont il s'entoura, ainsi que ses successeurs. J'aurais aimé à dire les noms de ces derniers et ceux de leurs dignes collaborateurs; cette lacune sera comblée, je l'espère, dans

---

(1) M. Dupuch, évêque d'Alger; M. Augebault, évêque d'Angers; M. d'Héricourt d'Autun, M. Thibault de Montpellier, M. Darcimoles du Puy, M. Graveran de Quimper, et même M. Marguerie de Saint-Flour, etc. — Saint-Flour! *Ridebis et licet rideas*. (Pline, let. vi.)

la notice de M. l'abbé Blanc qui est l'un d'eux (1).

Le zèle de M. Liautard ne s'était pas borné à ces fondations, quelque importantes qu'elles fussent. Il rendit à l'église des services signalés et si nombreux qu'il faut se résigner à n'en citer que le plus petit nombre.

Il prit surtout une grande part à l'établissement des missions de France; et il fit rendre à M. Bertout la maison du Saint-Esprit qu'on avait livrée à l'École normale.

M. de Rauzan et M. de Forbin-Janson partagèrent avec lui l'honneur de la première œuvre, et je m'empresserais de le proclamer si la vie de ces deux saints apôtres n'était universellement connue; mais l'un et l'autre se plaisent à reconnaître que les inspirations et les conseils de M. Liautard leur furent d'une utilité infinie, et qu'il fit preuve, dans les circonstances dont il s'agit, d'une fécondité de ressources que lui-même n'avait pas encore possédée à ce point.

On sait quel est le but de l'institution dite Séminaire du Saint-Esprit: c'est uniquement de former à la prédication, ou plutôt à la démonstration des

(1) Il s'agit toujours de M. l'abbé Blanc, ancien professeur au séminaire de Besançon, maintenant professeur au collège Stanislas.

vérités catholiques, les jeunes lévites qui se destinent à la conversion des peuples idolâtres, puis de les envoyer, suivant le désir de leur cœur, à la joie ou au martyre, ou, enfin, à la merci du sort que la volonté divine leur réserve; et c'en est assez pour faire comprendre toute la valeur du service que M. Liautard avait rendu à la religion, cette fois encore.

Il est impossible qu'un homme supérieur ne subisse point en ce monde les attaques de l'envie et de la médiocrité; c'est la pire chose du monde que d'avoir à livrer des combats pareils. On aimerait mieux les grandes secousses et les coups de tonnerre. Ni l'une ni l'autre de ces deux épreuves ne fit défaut à M. Liautard, comme nous l'allons voir, après quelques observations sur l'intervalle qui sépare 1824 de 1830; mais il ne fléchit pas.

Hic murus aeneus esto
Nil conscire sibi, nullâ pallescere culpâ.

Rappelons-nous ici qu'après avoir remis en d'autres mains la conduite du collège Stanislas, il s'était retiré à peu près dans la solitude. Une lettre du roi vint l'en faire sortir en l'appelant à la cure de Fontainebleau (diocèse de Meaux).

La raison principale et bien évidente d'un choix pareil était celle-ci : M. Liautard, depuis 1819, n'avait pas été sans influence sur les évènements, sur les révolutions ministérielles, par exemple, sur l'exécution du nouveau concordat, etc., etc., etc. Ce fut lui qui proposa la création d'un Ministère des affaires ecclésiastiques et en détermina les attributions diverses ; ce fut encore lui qui rédigea les listes de pairs de l'ordre du clergé, et même des cardinaux à proposer à la cour de Rome (1). M. Liautard, dans ces conditions, se trouvait être l'un des personnages de France les plus influents et les plus nécessaires.

Donc, rien de si naturel que ce moyen pris par le roi de rapprocher M. Liautard de sa personne. Ses conseils étaient là, et en même temps sa puissance d'action, sa vigueur de caractère, son inflexibilité de mœurs, son inaltérable sincérité. Les chefs d'état n'en trouvent pas autant tous les jours ; et pourquoi faut-il que celui-ci n'ait pas suivi persévéramment ses salutaires intentions ? Que font toutes ces vipères qui infectent l'atmosphère des cours ?

Déjà, des hommes *austères* avaient voulu perdre M. Liautard *pour le bien de l'église*, lorsqu'en 1820, Louis XVIII jeta les yeux sur lui pour lui confier l'éducation du duc de Bordeaux.

(1) On pense bien qu'il ne fut pas courtisé à cette époque.

C'était du caractère et de la justice, mais on réussit à détourner son choix, et nul n'ignore ce qui s'en suivit (1).

Hélas! hélas! ces misères sont dignes d'être cachées; et nous les oublierons, s'il est possible, en lisant quelques passages d'une oraison funèbre que publia M. Liautard le 8 décembre 1824; noble manière de se venger d'une faiblesse (2). Nous arriverons assez vîte à la révolution de juillet.

Ce discours, dit M. Valgalier (3), paraîtra certainement un des plus remarquables parmi ceux auxquels a donné lieu la mort du feu roi; il commence par un texte fort simple, mais dont l'auteur a tiré le plus heureux parti : *Dormivit igitur David cum patribus suis, et sepultus est in civitate David* (4). Il trouve dans les destinées de David et dans celles de Louis XVIII d'ingénieux rapprochements qui lui four-

---

(1) Je lis dans la lettre d'un de mes correspondants :
« Depuis Bossuet et Fénélon, peu d'hommes ont réuni autant de qualités nécessaires pour l'éducation d'un prince destiné à régner sur la France. » Cela est fort, mais cela est.

(2) C'est l'oraison funèbre de Louis XVIII lui-même.

(3) M. Valgalier est aujourd'hui deuxième vicaire de M. Fayet, son oncle, à Saint-Roch, de Paris. Il était alors simple élève de théologie au séminaire de Saint-Sulpice. — Nous avons de lui une excellente édition de la théologie de Billuart.

(4) Troisième livre des Rois.

nissent le sujet d'un exorde plein d'expressions brillantes et de nobles images; il expose ensuite son plan en ces termes :

« Pour mettre quelque ordre dans un sujet aussi étendu, et pour nous aider à l'embrasser, du moins dans ses détails les plus importants, nous le diviserons en deux parties, dont l'une précèdera les évènements qui ont précédé *notre* Restauration *miraculeuse*, et l'autre ceux qui l'ont suivie.

« Dans la première, nous vous montrerons Louis *aux prises avec la révolution*, lorsqu'elle combattait à découvert, et l'empêchant, *par son héroïque résistance*, de se consolider et de prévaloir; dans la seconde, vous verrez Louis *aux prises avec elle*, lorsqu'elle combattait sourdement et dans l'ombre, et consommant à jamais *par ses vertus* la ruine de ce redoutable ennemi. »

L'orateur passe en revue son éducation, ses travaux littéraires, sa vie pendant son exil.

Il parle ainsi de la restauration *miraculeuse :*

« Paraissez donc, précieux débris de la proscription et de l'exil, *sortez de vos retraites*, généreux chevaliers dont nous avions tant de peine à contenir *l'impatient courage* (1), préparez la voie de Louis-

---

(1) Il y a ici quelque chose comme de la satire et que j'ai peine à m'expliquer.

le-Désiré. Vous, illustres héroïnes du 31 mars, quittez pour quelques instants ces pauvres, ces infirmes, ces jeunes orphelins, ces soldats malades ou blessés; et, d'une main exercée à répandre, au sein de l'indigence, des bienfaits ignorés, jetez au milieu de cette multitude surprise et *vacillante, la fleur de la monarchie, le lis du salut.......* Mais quoi ! déjà le mouvement est donné à l'immense population de la capitale; voyez avec quelle joie *empressée* elle attache à l'orgueilleuse statue du tyran le lien de l'ignominie; comme elle s'efforce de la précipiter du haut de la colonne de *nos* triomphes; le mot serait joli, s'il n'était faux avant tout. Comme elle se hâte de flétrir sa gloire; gloire funeste, achetée au prix de notre sang et de nos trésors; et comme, par cette manifestation de sa pensée, elle met fin aux irrésolutions des rois *libérateurs !* »

C'est ainsi qu'à cette époque, les hommes les plus sensés jugeaient les Bourbons, Bonaparte et la France. Que de siècles depuis 1824 !

Je termine les citations par le morceau suivant sur les derniers instants du roi.

L'opinion n'a rien à faire ici.

« Hélas ! dès lors, le temps approche où, malgré la fermeté de son caractère, le roi ne peut plus dérober à notre amour inquiet les progrès d'un mal sans remède. Soit qu'il remplisse avec les solennités d'usage ses devoirs de roi et de chrétien, soit même dans le calme des entretiens les plus familiers, et jusque dans le détail de ses actions les plus indifférentes, un simple changement de position, une parole, un geste, rien qui ne lui soit une cause de souffrance, un supplice nouveau. Qui le croirait? Tandis que son regard et son visage conservent la noblesse et le calme qui conviennent au *plus grand roi de l'univers,* une partie de son corps usée *par la douleur,* se détache par lambeaux comme le vêtement de l'indigence. C'est ainsi que, pendant plusieurs mois, la mort s'essaie sur sa noble proie; et néanmoins, les courtisans les plus habiles en conjectures ignorent si le mal qu'ils soupçonnent a fait de nouveaux progrès; à peine même croient-ils que le roi peut souffrir.

« Mais, lorsque la douleur fut à son comble et que la nature eut enfin repris ses droits, les yeux les moins clairvoyants furent dessillés : cette tête si ferme est obligée de fléchir; cette parole si nette et si distincte s'embarrasse et s'obscurcit; ces yeux tout remplis de l'habitude du commandement peuvent à peine s'ouvrir à la lumière.

« Toutefois, messieurs, le roi existait encore avec

son imposante majesté; non par un vain amour du pouvoir, mais par un profond sentiment de ses devoirs envers le pays; *entre sa maladie et sa mort, il ne voulait que le plus court des interrègnes.* Il s'opiniâtra donc à supporter le fardeau *si pesant* de la couronne, et à demeurer roi jusqu'au moment fatal où des voix qui lui étaient chères à tant de titres, lui eurent annoncé qu'il avait assez fait pour son peuple, et que désormais il ne devait plus vivre que pour lui-même (1). »

Ces citations, ajoute M. Valgalier, ne donneront encore qu'une idée incomplète de ce discours qui, par l'éclat du style, par la variété des objets, par la finesse des pensées, par la vérité des tableaux, nous paraît digne d'un auteur distingué par plus d'un genre de talent. On y remarquera peut-être surtout la sagacité d'un observateur qui a suivi la marche des évènements, et qui a étudié leurs ressorts secrets, et on y reconnaîtra, sans peine, cette chaleur de sentiment et ce noble dévoûment dont M. Liautard a fait preuve pour une cause honorable et pour une famille auguste.

Je n'ai, certes, pas la fantaisie de contredire ici M. Valgalier; au contraire, je souscris de tout cœur

(1) *Ami de la Religion,* 18 décembre 1824.

à la plupart de ses éloges, dès qu'il s'agit du talent de M. Liautard. Mais il y a des réserves nécessaires et auxquelles je ne renonce jamais. Ainsi, M. Liautard lui-même ne prendrait plus maintenant au sérieux la bravoure des chevaliers de la restauration ; et il me permettra de maintenir ce que j'ai dit du jugement qu'il porte si pittoresquement sur cette espèce d'hommes, à savoir que c'est une fine et très malicieuse manière de leur reprocher les niaises prétentions et les douillettes d'où ils ne sont pas sortis depuis un demi-siècle. — Que signifie aujourd'hui le mot *marquis ?* Oseriez-vous qualifier ainsi le moindre courtaud de boutique, s'il avait la moindre canne à la main ?

Et Louis XVIII a fait comme ses tenants ; et quand vous parlez de son *héroïque résistance* à la révolution, vous m'excitez à rire d'un mort, si surtout vous l'appelez *le plus grand roi de l'univers !*

Oui, certes, M. Liautard écrit fort bien ; mais s'il a les qualités de l'école de cette époque, il en a aussi quelques défauts ; il s'occupe trop amoureusement de l'expression ; j'en veux aux préoccupations politiques qui gênent quelquefois l'essor de sa pensée ; si bien qu'alors sa phrase s'étend et s'effile, pour ainsi dire, avec une continuité qui fatigue, et qu'on perd presque de vue sa belle intelligence, comme dans l'exemple que voici : *entre sa maladie et sa mort, il ne voulait que le plus court des interrègnes,* etc. — Pardon pour mes pointilleries.

Il était bon néanmoins de soumettre au lecteur ces différents passages. On a pu voir quel était, à une époque déjà éloignée, le mérite littéraire de M. Liautard, mérite réel, mérite hors ligne, je le répète, mais légèrement nuancé d'imperfections ; nous aurons lieu de comparer à ses anciennes productions des productions récentes, et nous prononcerons.

Un autre avantage de ces citations, et je l'estime précieux, c'est qu'elles révèlent parfaitement les inclinations enthousiastes de M. Liautard en politique et ses énergiques aversions ; nous concevrons ainsi les évènements dont il sera question tout-à-l'heure.

M. Liautard parle encore mieux qu'il n'écrit. Rien n'égale la clarté, la facilité et l'élégance de sa diction. Il improvise ordinairement ses prônes, et les fait aussi bien que M. Fayet, si non mieux que M. Olivier lui-même ; il cite fréquemment l'Écriture sainte et les Pères qu'il connaît à fond ; il affectionne cependant, parmi les Pères, saint Chrysostôme, saint Augustin et saint Thomas ; — vous auriez dit saint Cyprien et saint Grégoire de Nazianze. Les auteurs modernes qu'il recherche le plus sont Bossuet et Bourdaloue ; — je l'aurais soupçonné de préférence pour Massillon, l'abbé Poulle et M. Frayssinous.

Sa conversation n'a rien de ce caractère morose qui, trop souvent, est le fait des hommes qui réfléchissent et qui savent beaucoup. Il n'en fait pas non plus un sermon perpétuel, selon la méthode de quelques saints de petite étoffe ; il est naturel, et le charme qu'il sait répandre autour de lui ressemble à cette douce odeur de vertu, réelle, mais invisible, dont parle l'Evangile. Il ne se charge pas d'édifier officiellement son monde ; et, sans qu'il semble y songer, la vue seule de sa personne porte au bien ; c'est ce que dit Jean-Jacques de l'homme vertueux en général.

Nul n'est d'un accès plus facile ; celui qui souffre est naturellement son ami et son frère ; bien des pauvres le savent ; les prêtres le savent aussi, car il a tendu la main à bien des victimes, je dis victimes de leurs faiblesses ou d'un pouvoir désordonné.

La franchise est sa vertu principale, celle qui le fait ce qu'il est. Ni la flatterie, ni la crainte, ni les promesses, rien ne l'a jeté hors de la ligne droite. Le vice contraire à cette vertu est par conséquent celui qu'il déteste le plus cordialement.

Voici comment il jugeait un homme dont il faut taire le nom, mais sur lequel les sentiments se partagent de jour en jour : « O combien X..... s'attirera-t-il de malédictions, lorsque toutes ses iniquités seront découvertes !. . . . .
. . . .
. . . .
. . . .
. . . .
. . . .
. . . .
. . . . (1). »

Plus tard, je trouve dans quelques lettres les paroles suivantes, qui font également l'éloge de son jugement et de sa franchise :

« Quel sera le remplaçant ? Je ne vois que deux hommes tout prêts à accepter sans hésitation, *.......

---

(1) Autre jugement: Quelle plaie pour l'église, mon cher ami, que de si odieux singes du cardinal de Retz ! Joignez-y un cardinal de *...., avec son esprit borné, son parfait égoïsme, et sa fureur de conduire les affaires d'une grande monarchie ; — et un cardinal de *....., laissant deux millions et demi de biens. Et dites-moi si jamais le Constitutionnel a deviné ce que nous savions tous si bien. Et, s'il l'eût deviné, si au lieu de se ruer contre les jésuites, ou quelques pauvres curés de campagne, il eût fait son affaire de *....., *.... et *......! etc., etc. Quel scandale !

et *........—*.... et *....... auront besoin de réfléchir. Je ne connais qu'imparfaitement ces quatre

. . . .

. . . . . . Si j'avais à choisir, je prendrais *...., puis *.........., puis *......., et finirais par *......., ...

. . . .

. . . .

. . . .

« Gouvernement, je prendrais *..... ou *...., ou encore *......... Ces trois †, n'ayant aucun

. . . .

. . . .

. . . .

. . . .

. . . .

. . . .

. . . .

. . . .

. . . .

« Mais laissons tout cela..... »

Oui, laissons tout cela, et voyons maintenant comment M. Liautard définit ceux qu'il estime. Les éloges d'un tel homme sont d'autant plus précieux qu'ils sont toujours vrais et raisonnés.

« Ce que vous me dites de la supériorité immense du talent de M. l'abbé Cœur me fait un sensible plaisir. Il importe grandement qu'à côté des réputations de circonstance et d'engouement, il se forme des orateurs profonds et solides, qui n'abandonnent rien au hazard, dont les inspirations soient réfléchies, et les traits d'éloquence ménagés et calculés par une double opération de l'esprit et du cœur. Tels ont été Bossuet, Massillon, Bourdaloue.

« L'action oratoire manquait, dit-on, à ce dernier, et cependant c'est à lui que la palme est due.

« Vous m'étonnez avec vos trente ans. Comment, dans un âge si peu avancé, avoir pu tracer tant de plans, développer, embellir, vivifier tant de sujets divers, avec une grande profusion d'idées, puisque chaque sermon dure cinq ou six quarts d'heure.

« On voudrait des gestes plus gracieux, ce n'est pas chose impossible; une voix plus moëlleuse, ceci viendra avec le temps, et peut-être avec quelques leçons de chant. Les inflexions finales paraissent monotones. De tous ces défauts, s'ils existent, on doit travailler à se corriger. Avec le temps on obtient, sans trop de peine, les plus importants résultats (1).

(1) M. Liautard a toujours déploré l'absence d'une maison

Ailleurs, il formule nettement sa pensée sur deux prêtres fort connus; je suis heureux de rappeler qu'elle est aussi la mienne.

« M. l'abbé Bautain est un homme qu'il ne faudrait pas perdre......

« M. l'archevêque pourrait peut-être encore regagner M. l'abbé de La Mennais, qui doit au fond du cœur désirer qu'on lui ouvre la porte du salut. Cet homme est, n'en doutez pas, en proie à mille inquiétudes, et dans la plus étrange anxiété de son

de hautes études à Paris. « Étant ici renfermé comme le rat dans le fromage de Hollande, j'ignorais les odieuses taquineries suscités contre la Sorbonne*. Là, j'ai reconnu sans peine l'homme qui, par morgue et par vanité, a empêché l'établissement de l'école de hautes études. Mais aussi pourquoi le ministre était-il si timide ? Combien de fois n'ai-je pas dit à l'évêque d'Hermopolis : Si j'étais Roi de France, on ne me jouerait pas deux fois un tour pareil. Au prochain budget, 50,000 fr. au lieu de 100,000. Corbière, biffez les 20,000 fr. du département. Puis, si mon homme résiste encore, je m'arrange avec le ministre de la guerre, pour que dans l'étendue des diocèses de Versailles ou de Meaux, il me soit cédé une caserne, et là j'établis mon école de hautes études. Les douairières du faubourg Saint-Germain auraient frémi ; (on n'a jamais bien connu toute l'influence des grandes dames sur les choses ecclésiastiques en France, et on ne l'a jamais assez flétrie.) Mais l'autorité royale n'aurait pas reçu d'affront ; mais le clergé fût sorti de l'ornière des théologies scholastiques et de la mysticité du XVe siècle ; il aurait pu se tenir au niveau du progrès des sciences, et joignant ces avantages à tous les autres, il aurait fini par ramener à la religion les classes qui ne s'en éloignent que parce que nous n'avons pas avec elles assez de points de contact. »

* Allusion aux affaires *bien connues* de M. Guillon.

avenir. Il y a plus d'une porte pour entrer dans son cœur ; cette porte, en la cherchant, il est impossible qu'on ne la trouve pas. »

Je compte probablement M. Liautard parmi les lecteurs dont la sympathie m'est acquise ; c'est du moins mon désir. J'ai eu l'honneur de parler comme lui sans savoir encore sa pensée.

Au reste, il n'y a qu'une chose sur laquelle nous différions essentiellement, car au point de vue littéraire la paix est faite; je ne sais rien de mieux frappé et de plus accompli que les morceaux qu'on vient de lire. Donc, ce point de divergence, c'est, si M. Liautard n'a pas modifié ses admirations et ses colères, la question *miraculeuse* ; j'ai suffisamment exprimé mon idée sur ce point; mais à Dieu ne plaise que je veuille pousser l'opposition jusqu'aux gentillesses de la populace révolutionnée qui vont terminer cette notice.

1° Le premier qui parut en scène fut un sous-préfet de Fontainebleau. Je vous fais grâce de son rôle et de ses succès; comme ce jeune magistrat n'avait pas de curateur, on l'excuse.

Le jeune de.................... était un ancien élève de Stanislas (1) ; ses escapades eussent fait

---

(1) Je lis dans une lettre de M. Liautard : «Oui, M. de ...... a étudié huit mois au collège Stanislas. » (18 avril.)

honte, j'en suis bien sûr, au dernier échappé d'un collège quelconque; il y joignit l'ingratitude, et il me souvient ici malgré moi du mot de Pline : *vide hominis crudelitatem qui se non dissimulat exsuli (patri) nocere voluisse* (1) !

2° Lors de l'anniversaire de l'assassinat de M. le duc de Berry, les émeutiers trouvèrent M. le curé de Fontainebleau à Paris, où il était venu par hasard. Ils se proposèrent donc de l'écharper ou de le jeter à la Seine, c'est la règle; mais aucune loi, que je sache, ne le forçait à se livrer mains jointes et le cou tendu, c'est pourquoi il dut chercher son salut dans la fuite, comme disaient et faisaient les Romains; et il écrivait depuis : « Je n'irai point dans votre capitale, mon goût pour les assommeurs n'est pas encore tout-à-fait développé. D.... me ferait pourchasser, jeter par-dessus les quais; puis on me ferait telles funérailles qu'il plairait à Dieu et à la police; donc, je demeure; et si j'ai quelque loisir, je vais prendre l'air et respirer le frais qui surabonde dans les forêts d'alentour. »

A quelques jours de là, M. Picot (ou un autre) écrivait dans son journal :

« Vous imaginez peut-être que les ministres se

(1) Pline, ep. lib. 1-5.

croient obligés de faire des excuses aux victimes de leur zèle ou de leurs erreurs, et que, si quelque citoyen innocent se trouve par mégarde enveloppé dans l'exécution de leurs mesures, ils en éprouvent du moins un peu de regret. Point du tout. Vous connaissez l'accident qui est arrivé le 14 février à M. Liautard, curé de Fontainebleau; vous savez que sa qualité de prêtre ayant été devinée par les chasseurs de la battue qui eut lieu ce jour-là et les jours suivants, il se vit grandement exposé à être jeté dans la rivière, et qu'il fut bien heureux d'en être quitte pour la prison : ainsi que cela devait être, son innocence ne tarda pas à être reconnue, et il recouvra sa liberté. On sent bien que les ministres n'auraient jamais le temps de demander pardon à tous ceux qui peuvent avoir à se plaindre de quelques actes d'injustice ou d'oppression; et aussi M. l'abbé Liautard n'a-t-il pas songé à se faire faire des réparations. Mais, au moins, il avait le droit d'espérer que ce ne serait pas le gouvernement qui viendrait lui chercher tracasserie sur ce qu'il s'était trouvé à l'abri de tout reproche et innocemment compris dans des rigueurs de police. C'est cependant ce qui lui est arrivé. Le *Messager des Chambres*, espèce de tambourin au service de tous les ministres de l'intérieur, passés, présents et à venir, a été chargé de suivre M. le curé de Fontainebleau à la piste, pour voir s'il n'y aurait pas moyen de se rattraper sur quelque fait postérieur qui pût motiver son arrestation antérieure. Or, il a découvert que, dans un de ses prônes, M. l'abbé Liautard s'est plaint de son arrestation, et a cherché *à se représenter comme un martyr* de la fougue d'impiété du 14 février. De sorte qu'il n'y aurait point eu de corps de délit contre lui, comme on dit en jurisprudence, s'il n'y eût point eu de persécution et de violences arbitraires exercées envers sa personne. Quand donc il se serait plaint d'avoir éprouvé une injustice, vous voyez bien qu'on aurait toujours eu tort de commencer par la lui faire subir. Mais cela même n'est pas vrai. Il n'a employé vis-à-vis de ses paroissiens rien qui ressemble au langage qu'on lui attribue. La seule chose qui ait quelque fondement dans l'acte d'accusation dressé contre lui par le *Messager* du ministre de l'intérieur, c'est d'avoir dit aux pauvres de sa paroisse qu'il ne savait comment remplacer pour eux les 1,900 fr. d'aumônes qu'ils recevaient tous les ans de la branche aînée des Bourbons, et que cette ressource était bien regrettable dans un temps où la misère est si grande et si commune. L'optimiste du ministère a conclu de là que c'étaient des regrets politiques donnés à la famille de Charles X. Nous, qui sommes moins prompts dans nos jugements, nous attendrons, pour savoir à quoi nous en tenir là-dessus, que la nouvelle liste civile ait remplacé le secours de 1,900 fr. dont il s'agit. Si cette aumône est conservée, et surtout augmentée de moitié pour les pauvres de M. Liautard, oh! alors nous ne souffrirons pas qu'il se plaigne, et nous saurons lui dire son fait, s'il lui arrive de préférer les charités d'une famille à celles d'une autre. »

M. Liautard songea un instant à quitter sa cure; mais il désirait avoir pour successeur l'ecclésiastique qu'il jugeait digne de le remplacer et qui l'était effectivement (1)..... Il reste ; et Fontainebleau ne s'en plaint pas.

Je ne sais combien de fois les gouvernements donnèrent à M. Liautard l'occasion de refuser des évêchés, mais j'aime à terminer par ce passage d'une lettre qu'il écrivait, il y a quelques dix ans, à un jeune prêtre de Paris :

« Je tiens à mon âge de quarante à cinquante. - J'en aurai bientôt cinquante-sept. Je n'ai jamais rien

---

(1) M. le premier vicaire actuel de Chaillot. Il avait été élevé dans son collège, et son vicaire pendant douze ans.

refusé ; jamais rien ne m'a été offert. Je crois vous l'avoir déja dit. Il y a six mois environ, on fit auprès de l'évêque d'Hermopolis des démarches très pressantes en ma faveur. . . . .
. . . .
. . . . Tout en remerciant les solliciteurs, je leur dis que ce n'était point là mon lot ; qu'il y avait des emplois moins éclatants où je réussirais mieux et me rendrais plus utile. Les choses en sont restées là. Laissons-les y. »

Néanmoins, l'auteur se permettra de regretter que *les choses en soient restées là.* M. Liautard eût fait un excellent évêque, et l'église a besoin d'en avoir de tels. La voix publique l'appela dans plusieurs diocèses, ce fut pour chacun une douleur profonde de voir que de si belles espérances ne se réalisaient pas. Lorsque mourut M. de Beauregard, on pensa généralement qu'il aurait pour successeur M. le curé de Fontainebleau ; si ce n'avait été une erreur, ce malheureux diocèse était sauvé.

Qu'est-ce donc que M. Liautard? Je crois, en jetant au hazard mes impressions et quelques faits avérés, l'avoir suffisamment dit ; il y a dans Saint-Evremont quelques lignes qui résumeront et complèteront, s'il en est besoin, cette notice.

Je puis assurer, dit-il, que j'ai connu des personnes si agréables et si vertueuses, qu'on ne pouvait les entretenir sans admiration et sans amour. Elles faisaient des partisans de leurs propres ennemis, et il fallait être farouche jusqu'à l'excès pour résister aux charmes de leur conversation ou ne se laisser pas gagner à la bonté de leur naturel.

J'ai vu pourtant quelques démons envieux opposer leur malice à une si haute vertu, et selon qu'ils avaient d'adresse ou de puissance, arrêter le cours..... etc., etc., etc. (1).

M. Liautard fut décoré en 1827. — En vérité, je n'y songeais plus.

(1) Saint-Evremont, t. 2. OEuvres Mêlées, p. 313.

10 Août 1842.

Biographie du Clergé Contemporain.

M. [...]

ÉVÊQUE [...]

> Si [...] doctrinaux, et si [...]
> [...]

Si jamais l'orgueil de la naissance [...] permise, c'est assurément pour la [...] n'est pas impunément le sang [...] De là résultent [...] doit [...] beaucoup [...] sans les marquis [...] du faubourg Saint-Germain, l'usage a été de trouver, dans l'axiome [...], le titre justificatif de leurs prétentions chéries; il leur sert [...]

A. Appert Edit. Passage du Caire 54.

M. GEORGE,

ÉVÊQUE DE PÉRIGUEUX.

> Si inclinaveris aurem tuam, excipies doctrinam, et si dilex eris audire, sapiens eris.
> *Lib. eccl.* vi, 34.

Si jamais l'orgueil de la naissance fut une chose permise, c'est assurément pour M. George. On n'est pas impunément le neveu de M. de Cheverus. De là résultent beaucoup de devoirs; de là aussi doit résulter beaucoup de gloire. En ce sens, les marquis plus ou moins poudrés à frimas du faubourg Saint-Germain n'ont pas eu tort de trouver, dans l'axiôme même *noblesse oblige*, le titre justificatif de leurs prérogatives chéries; il leur manque deux choses seulement, à savoir : de se soumettre aux obligations pour bien établir le titre, et de proportionner le titre aux obligations.

C'est là le suprême mérite de M. George, d'avoir su maintenir dans un parfait équilibre les avantages et les charges de sa position. Il a bien géré sa part de l'héritage du saint cardinal ; il a continué, autant que possible, une des plus belles existences de ce siècle et de tous les âges ; l'intérêt qui s'attachait naguère à l'histoire de l'oncle, s'étendra certainement jusqu'à la notice biographique du neveu ; *Nonne eodem spiritu ambulavimus ? Nonne iisdem vestigiis* (1) ? et c'est ce qui m'a déterminé à l'écrire.

Jean-Baptiste-Amédée George naquit le 15 avril 1805, à Saint-Denis-de-Gatine, très petit bourg qui dépendait alors du Bas-Maine et qui fut depuis enclavé dans le département de la Mayenne et le diocèse du Mans.

Nous avons déjà dit que, des enfants du président de Cheverus et d'Anne Lemarchand des Noyers, sa femme, l'un fut le cardinal de Cheverus, l'autre la mère de M. George.

---

(1) Cor. II. 12-18.

Il eut deux frères, MM. Paulin et Abel ; et deux sœurs, mesdemoiselles Caroline et Fanny.

Quand il vint au monde, son père était mort depuis un mois (1). *Fra i cangiamenti della vita, uno de' più rimarchevoli per l'uomo sensibile è quello ch'ei prova, allorchè dice à se stesso:* NON HO PIU PADRE (*nè madre*) (2).

Madame George, pour mieux soigner l'éducation de ses cinq enfants, se rendit alors à Laval.

Il serait superflu d'ajouter qu'elle se montra toujours égale aux sublimes exigences de sa mission. Une mère, lorsqu'elle est chrétienne surtout, se joue en quelque sorte de l'impossible. Il n'y a ni règlements élaborés et consacrés par des corporations, si admirables qu'ils soient, ni organisation de sociétés politiques ou policières, qu'on ait droit de comparer à son empire. Elle pousse jusqu'à l'infini le savoir du cœur; et son esprit s'illumine, si j'ose le dire, aux étincelles qui jaillissent de ce foyer mille fois adorable. Quelle pénétration pour saisir les plus intimes divisions de ces consciences naissantes ! quelle douce patience ! comme elle redresse amoureusement les inclinations qui tendent

---

(1) Au mois de mars 1805.
(2) Borelli, 43-8. Appendice alla filosofia.

à dévier ! Qu'elle est habile et gracieuse dans sa manière d'encourager la faiblesse et d'imposer à l'impatience des natures fougueuses le joug suave de la sagesse ! Où est écrite la législation maternelle? Pourriez-vous définir ses éléments divers, et la définir elle-même absolument? Autant de mères, autant de systèmes nouveaux, inouïs, infaillibles. *L'amor materno non cede che alla providenza divina* (1).

Solon, si je ne me trompe, a dit que le meilleur des gouvernements était celui qui faisait le moins de lois; il voulait parler de celui-ci, où le pouvoir commande comme on fait une grâce, punit comme on aime, et place dans le bonheur de lui plaire le motif et la récompense de toute bonne action. Les chefs de nations devraient bien méditer sur ce sujet, ainsi que les autorités ecclésiastiques de tous les degrés.

Et cum dixerint vobis filii vestri: quæ est ista religio? dicetis eis... Tel est le premier besoin de tout homme venant en ce monde. Si quelque honnête parisienne de la rue Saint-Denis s'avisait d'apprendre à son fils comment Dieu s'appelle, avant qu'il n'eût le génie de bien dire *papa*, le parisien

---

(1) Pensieri miscellanei di Pirro Lallebasque, 42-111.

s'en formaliserait sans nul doute, et les commères en délibéreraient chez le concierge ; car M. Pierre Leroux prêche la perfectibilité, et voilà comme on y va.

Or, Madame George était provinciale, et de cette partie de la France où se maintiennent le plus obstinément les idées *stationnaires et rétrogrades*. Elle agit en conséquence, fit de l'instruction religieuse la première base de son enseignement, et, pour ainsi dire, du catéchisme la constitution de son petit royaume ; nous avons sous les yeux les résultats qu'elle a obtenus.

La science de la religion n'exclut pas les sciences qu'on est convenu d'appeler profanes, comme le prétendent encore bien des raisonneurs ingénus (1) ; et je soupçonne que ses apologistes, pour la plupart, auraient pu professer la sixième ou la septième dans les collèges contemporains. On a prouvé d'ailleurs fort poétiquement et victorieusement, que le christianisme est la source réelle et presque unique du beau dans les œuvres de l'esprit.

Madame George cultiva les dispositions intellectuelles de son fils ; elle lui donna elle-même les premières leçons de lecture, d'écriture et de langue

---

(1) Qui diligit disciplinam, diligit scientiam. *Prov.* 12-1.

française, puis elle le plaça chez les Jésuites de Sainte-Anne d'Auray qui surent l'apprécier et le comprendre.

Ici encore, il faut bien rendre hommage aux Jésuites, ces éternels modèles en matière d'éducation.

Le jeune Amédée n'avait pas la mine d'un de ces petits saints venus avant terme dont on fatigue nos admirations. Madame George l'aimait mieux sans doute comme il était : vif, pétulant, étourdi, de nature parfaitement écolière, mais sensible d'ailleurs, affectueux et soumis parce qu'il était simple et bon, avare de ses récréations qu'il employait valeureusement de la première à la dernière minute, moins avare de ses heures d'études, mais également rempli de bonne volonté lorsqu'elles arrivaient, et faisant ses prières d'aussi bon cœur qu'il usait ou déchirait ses habits en se roulant sur la poussière.

Les Jésuites n'étaient pas hommes à confondre toutes ces dispositions, parce qu'ils ont le sens commun qui est si rare. — Ce ne sont pas les Jésuites qui ont imaginé qu'un séminariste, s'il monte un escalier de deux en deux degrés, fait preuve de légèreté d'esprit, et partant de penchant à la dissipation, et partant de non vocation pour l'état ecclésiastique, etc., etc.; ce n'est pas chez eux un signe de sainteté que de s'asseoir sans s'appuyer sur le dos de sa chaise, de porter une soutane sans queue et de ne posséder pour toute bibliothèque que Bailly et le *Manuel du Séminariste*, par le motif assez singulier que saint Augustin disait : *Timeo hominem* UNIUS *libri*. Ils savent quelle est notre condition à tous; et, pour ne rien dire des cruelles puérilités qu'ils ne soupçonnent qu'à peine, ils savent aussi que la règle même s'adoucit en faveur de nos faiblesses et proportionne ce qu'elle veut à ce que nous pouvons.

M. George ne m'a pas dit que les plus beaux jours de sa vie se soient écoulés à Sainte-Anne d'Auray; mais j'en suis bien sûr.

Il y fit des études brillantes; et ses inclinations ecclésiastiques se développèrent avec son intelligence. Il était aimé de ses maîtres, adoré de ses condisciples. Ceux-ci n'avaient aucune raison de le haïr et de le déprécier pour faire la cour à ceux-là. Les Jésuites, indépendamment de leur noblesse d'âme, ne sont jamais jaloux de leurs élèves parce qu'ils ne sont jamais non plus au-dessous d'eux.

Lorsqu'il était en philosophie, il fut appelé à présider l'*académie littéraire*. Nul n'ignore ce que sont ces espèces d'académies de collège, et je m'abstiens de l'expliquer. C'était pour le jeune président un moyen de s'exercer à des fonctions mille fois plus importantes. Il s'en tira fort habilement, et il sut si bien allier la douceur à la fermeté, qu'en maintenant un ordre rigoureux parmi ses subordonnés, il augmenta, loin de la perdre, l'affection qu'ils lui vouaient de longue date. Je songe aux maîtres de conférences des séminaires de Saint-Sulpice.

Madame George mourut en 1823, époque de sa sortie de collège et du retour en France de M. de Cheverus. Qu'on se rappelle quelques pages de ma trentième notice. Après son fils, ce furent les malheureux de toutes sortes qui pleurèrent le plus amèrement la mort de cette sainte. L'évêque de Boston, quelle que fût d'ailleurs son héroïque résignation, se sentit moins fort que jamais contre la douleur : *Dominus dedit, Dominus abstulit, sit nomen ejus benedictum.* — Auguste vieillard, providence visible du nouveau monde, à peine échappé d'un naufrage terrible, chargé de vertus et de sublimes œuvres comme de souffrances et d'années, il tombe à genoux, lève vers le ciel ses deux mains vénérables, et d'une voix tremblante que les sanglots interrompent, il dit, lui aussi : *Dominus dedit, Dominus abstulit, sit nomen ejus benedictum;* et son âme est fortifiée, sinon consolée.

Il adopta M. George; et, lors de sa nomination

à l'évêché de Montauban, le retint auprès de sa personne, pour qu'il eût le temps et les moyens d'étudier à fond sa vocation. Ce n'est pas que le jeune homme eût jamais douté des vues de Dieu sur lui, mais en pareille matière, il faut se défier des impressions même les plus constantes et les plus vivaces, faire en sorte que le sentiment ne remplace pas le raisonnement et la prudence, et donner aussi aux émotions du cœur la part qui leur est due ; belle et difficile harmonie ! Combien qui n'embrassent pour l'éternité la carrière du sacerdoce que par cette seule raison qu'ils ne soupçonnent pas la possibilité de faire autre chose après une éducation dirigée tout entière vers ce but ! Il y a même, dans la vie d'abnégation et de dévouement à laquelle on se consacre, quelque chose qui peut flatter la générosité et causer en ce sens de dangereuses illusions, d'autant plus dangereuses qu'elles émanent d'un principe sublime. Ici je ne parle ni des influences de famille, ni des ambitions, ni des déterminations prises par suite d'accidents momentanés et de passions dépitées ; ce n'est pas le sujet. M. George se trouvait par sa naissance et son caractère en dehors de ces dernières atteintes. Toujours est-il qu'un choix d'état, surtout lorsqu'il est question de l'état ecclésiastique, exige des réflexions mûres et une préparation sévère. Si nous interrogions ceux qui, pour une cause quelconque, sont tombés dans une erreur fatale sur ce point, quels déchirements intérieurs et quelles misères affreuses nous seraient révélés! Heureux ceux qui ont lu correctement dans leur destinée, ou plutôt qui ont pris sans usurpation la place qu'ils occupent parmi les ambassadeurs du ciel! Heureux ceux qui peuvent dire avec vérité comme le prophète : *pes meus stetit in directo ; in ecclesiis benedicam te, Domine !*

En 1825, M. George se rendit au séminaire de Saint-Sulpice de Paris. Il y resta quatre ans, avec la réputation constamment soutenue d'un sujet distingué sous tous les rapports, si bien même qu'il fut nommé chef du grand catéchisme de persévérance, ce qui est à la fois une dignité fort ambitionnée et un poste fort difficile.

Or, selon l'usage, celui qui convoite le moins un poste et une dignité, est celui qui s'en montre le plus digne. Tel fut M. George. En disant comment on fait mal, je vais dire comment il ne fit pas.

L'enseignement du catéchisme a lieu dans les églises mêmes, ou dans de petites chapelles particulières qui en dépendent. Ce fut une idée juste et heureuse, à part les nécessités locales, que celle d'assigner en quelque sorte le *forum* religieux pour ces intéressants exercices: les grands comme les petits peuvent participer au bienfait de la parole sainte; la majesté du lieu doit inspirer aux enfants une sorte de frayeur qui les dispose à l'attention, comme elle avertira les maîtres de toujours se maintenir dans les strictes limites de l'enseignement catholique, sérieux, graves et austères: *pavete ad sanctuarium Dei.* Donc, pour ce qui regarde ceux-ci, on aurait droit de s'étonner et de se scandaliser même si on les voyait saisir les enfants au collet, afin de les mettre en ordre, confondre la trivialité avec une familiarité noble et douce, et deviser là de choses et d'autres comme un marchand d'orviétan n'oserait le faire dans une foire de village. Il serait également mal de formuler son mécontentement contre les ignorants ou les paresseux par des qualifications violentes et grossières.

L'excès en tout ne vaut rien. Le grand défaut des catéchistes me semble encore moins être la légèreté et l'inconvenance des formes que l'affectation. Ils débutent le plus ordinairement dans la vie publique, et voilà une tentation formidable. L'assistance les préoccupe; il faut donner bonne idée de soi; ils visent en conséquence le plus loin possible, et nagent en pleine métaphysique. L'assistance cherche à comprendre, les enfants ne comprennent pas, les catéchistes non plus. *Miserere nostri, Domine, miserere nostri, quia multùm repleti sumus despectione* (1).

Nous n'entrons pas dans la question d'ignorance absolue, car il est à présumer que les autorités ecclésiastiques ne disposent pas à tort et à travers d'une aussi capitale mission.

Le catéchisme d'une branche de science quelconque est toujours l'ouvrage le plus difficile à faire de cette science même.

Le 13 juin 1829, M. George fut ordonné prêtre par M. de Quélen dans la basilique de Notre-Dame. Il avait alors vingt-quatre ans.

M. de Cheverus, à cette même époque, le rappela auprès de lui, et donna dès l'abord une leçon de népotisme à ses collègues.

L'aumônier de l'hospice des vieillards était malade, M. George fut nommé pour le remplacer pendant les exercices du jubilé. — Nous avons vu des jeunes gens nommés vicaires-généraux à leur sortie du séminaire, et nous savons quels étaient leurs titres.

(1) Ps. 122-3.

Or, ayant éprouvé de cette sorte les dispositions de son neveu pour le ministère, le saint archevêque pensa qu'il remplirait bien la place de vicaire, et il l'attacha en cette qualité à la métropole; M. George y resta quatorze mois sans s'être fait un ennemi : ce qui mérite observation.

On dirait qu'il est infiniment difficile, pour ne pas dire impossible, de vivre dans l'intimité d'un prélat, et de n'être nuisible ni à ce même prélat ni à ceux qu'il gouverne. Voyez ce qui se passe presque universellement, de quel œil sont considérés dans les diocèses les secrétaires-généraux ou les secrétaires particuliers. Si le chef n'est pas doué de cette vigueur de caractère qui fait qu'on vit sa vie et qu'on agit ses actes, pour ainsi dire ; si d'ailleurs l'homme qu'il a perpétuellement à ses côtés, plus à même que lui, par ses relations, de tout savoir, est ambitieux, jaloux, haineux, menteur, et de ceux qui, suivant Isaïe, appellent le mal bien et le bien mal; s'il en est ainsi, le dernier, s'emparant de l'esprit de son *patron*, comme ils disent, aura pris bien vite possession du pouvoir; ses idées deviendront le prisme au travers duquel toutes choses seront examinées et jugées. Ainsi on disposera des places; ainsi on appliquera les peines canoniques; ainsi sera jouée la vie de toute une population de prêtres; ainsi s'éterniseront les divisions intestines du clergé secondaire, car il y aura toujours des flatteurs pour adorer Séjan, et, fort heureusement pour l'honneur de l'espèce humaine, quelques hommes intègres qui tiendront pour l'équité : ceux-ci voués à l'immolation, ceux-là récompensés de leurs bassesses par le lucre dont ils ont soif. Alors des gémissements s'élèveront, puis des malédictions; et qui pourrait calculer tout le reste!.....

Voilà les inconvénients des favoris étrangers. Il est clair que l'influence d'un parent s'étendrait encore davantage.

Mais j'aime à répéter que M. George fut constamment investi de la confiance comme de l'affection générale du clergé bordelais; et la conséquence arrive d'elle-même.

Après ses quatorze mois de vicariat, une nouvelle préférence l'attendait. J'ai fait en quelques mots, et autant que possible, dans la notice de M. Demeuré, la physiologie de l'aumônier de collège (1). Il accepta gaîment, si l'expression m'est

---

(1) On m'écrit : « Quelle idée avez-vous d'attaquer toujours les Orléanais ? Le dernier portrait que vous donnez de l'aumônier de collège avait une portée locale que nous avons trop comprise. C'est mal. » On me suppose des intentions que je n'avais pas.

permise, ce poste difficile et disgracieux ; et cela parce que sans doute il sentait ses forces, chose permise, puis par esprit d'obéissance, et un peu par modestie.

Les trois années qu'il passa au collège royal sont de celles qui ne s'oublient pas et qui restent pour toujours infiniment chères. Elles s'écoulèrent trop vîte pour les élèves et les maîtres dont il était le conseil et l'ami. En 1834, une révolution totale s'était opérée dans cet établissement sous le rapport des principes religieux et des bonnes mœurs : le recueillement aux offices, la bonne tenue dans les exercices de la journée, les relations entre confrères, la soumission, le bon ordre enfin, toutes choses étaient à souhait. Les instructions et les exemples du pieux aumônier, car il ne sépara jamais les unes des autres, portaient leurs fruits ; et ces fruits ordinairement ne sont pas sans durée.

M. de Trélissac venait d'accepter le siège de Montauban. « A la demande expresse du chapitre, « dit un biographe, son oncle le nomma vicaire-« général. » Si cette demande était inspirée par la seule pensée de récompenser ses mérites et de les utiliser par une plus large application, j'y souscris sans réserve. M. George, eût-il été le fils d'un huissier de campagne, que sa place était marquée là, et même plus haut. Si c'était une manière de courtiser le prélat, comme cela se fait très souvent, je ne veux pas y penser. Il suffirait pour prononcer ici d'être sûr que pas un seul des membres du chapitre ne se disait intérieurement : « cette place me conviendrait mieux qu'à lui ; » ce qui, pour Bordeaux, ne fait pas l'objet d'un doute.

Nous savons que M. le cardinal de Cheverus mourut le 19 juillet 1836, c'est-à-dire qu'à sa mort M. George était dignitaire de la métropole depuis deux ans. Je me suis souvent demandé ce que signifiait un vicaire-général honoraire, sans la résidence surtout. A cela on a répondu qu'il y avait bien aussi des chanoines *ad honores ;* ceci m'a paru concluant.

M. George, après la mort de son oncle, fut nommé avec les deux autres grands-vicaires, ses collègues, vicaire-général capitulaire. Il refusa et désigna même plusieurs ecclésiastiques qui, selon lui, étaient plus dignes de cette éminente distinction. On insista, il dut se résigner.

Plusieurs pensèrent alors qu'il serait choisi par le gouvernement pour succéder à son oncle. Il y avait une double impossibilité qui se conçoit.

Le successeur fut, comme on le sait, M. Donnet, évêque de Rosa *in partibus,* coadjuteur de Nanci, qui s'empressa de faire à M. George les propositions les plus flatteuses, et les protestations les plus sincères, sans aucun doute, d'estime et de dévouement.

M. Donnet le nomma de nouveau grand-vicaire, ou lui offrit du moins d'entrer dans son conseil, ce qui ne fut point accepté. Même refus avait été fait à M. de Quélen qui voulait lui donner un canonicat titulaire à Notre-Dame. Il faut avouer que si cette abnégation n'est pas commune parmi les gens du monde, elle ne l'est pas assez non plus dans le corps ecclésiastique. Autrefois, lorsque la voix du peuple désignait Ambroise pour la mitre, le saint homme fuyait dans les forêts et se cachait comme un criminel; aujourd'hui, si un siége vient à vaquer, Ambroise quitte les forêts, accourt à Paris, et se lance dans un cabriolet de place en criant: « fouette, cocher, aux Tuileries, aux ministères, ailleurs ; etc. il me faut mon affaire; je vous retiens indéfiniment. » Ceci est de l'histoire actuelle. Mais je m'éloigne de M. George.

Il fut forcé d'accepter la qualité de vicaire-général honoraire, puis de chanoine en titre, et enfin la cure de la métropole.

Cette dernière nomination date de 1838, au mois d'octobre.

Jusqu'ici je n'ai considéré M. George que dans sa vie extérieure et de pratique. Il est un point très important qui fixe en ce moment mon attention. Tous les travaux et toutes les sollicitudes dont il a été question ci-dessus ne l'empêchaient pas de cultiver toujours avec amour la bonne théologie et les saintes lettres, les lettres profanes même. Voici, à peu d'exceptions près, la méthode générale : Pour subir ses examens au séminaire, et d'ailleurs par impossibilité de faire autre chose, on étudie, ou plutôt on apprend, par procédés mnémoniques, le galimatias de Bailly, et, les ordres reçus, lorsqu'on a obtenu quelque place tant soit peu lucrative, on se perd dans les dissipations extérieures ou l'on s'endort, suivant qu'on habite la campagne ou la ville.

Et cependant, que savent les jeunes gens au sortir du séminaire ? Nous avons assez dit qu'au point de vue des sciences profanes, leur infériorité relative n'est point contestable ; sous le rapport des études sacrées, les progrès de la science historique, et, si je puis ainsi parler, leur universalisation, réduisent à bien peu de chose l'avantage qu'ils avaient autrefois de connaître quelques centons de scolastique. Et d'ailleurs, qu'on ne s'y trompe pas, il est impossible d'approfondir une vérité religieuse et d'en parler à bon escient, si l'on n'a porté jusqu'à un degré supérieur ses investigations dans le domaine des siècles passés; toutes choses alors s'expliquent l'une par l'autre, et il n'y en a pas une seule qui trouve purement et simplement en elle-même son explication ou sa preuve.

Eh bien, sur la question dont il s'agit, c'est à peine s'il est charitable de parler selon sa pensée. A part quelques hommes, peu aimés pour ce seul fait de leurs confrères, le jeune clergé se crée une réputation de pédante nullité qu'il devrait et pourrait bien perdre, si les évêques s'en occupaient sérieusement, s'ils se mettaient eux-mêmes en état de présider à une si précieuse réforme et d'éviter les propos de quelques mauvais plaisants, qui prétendent qu'ils ont un intérêt d'amour-propre à éterniser l'ignorance autour d'eux (1).

En ce qui regarde les études théologiques elles-mêmes, indépendamment des études accessoires, je ne cite qu'une preuve de leur pauvreté, c'est la nature même des instructions qu'ils adressent aux fidèles. Otez les banalités, les exclamations, les lieux communs de toutes sortes qui ne dérivent de

---

(1) On sent que ces réflexions ne sont pas absolues et que les exceptions restent de *droit*.

rien et n'aboutissent à rien, et dites-moi ce qui reste. C'est, d'ailleurs, une chose prodigieuse que cette puissance si commune chez les prédicateurs de babiller si longtemps et même si couramment sur un sujet épineux et profond, sans jamais rien dire absolument. Comme tour de force, je n'ai jamais rien vu qui m'ait étonné à ce point. En dernière analyse, le grand secret de toute cette loquace vacuité est à coup sûr l'ignorance; on est si heureux de montrer le peu qu'on sait, que ne rien montrer signifie assez clairement qu'on sait moins que rien.

Certes, mon impartialité n'a jamais pu faire qu'on ne m'ait soupçonné de quelque faiblesse de cœur pour ceux auxquels s'adressent ces reproches, et je le conçois; il a fallu, pour me décider à mettre au jour une plaie fatale, qu'en effet cette plaie fût fatale, et qu'aux yeux de ma conscience ce fût un moyen de la guérir que de donner l'idée du remède en la découvrant.

Je joins à mes raisons des exemples imposants; et je nomme, pour encourager et ranimer la foule, nos grands orateurs: MM. Berthaud, Bautain, Lacordaire (1), de Ravignan, Combalot, Cœur, etc.

―――

(1) Je trouve une définition fort remarquable de M. Lacor-

On se corrigera en faisant ce qu'ils ont fait et ce que fit M. George qui nous occupe ici plus particulièrement, bien que leur étant inférieur.

L'amour de l'étude n'exclut pas du tout ce qu'on nomme la vie active; le même M. George l'a parfaitement prouvé.

Il ne s'abusait pas sur son titre honorifique de vicaire-général, infertile pour lui, également inu-

---

daire, dans l'ouvrage que vient de publier M. Fortunat Mesuré, *le Rivarol de* 1842 : « L'abbé Lacordaire, ancien disciple de La Mennais, jeune homme à l'esprit passionné et au cœur droit, qui a fini par mieux aimer la vérité que Platon, et a dit adieu à son maître, dont pourtant il n'a pu encore tout-à-fait *renier* les principes et oublier la langue.

« Il y a des prêtres qui servent l'Église amoureusement, comme des pages leur chatelaine, et la défendent d'estoc et de taille, comme des chevaliers leur dame. M. Lacordaire est un de ceux-là. Ses discours sont de tendres confessions de fidélité à la beauté des dogmes catholiques, avec de généreux défis adressés aux mécréants félons. Toute sa vie est un tournoi de poésie théologique.

« En le voyant sous son capuchon de Dominicain, avec sa figure animée par un feu intérieur à la fois doux et dévorant, avec sa candeur de croyant et son audace de raisonneur, avec sa timidité d'enfant de Rome et sa superbe d'apôtre devant les générations impies ; je rêve à saint Bernard, moins son immense génie, et à Abeilard moins Héloïse. » P. 110.

Ailleurs il donne, de M. de La Mennais, une définition qu'il faut citer, sans répondre du premier verset :

« Tertullien, puis Rousseau, maintenant un vieillard en proie à des erreurs et dévoré par des tristesses inouïes.

« Pour le ramener, n'envoyez pas des docteurs à ce génie superbe ; envoyez-lui un enfant qui lui parle amour. »

tile pour les autres. Donc, dans le règlement de ses journées, cette particularité, tout au plus inoffensive, n'avait aucune place et ne pouvait préjudicier à rien.

Il était encore, comme nous l'avons vu, chanoine titulaire. Cette place produit à Paris deux mille quatre cents francs, et en province quinze cents; elle n'exige de la part de ceux qui l'occupent que l'assistance *régulière* à la messe et aux vêpres canoniales qui se disent tous les jours de la semaine à la cathédrale; faible travail, preuve que les évêques ne doivent y appeler que les vieux prêtres épuisés par la fatigue d'un long ministère, ou ceux qui, étant seuls capables de remplir dans la ville certains emplois considérables mais non rétribués, se trouveraient ainsi dédommagés de leur désintéressement et de leurs peines.

C'est sans doute pour cette dernière raison que M. George avait accepté son titre. Il fut simultanément chanoine, aumônier du pénitencier de Saint-Jean, directeur de l'Œuvre des Petits-Savoyards, des salles d'asiles, des Orphelins de la Teste, des petits prisonniers et des femmes libérées.

La notice du vénérable évêque d'Alger, M. Dupuch, nous fera connaître dans leurs détails les plus intimes ces diverses bonnes œuvres qui furent presque toutes fondées par lui. Nos yeux s'arrêteront avec une douce complaisance sur ces pauvres petits savoyards qui jusqu'à nos jours avaient inspiré le génie de la peinture et la gracieuse poésie de M. Alexandre Guiraud, mais sans mourir de faim moins qu'ils ne l'avaient toujours fait. Ils ont su encore ce que c'est que le génie de la charité chrétienne.

M. George ambitionna les bonnes grâces de ces chers petits; elles furent à lui, et il en eut plus de joie que de celles d'un roi; c'était naturel. Redite ou non, pourquoi ne pas savourer encore ces suaves paroles du Dieu fait homme; *Sinite parvulos venire ad me. Parvulos* ne signifie pas des principicules: il faut que Jésus-Christ fasse antichambre pour obtenir une audience de ces créatures-là; *parvulos* signifie les petits savoyards, n'est-ce pas, M. Dupuch? ces petits qui se disent: « Voilà le bon Dieu, et qui viennent jouer et sourire d'amour sur les genoux de Jésus-Christ; *talium est enim regnum cœlorum.* »

Un biographe que j'ai souvent occasion de citer, nous rapporte une chose étonnante: « Lorsqu'il de-
« vint curé de la métropole, sans abandonner, dit-il,
« les œuvres générales auxquelles il s'était dévoué,
« il créa, pour ainsi dire, de nouveau, *l'esprit pa-*

« *roissial* à peu près oublié depuis les orages révo-
« lutionnaires, réforma les *abus* introduits dans
« l'emploi, *quelquefois peu judicieux*, des deniers
« de l'église, etc., etc. »

Ceci me paraît grave. Quel était donc, avant M. George, le curé de la cathédrale de Bordeaux? Quels avaient été ses prédécesseurs depuis 1790, pour qu'on puisse ainsi dire d'eux qu'ils avaient laissé s'éteindre presque totalement l'*esprit paroissial* parmi les fidèles confiés à leur soin? *Ces abus de deniers* constituent ce qu'on devine et ce que je n'ose dire, et on les excuse peu en ajoutant qu'ils provenaient d'un *emploi quelquefois peu judicieux;* car les conseils ne manquent pas en pareille circonstance, et c'est rarement par défaut d'information que l'on pèche. Avis à MM. les fabriciens! Avis au clergé sur ses imprudents panégyristes; *et à filiis tuis cave, et à domesticis tuis attende* (1).

Abuser des deniers d'une église, M. le biographe, savez-vous ce que ce c'est? plus qu'un crime et une énormité, plus qu'un sacrilège! et qu'en aurait-on fait, de ces *deniers?* Un usage abominable peut-être.... Eh bien, non, cet excès d'indignité n'est possible ni chez un prêtre : ou il fau-

(1) *Lib. eccl.* 32-26.

drait le traîner durant trois jours dans les égoûts des rues et l'étouffer là où périt Vitellius, ni chez un laïc non émérite des bagnes.

Dites-nous que M. George continua l'œuvre pastorale de ses devanciers et qu'il apporta dans l'emploi des fonds de sa fabrique des réformes avantageuses, je le veux bien, et cela est vrai ; dites-nous surtout qu'il s'occupa de la propagation des bons livres, qui sont encore moins rares que les livres bons, si tant est que l'un puisse aller sans l'autre ; louez-le d'avoir rétabli l'association du Sacré-Cœur, sans être complice des dangereuses frivolités que n'a pas toujours évitées cette association si admirable d'ailleurs, si pure et si sainte ; vous saviez et vous pouviez nous apprendre qu'il avait mis à profit son expérience de séminariste, et avec plus de raison celle qu'il avait acquise par la suite, pour organiser des catéchismes sur le plan de ceux de Paris, et que, s'étant chargé lui-même du catéchisme de persévérance des jeunes personnes, il avait obtenu des résultats infiniment précieux ; ceci nous eût consolé et réjoui l'âme ; vos récriminations nous causent une peine profonde et du dégoût, deux choses dont nous sommes déjà trop riches, vu nos rapports avec l'humanité ! (1). *Una*

(1) Voyez ce que disent Steph. de Melles, dans son ou-

lode ingegnosa, dit un proverbe italien, *coonesta l'adulazione*.

M. George fit à Bordeaux ce qu'a fait M. Fayet, lorsqu'il est arrivé à Saint-Roch (1). Il établit au presbytère sa vie de communauté, mais sérieusement, et non pas sur le modèle de certaines existences sous le même toit que je pourrais bien indiquer. Outre l'avantage de resserrer les liens d'intimité qui doivent unir les membres d'un même clergé, il y avait celui de maintenir dans la ferveur et l'habitude des pieux exercices ceux qui, par laisser-aller ou mauvais penchant, se sentiraient capables de dissipation. Un prêtre qui perd de vue son état, ne fût-ce que durant une heure, a beaucoup de peine à le reprendre là où il en était resté.

vrage in-12 de 1678, *de origine et divisione parochiarum*, vers la fin; Jousse, dans un ouvrage cité souvent par M. Affre : *Traité du gouvernement spirituel et temporel des paroisses*, etc., 1769; et François de Bordenave, *Etat des églises cathédrales*, 1643. Ces livres abondent de questions fort importantes et non moins ignorées généralement.

(1) On annonce comme infiniment probable la nomination de l'illustre curé au siège d'Orléans. Il n'en faudrait pas moins pour sauver ce malheureux diocèse. — D'autres parlent de M. Liautard, ce qui n'est pas moins désirable. — Les vœux des Orléanais se portaient encore sur MM. Busson ainé et Donney, de Besançon. Dieu veuille qu'on ne puisse pas appliquer au diocèse d'Orléans ces paroles terribles : *Erunt novissima illius pejora prioribus !*

A cette époque, M. George aimait la prédication. En est-il de même aujourd'hui ? Je ne puis l'affirmer ; je suis fâché de n'en savoir absolument rien. Chose inconcevable, que la force et surtout la bizarrerie de la coutume ! A voir ce qui se passe journellement, on croirait ou qu'il a été expressément défendu aux évêques de prêcher, ou qu'il est évident qu'ils ne pourraient le faire sans déroger. Cela est si vrai que tout homme promu à l'épiscopat, lors même qu'il aurait joui jusqu'à son installation d'une juste renommée d'orateur, se dit à lui-même plus ou moins explicitement : « Je ne prêcherai donc plus ! » et que souvent on a dit de M. Cœur, par exemple, et de M. Berthaud : « Ils ne seront point évêques, on a trop besoin de prédicateurs. » Si les anciens Pères revenaient à la vie et qu'ils fussent témoins de toutes ces merveilles, je ne sais ce que penseraient leurs *grandeurs*. Pardon pour ce dernier mot.

J'ai parlé d'installation, et ce n'a pas été sans dessein ; car, à peine une ordonnance royale a-t-elle paru au *Moniteur* que nous lisons dans toutes les feuilles de Paris :

« M. l'évêque nommé de Tulle ou d'Angoulême, ou, etc., etc., prêchera le..... à.... »

Ce sont, en quelque sorte, des adieux solennels

à la chaire ; c'est le coup de grâce, on n'y reviendra plus ; mais on veut, avant de finir, que le monde sache à quoi s'en tenir sur ce qu'on a été et sur ce qu'on pourrait être encore, si l'on voulait. On a raison du moins en ceci, que la critique sait à qui s'adresser pour appliquer ses reproches. Je ne vois guère que le regrettable M. Donnet qui n'ait pas suivi ce système ; telle n'est pas sa manière.

Les prônes de M. George étaient en grande réputation chez les Bordelais ; les prônes sont plus difficiles à bien faire que les discours d'apparât, et se distinguer en ce genre d'éloquence suppose une étendue de mérite dont pourrait être incapable le plus brillant orateur des stations quadragésimales, voire même de la Chambre des députés où parlent M. Bugeaud et M. Larochejaquelein.

Mais le gouvernement voulait en faire un évêque (notez bien l'expression). Lorsqu'ils veulent faire cela, voici comment s'y prennent les ministres : Ils pourraient, suivant leurs caprices, fixer leur choix à droite ou à gauche ; ainsi donc il faut leur savoir gré de certaines précautions. Les titulaires de sièges ont ordre d'envoyer, tous les trois ans, aux bureaux des affaires ecclésiastiques une liste de ceux des prêtres de leurs diocèses respectifs qu'ils jugent en état de porter la crosse et la mître. Lorsque survient une vacance, les candidats sont l'objet d'une légère discussion dans le conseil : et celui qui réunit enfin le plus de suffrages, s'il est surtout appuyé de la recommandation d'un député, l'emporte sur les autres. Quelquefois il suffit de cette recommandation toute seule, selon que le ministre ambitionne plus ou moins pour lui-même l'appui parlementaire du protecteur ou de la protectrice.

Que par ces moyens l'église obtienne de pieux évêques, cela est incontestable, puisque cela est ; mais c'est un miracle de Dieu sur lequel on ne devrait pas compter.

M. de Cheverus, si jamais il envoya la liste commandée, évita vraisemblablement de proposer M. George, car je sais que le gouvernement lui fit des avances à ce sujet, lorsque le siège de Périgueux devint vacant par la mort de M. de Lostange. Le cardinal suivit ses habitudes de prudence, et ne répondit pas immédiatement par un refus ; il n'était pas plus capable de tenter la volonté de Dieu par excès de modestie que par excès d'orgueil et d'ambition. Du reste, il y avait bien aussi quelque nécessité de faire entrer dans la délibération la conscience de son neveu ; il lui fit part de la proposition ministérielle et ne fut pas étonné de la réponse : M. George aima mieux rester ce qu'il était, fidèle au sévère précepte de l'esprit saint : *Noli quærere à Domino ducatum, neque* A REGE *cathedram honoris* (1).

Il avait alors trente-et-un ans. C'était beaucoup de jeunesse, mais avec beaucoup d'aptitude.

M. de Trélissac, parfaitement connu de mes lecteurs, unit ses vœux et ses efforts à ceux du gouvernement. Ses quatre-vingts ans lui rendaient fort pénible le fardeau de l'épiscopat ; qu'en cet état de cause l'excellent vieillard s'en fût totalement dessaisi pour le laisser à un autre plus robuste, c'est ce qui, suivant moi, serait conforme à la raison et surtout à la règle ; mais il ne jugea point que les choses dussent se passer ainsi, et demanda simplement que M. George lui fût donné pour coadjuteur.

Je m'arrête, car j'ai prévu des réclamations : ces derniers mots sembleront injurieux ou mal sonnants ; c'est qu'on m'aura mal compris. Je professe pour la personne de M. de Trélissac une vénération sans bornes, mais, encore une fois, j'aime mieux la vérité que Platon.

Autre chose qu'on m'objecte : Mais de quoi vivront les évêques, lorsqu'ils donneront leur démission sans avoir bénéficié de leur position (des dispenses, par exemple,) pour amasser des rentes ?

---

(1) Lib. eccl. VII, sous-entendu *accipere*.

Vieille difficulté, qui s'évanouit devant une observation toute naturelle : Imposez au successeur l'obligation de prendre sur ses émoluments une rente viagère déterminée pour le prélat en retraite, et, malgré la perspective du sacrifice (1), les aspirants ne manqueront point encore, comme en dépit des textes précités (2).

Enfin la mort de M. de Latil et celle de l'archevêque d'Anazarbe, son coadjuteur, appelèrent M. Gousset sur le siège de Reims (3), à la date du 26 mai 1840.

M. Gousset avait spécialement désigné au ministre M. le curé de la métropole de Bordeaux comme étant l'homme qui convenait le mieux à Périgueux (4); M. George fut donc nommé le 3 août suivant, et

---

(1) Lisez J. Cabassutii, *Notitia ecclesiastica historiarum, conciliorum et canonum invicem collatorum*, Lugd., 1725, in-folio, et *Défense des droits des évêques contre le livre intitulé : Des pouvoirs légitimes*, par M. Corgne, Paris, 1762, Desprez, 2 vol. in-8. — *Passim*.

(2) Qui ne sait l'histoire du fameux trépied? «Bias le mérite mieux que moi», dit le premier sage; Bias le renvoie pour le même motif à un autre; il passe ainsi de main en main jusqu'au septième, et revient au premier. Ce n'était pas une mitre.

(3) Archevêché érigé au iii⁵ siècle (rit particulier) formé par les départements de la Marne et des Ardennes.

(4) Évêché érigé au iii⁵ siècle (rit parisien), formé par le département de la Dordogne.

toutes ses résistances ne tinrent pas contre la volonté clairement manifestée de M. Garibaldi, l'internonce; il reçut de l'éminent prélat une lettre qu'il regarda comme définitive. *Hæc dicit Dominus faciens et formans te, ab utero auxiliator tuus: noli timere, serve meus Jacob, et rectissime, quem elegi* (1).

Il accepta donc, et fut préconisé dans le consistoire du 14 décembre 1840.

Le 9 février suivant, il prenait possession de son siège par procureur; et le 21 du même mois, il recevait la consécration des mains de M. Donnet assisté de MM. les évêques de Luçon et du Mans, le premier suffragant de Bordeaux, observe la *Galerie catholique*, le second chef du diocèse auquel le nouvel évêque appartient par sa naissance. Les journaux rapportent que dans la foule des assistants qui était nombreuse, se trouvaient les archevêques d'Auch et de Sarragosse, le vénérable M. Jacoupy et M. de Vesins, son successeur nommé. J'ajoute, pour mon compte, que les pauvres n'y manquaient pas, et j'en induis que la cérémonie fut loin de ressembler au sacre de M. Gignoux à Beauvais, c'est-à-dire qu'on n'avait pas distribué l'église en

(1) Isaïe, 44 2.

gradins formant des places de divers prix, et imposé préalablement, pour l'entrée, quelque chose comme des droits et des taxes, le tout à l'insu de M. Gignoux, je n'en doute pas, et je remets à une autre fois l'examen du fait (1).

Depuis lors, M. George avait sa règle de conduite toute tracée, c'était de copier autant que possible son prédécesseur, M. Gousset (2). Il l'a imité ; et je ne sache pas qu'on puisse faire un plus bel éloge de lui.

Ses subordonnés ne le craignent pas et lui parlent avec vérité de leur affection pour sa personne, deux choses rares.

Il gouverne par lui-même et tient à leur place ses secrétaires aussi bien que le supérieur du grand séminaire de Périgueux, homme excellent du reste et dont l'ambition ne dépasse point le devoir. Il use fort peu le siège des coupés de diligence ; et les tapis des salons de Louis-Philippe ne portent pas l'em-

---

(1) On m'en voudra pour ce fait, bien que l'on sache que j'ai parfaitement raison. Voici deux versets de l'évangile que ceci me décide à faire voir :

Audiebant autem omnia hæc pharisæi qui erant avari : et deridebant eum.

Et ait illis : Vos estis qui justificatis vos coram hominibus ; Deus autem novit corda vestra : quia quod hominibus altum est, abominatio est ante Deum. Luc. 16-14.

(2) Ses grands-vicaires sont, je crois, MM. Desveaulx et Guerry.—Son secrétaire, M. Jacquin.

preinte de ses genoux ; il laisse passer le flot politique sans savoir quel soleil vient s'y réfléter. Il surveille activement les études de la jeunesse cléricale. Il nourrit les indigents de toutes les superfluités qu'ils se refuse, et quelquefois en leur donnant de son nécessaire. Il n'a point désappris, depuis qu'il a une voiture, le secret de marcher avec ses jambes; il ne ressemble en aucune manière à celui dont il est question dans la lettre suivante (1). « Notre ville vient d'être honorée de la courte visite de l'un de MM. les curés de Paris. Il n'a pas quarante ans, et se fait chausser et déchausser par son domestique, défaire et attacher ses boucles de jarretières, etc., etc. » (2). Il écoute volontiers des observations indépendantes et sages, de quelque part qu'elles viennent, et fuit les flatteurs, si nombreux dans le clergé, comme il fuirait la peste : *Melius est à sapiente corripi, quam stultorum adulatione decipi* (3). S'il se trouve des pécheurs dans son clergé, il les reprend avec douceur et n'abuse pas de sa position pour les humilier, les écraser et les

---

(1) Lettre de M. L., 31 août 1833.

(2) Ce besoin de se faire servir, ajoute le spirituel et vénérable curé de...., m'aurait complètement édifié, si l'oraison eût précédé ou suivi cette épiscopale toilette.

(3) Lib. eccl. vii. 6.

perdre, sachant du reste que J.-J. Rousseau a dit :
« Les injures sont les raisons de ceux qui ont tort. »
Et Voltaire : « Il faut être bien fou pour être intolérant. » — Voltaire et Rousseau avaient raison quelquefois.

Il est esclave de sa parole, comme étant le disciple du Dieu qui ne ment point : *Qui non mentitur Deus* (1).

Il remplit en un mot toutes les conditions d'un bon évêque, tel que le veut l'apôtre saint Paul : *Non superbum, non iracundum, non...., non percussorem, non turpis lucri cupidum; sed hospitalem, benignum, sobrium, justum, sanctum, continentem, amplectentem eum, qui secundùm doctrinam est, fidelem sermonem, etc., etc.;* s'il faut en croire du moins un de ses INTIMES amis qui vient de m'écrire à son sujet.

M. le Préfet Romieu le prend au sérieux, lui aussi; et il lui débiterait au besoin de ses compliments, ce qui prouve un peu moins. M. George le lui rend bien : sans sortir aucunement des limites de la loi, il sait se proportionner à la joyeuse nature de son préfet, et user à son égard des plus gracieuses faiblesses qui lui soient permises; c'est un

---

(1) Tit. 1-2.

peu l'histoire de la Pucelle et de ce brave La Hire :
« La Hire n'osait plus jurer devant elle ; la Pucelle
eut compassion de la violence qu'il se faisait ; elle
lui permit de jurer *par son bâton* (1). »

Les gens qui s'intitulent *du monde* et ceux du
peuple le vénèrent et l'estiment ; il n'est pas que
les tripotiers et tripotières de sacristie ne disent :
« C'est un bon évêque, » bien qu'il n'ait pas quelques six pieds et la prestance d'un tambour-major
en grande revue. — M. George a la taille de M. Olivier et l'extérieur simple et modeste de M. l'évêque
du Puy, (1) ou d'un séminariste qui a cet air là.

(1) M. Michelet, *Histoire de France*, tome v, p. 73.
(1) M. Darcimoles.

20 Août 1842.

Paris. — Imprimerie de A. APPERT, passage du Caire, 54.

www.ingramcontent.com/pod-product-compliance
Lightning Source LLC
Chambersburg PA
CBHW051133230426
43670CB00007B/792